U0143151

风范

他们用一生写就的
科学家精神

刘峰松 ———— 主编

科学出版社

北京

内 容 简 介

　　本书讲述了中国21位杰出科学家波澜壮阔、坚韧不拔、自强不息的人生故事。他们中很多人的名字是与新中国科技史上的诸多"第一"紧密相连的，包括中国小麦远缘杂交育种奠基人李振声、中国放射化学奠基人杨承宗、中国冶金科技事业的开拓者李薰、中国植物分类学的引领者王文采、中国第一位对青藏高原盐湖进行系统考察的柳大纲、被誉为"中国激波风洞第一人"的俞鸿儒、研制成中国第一台工业机器人和水下机器人的蒋新松，以及马大猷、杨乐、邹承鲁、施雅风、夏培肃、刘嘉麒、任继周等众多两院院士。这些科学家的精彩人生故事，不仅生动诠释了新时代科学家精神所蕴含的"爱国、创新、求实、奉献、协同、育人"六大特质，也真实记录了中国近现代科技发展的艰辛历程。

　　本书适合热爱科学、敬仰先贤、追求创新的读者，特别是广大青少年阅读。

图书在版编目（CIP）数据

风范：他们用一生写就的科学家精神 / 刘峰松主编. —北京：科学出版社，2024.6
　ISBN 978-7-03-078976-1

Ⅰ. K826.1-49

中国国家版本馆CIP数据核字第2024PS4545号

责任编辑：牛　玲　陈晶晶 /责任校对：贾伟娟
责任印制：师艳茹 /封面设计：有道文化
装帧设计：北京美光设计制版有限公司
封面书名题字：韩启德

科学出版社 出版
北京东黄城根北街16号
邮政编码：100717
http://www.sciencep.com
河北鑫玉鸿程印刷有限公司印刷
科学出版社发行　各地新华书店经销
＊

2024年6月第 一 版　开本：720×1000　1/16
2024年7月第二次印刷　印张：20 1/4
字数：150 000

定价：78.00元
（如有印装质量问题，我社负责调换）

序

近日，中国科学报社给我送来一本书稿。为了深入弘扬科学家精神，《中国科学报》近年来开设了名为"风范"的专栏，每期讲述一位老科学家跌宕起伏而又自强不息的人生故事。现在，报社决定以"风范"栏目刊发的绝大部分稿件为主体，按照出版物的要求，经过再编辑与再加工，正式出版《风范——他们用一生写就的科学家精神》一书。

2020年9月11日，习近平总书记在科学家座谈会上指出，"科学成就离不开精神支撑。科学家精神是科技工作者在长期科学实践中积累的宝贵精神财富"。实现中华民族伟大复兴，必须达到高水平的科技自立自强；而要成为富有创新能力的先进国家，必然要拥有科学精神的丰厚沃土。中国近代科技史的每一笔、每一页，都是由一代代科技工作者燃烧他们的一生写就的。弘扬科学家精神是我们的历史责任！新时代科学家精神的"爱国、创新、求实、奉献、协同、育人"六大特质，在这些老科学家的人生故事中都能找到最生动的诠释和最全面的示范。

一

本书向读者呈现了21位科学家的故事，他们大部分出生于20世纪前25年，爱国是他们最厚重的底色。很多老一辈科学家年轻时曾在西方求学、工作过，并已在那里崭露头角，为了改变祖国的命运，他们义无反顾选择回到落后西方几近一个世纪的祖国。比如马大猷先生，1940 年在参加完学校毕业典礼后，他立即启程回国，后来奠基、开创了中国的现代声学事业。

书稿中还有更多的科学家，他们是新中国成立前后，在中国共产党的感召下，克服重重困难回到前途光明但百废待兴的新中国的，比如黄葆同先生。他在美期间因申请回国遭到美国当局无理拘禁，在埃利斯岛经历了 114 天的囚禁生活。重获自由后，他不得不申请"被驱逐"，才于 1955 年登上"威尔逊总统号"客轮，回到魂牵梦萦的祖国。

很多老一辈科学家经历过或参加过残酷的抗日战争，比如我的老师、中国人工合成胰岛素的主要完成者之一的邹承鲁先生。他在西南联大读书的最后一年 21 岁时，在抗日战争最血腥的决战阶段，为保卫祖国坚决投笔从戎，成为一名真正的抗日战士，经历了和祖国共生死的火与血的淬炼。

老一辈科学家多半成长在封建落后、积贫积弱、饱尝外侮的旧中国，但他们对祖国和民族的前途从来没有过任何迷茫和失望，他们毫不犹豫地舍弃了因自身才华而获得的西方优裕生活，以身许国的初心没有过丝毫动摇。他们满腔热忱、全心全意、殚精竭虑地为祖国的科技事业奋斗，甚至献出自己的生命。他们完全是在一穷二白的基础上开展科研工作的，有着深厚的科研功力，不仅理论水平高，动手能力也极强。

比如，为新中国的军工事业发展立下不朽功绩的中国科学院金属研究所的创始人李薰先生。博士后期间，因为练就了一门"独门绝技"——吹玻璃，可以将玻璃吹成椭圆形、方形等各种需要的形状，李薰先生做出了世界上第一台真空定氢仪，也因此在不到 30 岁时就破解了二战中英国新型喷火式战斗机失事的谜团，为二战的反法西斯空战缔造了奇迹，获英国广播电台特邀做有关科学讲座的殊荣。1946 年，李薰先生机智地回绝了中央研究院负责人的邀请，之后却在王大珩先生的安排下，于 1951 年回到新中国筹建中国科学院金属研究所，为新中国空军事业的发展、原子弹以及核潜艇的制造做出了关键贡献。

再比如，王守武先生是从设备到战略都能"一把抓"的科学家，中国科学院半导体研究所的很多设备都是他亲自画图加工的。早在 2018 年美国政府对中兴通讯实施无端制裁的 28 年前，71 岁的王守武先生就在 1990 年政协提案中郑重警示——"要想发展我国的微电子工业，光靠引进是不行的"，"想从西方国家引进先进的微电子技术和装备纯属幻想"，"我们必须以自力更生为主来加速发展我国的微电子工业"。这种战略眼光既源于学术之积淀，更发自爱国之深切，是他们对国家的大担当。

书中有很多科学家的名字是与新中国的诸多"第一"紧密相连的，比如中国第一位走进西北戈壁茫茫盐湖区的化学家柳大纲先生，被誉为"中国激波风洞第一人"的俞鸿儒先生，研制成中国第一台工业机器人和水下机器人的蒋新松先生，等等。

二

新中国科技发展的主力军，是我们自主培养的广大科技人员，比如书稿中写到的李振声先生、杨乐先生等正是这一代科学家。当国际上"谁来养活中国"的说法甚嚣尘上时，李振声先生果敢提出"中国人自己养活自己"，他耗费 20 余年的时间育成了"小偃 6 号"等多个小麦新品种，持续提出并实施"黄淮海战役""渤海粮仓""滨海草带"等粮食安全的战略，改变了中国北方地区粮食生产的面貌。杨乐先生早年成名，但为了中国数学事业的发展和数学人才的培养，将大量的精力用于科研管理，以"舍我其谁"的勇气锐意改革、无惧流言，为中国数学走向世界舞台中央贡献了毕生心血。

胸怀爱国爱民之情，就必有忧国忧民之心。中国科学家中很多人具有直言不讳刚正不阿的鲜明个性。他们不计个人风险，只为捍卫科学的尊严、建立风清气正的科研氛围，与那些违规违法者进行了针尖对麦芒的战斗。

马大猷先生，这位声学界的巨擘不肯做"好好先生"，对我国科技界的浮躁情绪十分担忧，公开发表了多篇"火药味十足"的文章。邹承鲁先生对各种学术不端、学术欺骗、学术造假行为，总是挺身而出公开抨击。陆大道先生牵头起草了 29 篇中国科学院学部咨询报告，基本格调是"批评"，没有"歌颂"。他们求真务实、敢于直言的本质是大公、是无私，不怕打击报复的勇气来自对祖国的热爱和对人民的忠诚。今天，我们弘扬科学家精神，他们不就是我们最好的榜样吗？

科学家们虽然个性耿直，但个人品德修养极高，待他人平等如友，滴水之恩以涌泉相报。李薰先生因受过英国房东的照拂，在毕业后十年里仍不间断地为这位寡居老人提供生活费用。在担任中国科学院副院长后，他也还会跟以前一样蹲在树阴里与工人下棋。书中还有许多介绍科学家鲜明个性的动人细节。

值得一提的还有杨承宗先生。我的母校中国科学技术大学建校时，系主任的名单超级"豪华"——钱学森、华罗庚、郭永怀、贝时璋、赵九章……，杨承宗先生也位列其中。杨先生从法国居里实验室归来，为中国的原子弹事业奉献了一切，即使失去一只眼睛也始终开朗豁达。花甲之年的他一个暑假挥汗如雨，在蜗居中每天拿着放大镜，眯着眼帮学生逐页逐字审校 16 万字的铀化学译稿，还另外写了 33 页的"其所以然"详解。学生来取书稿，满身是汗的老先生却只顾帮学生扇扇子。这是一种多么令人感动的"风范"！

书稿中写到的夏培肃先生是一位杰出的女科学家。她是当时英国爱丁堡大学工学院唯一的女生，新中国成立后，与丈夫一起回到祖国，并成为我国第一个计算机三人研究小组的成员。她主持研制了我国第一台自主设计的通用计算机"107 机"，培养了一大批计算机专家，是被刻在国产芯片上的"计算机女神"。她为我国计算机事业做出的重大贡献必将被我们永远铭记。

书稿"附录"部分的《地下700米的孤勇者》文章,在《中国科学报》发表时我就读过,感动之余立即转发朋友。文章讲的是江门中微子实验大科学装置建设团队的故事。我曾有幸与享有国际声誉的年轻科学家同时也是这个团队的领导者王贻芳先生一起参加"我是科学家"的科普活动,对他领导建设的这个大科学装置印象深刻。但我没想到的是,这么一个浩大的实验装置建设的总工程师却是一位女同志——"马总"马骁妍。她在地下700米的大工程建设中,事无巨细整体把控,指挥若定;同时她还是"马导",把地下700米大科学装置里的科学家的艺术细胞充分激活,拍出"王哪吒"为首的年度视频,连黄永玉老先生都满怀兴趣地为这群"小哪吒"们作画。有人说,我们国家现在的条件好了,但年轻人似乎开始"躺平"了,不如前几代人有奋斗精神了。这篇文章告诉我们,中国还是有许多年轻人热爱科学、志向高远、朝气蓬勃、才华横溢、幽默可爱,有他们,我们中国就有希望。

一代人有一代人的使命,一代人有一代人的担当。老科学家们用他们的心血、他们的智慧、他们的所有,谱写了科技救国、科技报国、科教兴国的篇章。我相信,年轻一代一定会继承、发扬,继续写好科技强国的新篇章。

三

我是《中国科学报》的忠实读者,这本书中的大部分文稿,我此前在报纸上都读过。再次阅读,我仍深深地被这些文字所打动,也再次确认了我一直以来的判断:《中国科学报》的记者有很好的科学和文学素养,有强烈的人文情怀,有高度的职业责任感。为了深入了解报道对象,参加"风范"报道的记者一次又一次地采访、追问、核实,形成的素材有的达数十万字,才凝练出一篇几千字的报道。他们写出来的文章值得信任,他们笔下的科学家形象不会走样。

我诚挚地、热情地将这本书推荐给广大读者，特别是年轻人，把你们的手机放下来，花上一点宝贵的时间去读这样的高质量文章才是最值得的。在这些科学家的有血有肉的真实故事中沉浸，深切地去理解他们的抉择和坚持，真切地去感受他们的精神和感情，从中汲取动力，更好地面对我们自己在学习、工作、生活中的选择和困难。

　　我还希望《中国科学报》的"风范"专栏能够坚持做下去，继续讲好中国一代又一代科学家接续奋斗的精彩故事。

十一届全国政协副主席、中国科学院院士、

中国科学院生物物理研究所研究员

王志珍

2024 年 4 月

目 录

陈润生

（1941年6月18日—　　）

陈润生：81岁院士，讲了一门"比春运火车票还难抢"的课

李晨阳

2022年，陈润生81岁，教了34年书，他对课堂上的一幕印象深刻。

当时他讲了一个科学实验故事：科学家教会两只鹦鹉唱歌，把其中一只鹦鹉脑子里的中枢神经弄坏，它就不会唱了。再把另一只鹦鹉脑子里的干细胞取出来，处理之后，注射进第一只鹦鹉脑内，这只鹦鹉再次唱起了歌。这个实验得出什么结论？学生们回答："干细胞可以用来修复受损细胞的功能。"偏偏有个年轻人站出来问："陈老师，这只鹦鹉唱的歌，还和原来一样吗？"

陈润生给上万人讲过这堂课，就只遇到一个人这么问。"这个问题有多好呢？"哪怕已经过去十多年，陈润生谈起这一幕时，还是眼睛亮晶晶的。如果唱的是新歌，说明干细胞只是恢复了大脑的功能；如果唱的是原来的歌，就说明干细胞还能修复已经损坏的神经连接，甚至能重建记忆。"这个问题关系到记忆和意识的本质，从科学上讲，从哲学上讲，都非常深刻，让人震撼。"陈润生说。

从一个人欣赏什么样的学生，就能看出他是什么样的老师。而陈润生最看重的，是学生"思考的层次"。

一、壮观的上课场景

在中国科学院大学，如果你想去听陈润生院士的"生物信息学"课，需要提前做一点攻略。8 点 30 分开始的课，最好刚过 6 点就去占座。有人没经验，6 点 40 分去了，惊讶地发现前排已经坐满了。

当然，前提是你能"抢"到这门课。当初线上选课，600 个名额"秒空"。没抢着课的学生太多，学校又连续增补了两次名额，最终扩容到约 900 人。中国科学院大学雁栖湖校区里，一般的"大课"多开在阶梯教室，而"生物信息学"课开在能容纳上千人的学生礼堂——在一则校园新闻里，这一幕被描述为"壮观的上课场景"。随便问问在座的学生来自哪个专业，答案五花八门，覆盖"数理化天地生"。

总建筑面积 10 741 平方米的礼堂里，电影院般偌大的落地屏幕下，老爷子本就单薄的身板，被衬得愈发小巧。长而空阔的讲台上，一人，一桌，一椅，一笔记本电脑，一保温杯而已。八旬老院士的洪亮嗓音，经由一支小小的麦克风，充盈整个空间，绕梁不绝。

"我第一次听课的时候，坐得比较靠后，但陈老师的声音却清晰有力，我完全没意识到讲课的人已经这么高龄了。"已经毕业的学生饶丹说。

陈润生是中国第一个开设"生物信息学"课程的人，在 8 年里，这门课都是全国独一家。

第一堂课，他要告

△ 讲课中的陈润生

△ 陈润生在中国科学院大学学生礼堂讲授"生物信息学"

诉学生什么是"生物信息学"。他的讲法很独特，是从自己一段疯狂的"追星"经历开始的。

1988 年，陈润生从联邦德国纽伦堡大学访学回国。他曾拿到过"洪堡奖学金"，做过"量子生物学"领域的前沿研究，还发表过至今听来也不过时的"人工智能与神经网络"方向的研究论文，只要沿着这些方向继续做下去，顺理成章地，大好前程就在眼前。

但陈润生心里始终横着一个问题：未来的科学究竟要做什么？

20 世纪 90 年代，世界迎来又一个科技大发展时期。继"曼哈顿原子弹计划""阿波罗登月计划"之后，人类自然科学史上的第三大计划——"人类基因组计划"蓄势待发。凭借敏锐的科学"嗅觉"，陈润生预感，这将是改变生命科学乃至人类命运的转折点。他极度渴望成为这一历史洪流中的一员。

在陈润生为这幅科研蓝图朝思暮想、欲痴欲狂时，国内相关领域还几乎是一片荒漠。"无人可说、无话可说，那种孤独感逼迫着我，

△ 课后学生找陈润生签名

找一个窗口去释放。"就这样，他做了一件在当时看来近乎"疯狂"的事——给詹姆斯·杜威·沃森（James Dewey Watson）写信。上过中学生物课的人一定听说过沃森。他是 DNA 双螺旋结构的发现者，是 1962 年诺贝尔生理学或医学奖获得者之一，也是现代分子生物学的带头人。赫赫有名的人类基因组计划，当时就由他主持。在信里，陈润生告诉沃森，自己是一名中国科研工作者，对人类基因组计划非常感兴趣，希望能做一点相关工作。信寄出去了，内心的焦灼也就消除了大半。就像大多"追星族"那样，陈润生从没想过能收到回信。

一个多月后，北京中关村，陈润生单位的传达室收到一个厚厚的牛皮纸信封，是从美国寄来的。陈润生接到通知时，第一反应是"找错人了吧"。他几经周折，终于拿到这封信，瞬间被"无法想象的开心"笼罩。

当时美国"人类基因组计划"的一位负责人受沃森之托，写了这封回信。信中表达了他们对中国科学家关注"人类基因组计划"的感谢，重申了该计划对整个人类文明和科技事业发展的重要性。随信还寄来两份材料，一份是"人类基因组计划"第一个五年计划的文本，另一份是美国国立卫生研究院各研究所的介绍书，邀请他选择一到两处访问。这些材料中大篇幅阐述了发展生物信息学的重要性，因为"人类基因组计划中最重要的问题，就是如何破译基因密码"。

陈润生如饥似渴地读着，同时审视自己的学术背景：生物物理学出身，有扎实的数理功底和良好的学科交叉基础。他越想越觉得：

"这不就是为我量身打造的研究方向吗？"

每个听过陈润生"生物信息学"课程的学生，都对这段故事印象深刻。"感觉很奇妙，就像打破了次元壁。"中国科学院大学2020 级的学生岳颖说。在陈老师的讲述中，那些课本上出现过的名字和知识点，都活生生地扑面而来，令人应接不暇。

陈润生的这种讲课方式，不是随便谁都能学的。当他讲解一门学科时，其实是在讲述这门学科是如何诞生，如何在中国兴起，又是如何在无尽的未知和挑战中曲折前行的。而他本人，正是整个历程的参与者和实践者。

"要问咱们国家第一个做生物信息学的人是谁，绝对是我，不会有第二个人。"这就是陈润生如此讲课的底气。

二、整个中国科学院倾尽全力，为培养年轻人作贡献

陈润生是全中国第一个做生物信息学研究的人。而他的老师贝时璋先生，是全中国第一个做生物物理学研究的人。

1958 年，贝时璋做了两件大事：主持创建中国科学院生物物理研究所（以下简称生物物理所），主持创建中国科学技术大学生物物理系。

在中国科学技术大学刚刚成立的生物物理系里，陈润生和同学们享受着梦幻般华丽的教学阵容：贝时璋、华罗庚、钱临照、严济慈……而王元、龚升等后来的大数学家，此时才即将步入而立之年，只能给他们做做辅导。

"当时我有一种强烈的感觉：整个中国科学院倾尽全力，为培养我们年轻人作贡献。"陈润生说。当时生物物理学还是一门饱受争议的学科，甚至有知名学者断言："只有生理学，没有生物物理学！"因此，在这个新生的生物物理系里，从老师到学生都是"开拓者"。

陈润生记得，贝时璋先生在第一堂课上，向学生耐心解释什么是生物物理学。他的宁波乡音较重，很多人听不懂。好在陈润生祖上也是江浙人，基本听明白了。"贝先生说，生物物理学就是在生命活动中探索物理规律，用物理方法来研究生命现象——是一门大交叉的学科。"

性情温厚、言辞谦逊的贝时璋，做起事来却雷厉风行、毫不含糊。为了培养出真正的学科交叉人才，他安排生物物理系学生们"物理课和物理系一起上，数学课和数学系一起上，化学课和化学系一起上"，老师都是各个学科顶尖的名家，绝不打半点折扣。后来，他还邀请钱学森、彭桓武等物理学大家前来交流，推荐表现优异的学生参与跨单位合作，陈润生便是其中一员。

这样的学习工作经历，让陈润生一生受用无穷。

"无论是做学问，还是做教育，总有些东西，只可意会不可言传，那就是一个人升华凝练后的东西。就像赏鉴文物，要到一定境界，才能品出滋味儿。"在众多大师的引领下，陈润生从未因课业繁重而忧虑，只觉得越学越轻松。他曾亲耳听过华罗庚先生那句流传甚广的名言："先把书读厚，再把书读薄。"半个多世纪过去了，他在大学学到的知识多数早已遗忘，脑海里留下来的"薄"是各个学科的体系脉络，是顶级学者的眼界思维，是那种为了学术理想"敢为天下先"的精神。

就像贝时璋先生认准了生物物理学那样，陈润生也认定了生物信息学。不管有多少阻碍和困难，他都逢山开路、遇水搭桥。陈润生刚回到生物物理所时，国内还没有这方面的科研项目，他就一边做其他项目的工作，一边见缝插针地"捣鼓"遗传密码研究，还险些被项目负责人"扫地出门"。好在生物物理所领导对陈润生印象相当好，给项目负责人吃了颗定心丸："你放心吧，他是扎扎实实搞研究的人。"这才让陈润生有机会继续做下去。

但这显然不是长久之计。那几年，陈润生带着自己的学生，一面埋头苦干，一面遍寻机遇。得知吴旻、谈家桢、强伯勤、陈竺等科学家开始推进中国人类基因组计划后，陈润生派了一个最会跟人打交道的机灵学生，登门拜访吴旻院士，诚恳地表达了加入这项计划的愿望。"我让学生讲清楚三点：第一，我收到过沃森教授的回信，对人类基因组计划是有了解的；第二，我知道他们的团队以医学人才为主，我们是做生物信息学研究的，可以帮助处理大量数据；第三，我们只要带着计算机和脑子就可以工作，我们不要钱。"陈润生回忆道。

当时担任国家自然科学基金委员会生命科学部主任的吴旻院士，认真听完了这名学生的讲述，经过内部讨论，认为确实有必要纳入这样一支专业的序列分析和数据处理团队。

中国科学家的工作在整个人类基因组计划中占了1%。但更重要的是，这些工作带动了中国在基因组学、生物信息学等领域的起飞。包括陈润生在内，有太多人从这1%中开辟出越来越广阔的科研天地。

不知算不算某种精神传承，贝时璋先生在巨大的争议和反对声中开辟了中国的生物物理学之路；而他的学生陈润生，也在不被身边人理解的孤独里，筑起一座名叫生物信息学的小岛，一步步开垦出硕果累累的科研沃土。后来，他又在国内率先开启了非编码RNA研究，开辟出一片新的科学蓝海。

一年又一年的"生物信息学"课上，千千万万学生听着这些故事，听出了各自心中的"哈姆雷特"。有名学生在微博里写道："听陈润生院士讲课，就会想要当个科学家。"

三、"教师"陈润生和"导师"陈润生

师者，传道授业解惑也。

在研究生阶段，"师者"们天然被赋予两重含义：讲台之上的"教师"和课题组里的"导师"。前者重在传授，后者重在栽培。师者陈润生游走在这两种场景间，没有身份切换的障碍，只觉得相得

益彰。

课堂上数百名学生，问各种各样的问题，其中不乏"刁钻"的角度，逼着他把自己做过的研究一遍又一遍"反刍"，思考得更加深入、透彻，对学术的理解更上一层楼，再返回来指导自己的研究生，也愈发游刃有余。

年轻人都"吃他这套"——"教师"陈润生的学生说："陈老师就像到我脑子里转过一圈儿，我哪儿明白哪儿不明白，他都知道。""导师"陈润生的学生说："做科研遇到低谷了，就去陈老师办公室坐一坐，出来时又精神百倍，充满信心。"

何厚胜同时做过这两种学生，他说："羡慕我的人可多了去了。"他是 2003 年考到生物物理所的。同批考生里有 1/3 都报考了陈润生的研究生，尽管此时陈老师还没当选院士。何厚胜的笔试成绩名列第一，但他本科读的是物理系，一点生物学基础都没有。

陈润生面试了何厚胜，觉得他"是个好学生"，便问："你有没有决心，在我这里硕博连读 5 年，就做生物学实验，不搞你的物理了？"何厚胜有点意外，他知道生物物理学是交叉学科，还想着好好发挥一下物理学优势。但陈润生接下来的话说服了他："你的物理底子已经挺好了，但生物底子必须打牢靠。等你毕业后，就带着在我这里 5 年学来的分子生物学和本科 4 年学到的物理学出去干吧，什么都能干得成！"

何厚胜动手能力强，擅长做实验。但生物学实验的操作并不复杂，难的是背后精妙幽微的机理。跟其他生物学出身的同门一比，他愈发不敢懈怠，"每一个概念都从头学起，用一年半的时间学完了别人本科 4 年的知识"。博士毕业时，他被陈润生推荐到

△ 讲台上的陈润生

美国哈佛大学继续深造。后来，陈润生赴美访问，哈佛教授指着何厚胜说："陈，我告诉团队里所有人，以后再招学生，就按照他这个标准。""我的学生在哈佛都是'免检'的，根本不用写推荐信。因为我每推荐一名学生，就留下一个美好的印象，一直保持着这样良好的信誉。"讲到这些，陈润生的笑眼里总会划过一丝得意。

如今何厚胜已经在加拿大多伦多大学建立了独立实验室，做的是陈润生曾经力推的非编码 RNA 研究。漫漫科研长路上，他常常想起陈老师眯起月牙形的眼睛，笑纹在脸上一圈圈漾开，"放心做吧，做坏了我也不会打你们屁股。"尽管身在海外，但只要

△ 阅读中的陈润生

有机会回国，何厚胜总会来生物物理所的实验室坐坐，"这是我在北京的另一个家。"

陈润生说，他是真把学生当朋友。一个年轻人来了，他想的不是怎么让他赶紧出成果，而是怎么让他成长好，做自己最感兴趣的事。

有一名学生跟他学了两年，突然跑来说："陈老师，我不想学这个了，我要去学法律。"虽然有些惊讶，但陈润生没有问他"为什么"，而是问："你这是一时冲动，还是内心深处的选择？"学生回答，就是发自内心喜欢法律，为此可以不要唾手可得的硕士文凭。陈润生完全支持他的决定，只提了一个建议，让他在这里再读一年，因为"一个自然科学的硕士学位，会是一笔宝贵的人生财富"。如今，这位拥有生物学和法律双重学位的学者，已经是知识产权法领域的知名专家了，连陈润生遇上知识产权方面的问题也要去找他

咨询。

在生物物理所，陈润生课题组的气氛是出了名的宽松。做导师的，生怕学生们弦儿绷得太紧，还特意发明了一个名词"脉冲式学习"——"冲"一会儿，歇一会儿。一张一弛，劳逸有度。

脉冲能释放出巨大的能量。陈门师生同样如此。这个课题组在漫长的时间里，保持了高频高质的产出。峰值出现在 2006 年，这一年他们"脉冲式"发表了 21 篇科学引文索引（Science Citation Index，SCI）论文，平均每半个月发一篇。

四、逆流而上的生命之河

亦师亦友，如父如兄——用这 8 个字来形容学生们眼中的陈润生，毫不为过。

当然，随着年龄差的持续拉大，现在的学生们更喜欢把他看作"给我们讲道理的爷爷"。

然而，这样一位"桃李不言，下自成蹊"的老人，早年却从未享受过来自父亲的庇荫。"我刚出生，父亲就离开家了。也可能我还没出生他就走了。这么多年，我也不知道到底见没见过他。"

陈润生出生在 1941 年的天津，当时的津门老城，正饱受日军的铁蹄践踏。陈润生的父亲刚刚 20 岁出头，是南开大学的学生，他没来得及和家人好好道别，就和几个同龄人结伴，冒着极大的危险突破日军占领区，从此再也没有回来。家人最后能确认的是，他离开天津后曾到达西安，也就是当时的国统区。再之后，他去了哪里、经历了什么，没有人知道。因为家庭的原因，陈润生的青年时代总萦绕着一丝挥之不去的孤独。

"班里多的是高干家庭子弟，我在他们中间，总觉得自己不那么'根正苗红'。""就好像背着一个无形的包袱，而身边人都没有，即便大家不说什么，我总是不敢融入进去。"

在这充满逼仄感的孤独中，他只剩下一个最纯粹的念头：要更加努力，要表现得比别人更好。最终，他成了大学班级里走出的"唯二"的两位院士之一。

陈润生当选中国科学院院士后，对父亲的找寻仍未停止。从前半生里读过的那些史料中找到的那些线索，让他越来越倾向于认为父亲当年应该是从西安一路南下，加入中国远征军，直抵缅甸、印度等地。史料中对中国远征军的记载分外惨烈，十余万将士血战沙场，只有寥寥数万人得以生还。

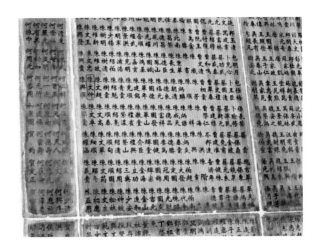

△ 国殇墓园中国远征军名录墙上刻有陈文仲的名字

此时的陈润生，已经是工作极度繁忙的学术带头人了，不可能把太多时间留给自己的执念。于是他想到一个绝妙的办法，即告诉各类院士活动的举办方，如果去云南腾冲的话，请一定喊他参加。

腾冲有一座国殇墓园，园中巨大的青灰色石头构建而成的中国远征军名录墙上，镌刻着10万多名远征军将士盟军将士、地方游击队、伤亡民众、协同部队伤人员的名字，还有更多的人，连名字都没有留下。每次去腾冲，陈润生总要抽出一点时间，一行行地用目光巡读那些文字，可总是一无所获。直到2016年，他再访国殇墓园，遇到了一名讲解员。他向讲解员求助，对方告诉他，10万多名将士的名字已经录入计算机系统。陈润生把父亲名字输进去，点击搜索，显示该名字位于第25区的第几块墓碑上。

陈润生赶紧跑去一找，70余年来梦寐以求的三个字，终于在这一刻，清楚分明地涌入眼帘：陈文仲。"所以，就是一个年轻人，怀抱着很纯粹的抗日救国理想，加入远征军，去到很远很远的地方，然后不知道牺牲在哪里。""就是这样，很单纯的一件事，对吧？"他仿佛问着眼前的人，也仿佛是在与过去的自己说话。

陈润生再次去腾冲时，同行的院士朋友们已经知道他父亲的故事。大家特意组织了一个活动，在刻有他父亲名字的石碑处放上鲜花，然后举行了一个简短的仪式。此时陈润生已经年近八旬，回望那个年少时孤独彷徨的自己，恍如一梦。

"其实我的孤独啊，压力啊，早就在做事情的过程中慢慢消解掉了。"

"我多愁善感的时间很少，特别到了后来，内心越来越开阔，不断地追求一些新的东西。"

有人说，人生是一条逐渐走向孤独的旅途。可陈润生似乎是逆其道而行之，他从孤独的小溪里逆流而上，直到把生命的河道拓宽、再拓宽，不断地容纳更多的人、更鲜活的理想和更丰沛的情感。

在陈润生的课堂间隙，总会有学生排着队找他签名，大家炫耀般地称之为"大型追星现场"。年轻的面孔如潮水般涌来，然后久久不肯退散。

听过他课的学生、课题组里的同事、与他相濡以沫的夫人……

△　陈润生和夫人任再荣

头发渐渐花白的陈润生，总是被这些人簇拥着，在充实的生活里爽朗地笑着。

当他暂时放下总也做不完的工作，抖落院士、博导、名师等大大小小的光环，回到和老伴儿两个人的小家里，他又成了一个普普通通的小老头儿。在这个家里，他们夫妻二人曾经共同养大两个孩子，没靠过老人，也没请过保姆，"一晚上洗的尿布就能搭满整间屋子"。

他喜欢读侦探小说，但对作家的"逻辑"非常挑剔，因为他总是一边读，一边分析接下来的剧情如何发展。不过他的预测往往不准，猜错了，便付之一笑，"说明人家的造诣比我高"。

每个星期，他会抽空下厨，给家人整几个拿手菜。每年的年夜饭，大厨也是他。红烧肉、焖大虾、烧茄子……"这些菜我做得好吃"——就像从不吝惜赞扬学生一样，他也从不吝惜表扬自己。

不光读书要"先读厚、再读薄"，陈润生自己的人生也似乎"先过厚、再过薄"了。获得过无数个荣誉奖项，培养出众多优秀人才后，他给自己取的微信名字却叫"微不足道"。

他会多年如一日，在清晨准时赶到公交站或校车站，坐一两个小时的车去学校讲课；也会专门选大中午天正热的时候出来办事，只因为这个时候排队的人少，不会耽误工作。

如果你在街头偶遇他，可能会觉得这只是一位平平常常的老爷子，只不过精神格外好，眼睛格外亮，暖暖内含光。

《中国科学报》（2022-09-29 第 4 版 风范）

杨承宗

（1911 年 9 月 5 日—2011 年 5 月 27 日）

杨承宗：放射线穿透的百岁人生

肖洁

"杨先生说，他要捐献自己的遗体。"

2011 年 5 月 27 日，北京医院，杨承宗的儿女们刚刚最后送别父亲，就有穿白大褂的工作人员敲门进来。得知来人是接受遗体捐赠的，眼泪未干的他们一愣。"杨先生希望遗体可供医学和放射化学研究。他说：'我吃了一辈子放射线，却还能健康活到 100 岁，肯定有值得研究的地方。'"杨家儿女们一对望，这话应该是自家老爷子说的没错了。

这副 100 岁的身躯，的确"吃"过很多放射线。在国内独自打理镭学研究所每个放射源，留学巴黎跟随伊雷娜·约里奥 - 居里（Irène Joliot-Curie）挑战各种实验，将碳酸钡镭标准源揣进万里行囊漂洋过海，用宽厚的肩和背为学生遮挡射线，坐着伊尔 -14 运输机扎进强放射烟云收集美军核爆微尘，仅靠一只眼牢牢"盯着"中国第一颗原子弹必需的铀原料"出炉"……

对于那些带着强放射性的矿物标本，普通人一听就要躲开，在他眼里却是宝贝。他亲手用铅皮把它们裹好、藏好，最着紧的就收在自己办公室桌子最下面的抽屉里。同行闻名前来索求，他还要不动声色地先考察对方是否值得托付。

他想捐遗体，儿女们并不意外。

一、13 只箱子与 1 句话

杨家儿女 5 个，离家独立之时，无一例外都得到同样的馈赠——购自巴黎、超大又结实的铁皮箱子。这些箱子如今已成为父亲留下的"最佳遗产"。

2022 年 8 月一个酷热的午后，在北京中关村黄庄小区，《中国科学报》记者见到了杨承宗三女儿细心保存的其中两只箱子。两只大箱子摞在一起足有 1 米高，岁月早已磨去外覆胶布原本的色泽，但紧箍箱体的每一根细木条依旧平整，每一处铁皮、铆钉和羊皮包边仍然"坚守岗位"。

拖着满满 13 只大箱子，71 年前，杨承宗从巴黎搭乘火车到马赛，迎着热辣微咸的海风，踏上归程。除了给老父亲尝鲜的一瓶白兰地和给妻子挑选的一块布料外，他已没有多余的钱给孩子们买一件像样的礼物。他把全部精神和家当都拿来置办"原子能行装"——放射化学实验器材、铀矿标本、化合物、资料，其中不少名列对华禁运清单。

1951 年是朝鲜战争爆发的第二年，不利的战局让美国向中国抛出"考虑使用原子弹"的恫吓。站在甲板上，杨承宗发现乘客中混杂着前去支援美军的法国士兵，他转头凝望起伏的海浪，思绪纷飞。

他还记得拿到钱三强从国内辗转托人送来的 5000 美元"巨款"时的激动。美金的霉味让他不禁猜想其藏在库洞的

△ 杨承宗从法国带回的大箱子

年头儿。他在法国、英国、瑞士多国奔走，精打细算，买个不停。当 10 多只大箱子堆在楼道时，看门人十分惊讶："杨，你是要把整个巴黎买回去吧！"

后来，5000 美元中的 2000 美元被组织收回改作他用，为了不影响采购计划，他毫不犹豫地把在法国省吃俭用的积蓄全部"挪作公款"，尽管深知自己家中正陷入困顿。

为了找铀矿时有碳酸钡镭标准源可用，他向居里实验室申请免费要 10 克标准源。导师伊雷娜·约里奥 - 居里惊讶于他的"贪心"，这可是按毫克计价的战略物资啊。他憨憨一笑："我们国家地方大、人多，各省一分，就没多少了。"

一想起导师，杨承宗觉得 1947 年初见这位诺贝尔化学奖得主时的欣喜还仿若昨天。

△ 在法国期间的杨承宗

居里实验室现任掌门人和照片上她的母亲——玛丽·居里（Marie Curie）看起来一模一样。导师面容清癯，深邃的目光望向他："你是郑大章的学生？我们对郑先生、对中国人一直有着很好的印象。"

将放射化学引入中国的郑大章是玛丽·居里分外赏识的嫡传弟子，曾坚拒汉奸提供的伪教育部部长职位。杨承宗忘不了 1941 年8 月，他原本想去探望因抱病而被迫寄身苏州老家破旧祠堂的郑大章，却惊闻 37 岁的老师刚骤然离世，在焚烧逝者衣物腾起的烟雾里，如遭五雷轰顶的他泪如雨下。在一身学识来不及施展的老师寂寂殒命整整十年之时，杨承宗不禁轻轻念道："郑先生，我从居里实验室学成回来了。"

在被称为"放射化学殿堂"的居里实验室，杨承宗以过人的实验能力出名。他成功研究出分离镧系元素与锕系元素的离子交换方法，那是当时放射化学最前沿的课题之一，后来逐渐发展成为中国

△ 在居里实验室期间的杨承宗　△ 伊雷娜·约里奥 - 居里祝贺杨承宗获得博士学位

乃至世界从矿石中提取铀的普遍方法。

法国国家科学研究中心开出了 55.5350 万法郎年薪加补贴的续约合同（合月薪 1000 多美元），但他接到钱三强的电报，欣然接受了每月 1000 斤小米的工资。

杨承宗的博士学位论文被评为最优秀级。在为他举办的祝贺酒会上，居里实验室的学者们按照惯例，用平底烧杯盛满香槟。身着长裙的伊雷娜·约里奥 - 居里笑盈盈举杯："为了中国的放射化学！"

导师认同他的选择，帮他买到了禁运的原子能研究器材。她还说："杨，实验室的钥匙就不要交还了，居里实验室的大门永远向你敞开！"

离开巴黎之前，让·弗雷德里克·约里奥 - 居里（Jean Frédéric Joliot-Curie）特意约见他。这位与妻子伊雷娜·约里奥 - 居里同获诺贝尔奖、在反法西斯斗争中书写传奇的法国共产党党员，说了一句让他心头一震的话："你回去转告毛泽东，你们要保卫世界和平，要反对原子弹，就要有自己的原子弹！"约里奥 - 居里先生又挥舞手臂说："原子弹也不是那么可怕，原子弹的原理也不是美国人发明的。你们有自己的科学家，钱（三强）呀、你呀、钱的夫人（何泽慧）呀、汪（汪德昭）呀。"

二、渐渐粗起来的"腿"

回到北京已是秋风渐凉。

一见到钱三强，杨承宗便一字不落地转告了约里奥 - 居里先生那句沉甸甸的话。时任中国科学院近代物理研究所（以下简称近代物理所）所长的钱三强马上表示将向高层汇报，并叮嘱他要保密，"连妻子也不能说"。杨承宗郑重点头，也更知钱三强对自己的期待何止于带回的器材。

"核物理和放射化学是我们的两条腿。我们是一条腿粗，一条腿细。"① 这话钱三强说过不止一次。1951 年，我国已有一些从事核物理研究的科研人员，且有几位是国际知名专家，但从事放射化学研究的却是凤毛麟角。好在杨承宗回来了。杨承宗和赵忠尧、王淦昌、彭桓武一起，成为近代物理所 4 个研究大组的主任。为了避免和英国归来的杨澄中名字谐音带来的不便，彭桓武提议用"法杨"和"英杨"区分他们。"法杨"是近代物理所唯一研究放射化学的科学家。

杨承宗收到了两架摇摆式天平和两只白金坩埚，这是钱三强跑遍北京买给他的"见面礼"。可惜他一用便知，三强被骗，白金坩埚掺假了。

他早就清楚，没有反应堆和加速器，在居里实验室从事的前沿研究只能中断，国家更需要他从放射化学最最基础的环节做起。简陋的条件，像极了玛丽·居里在世时提炼铀矿石的场景。他带着两

---

① 李寿楠.回忆往事多感慨：贺杨承宗先生九十华诞 // 朱清时.杨承宗教授九十华诞纪念文集.合肥：中国科学技术大学出版社，2000：51.

△ 杨承宗（右）晚年与彭桓武

名大学毕业生，用锤子敲碎了珍藏10多年的刚果沥青铀矿标本，磨细、过筛、溶解、沉淀……

从各地名校毕业生中选拔出来的佼佼者，开始一拨拨来到近代物理所，年轻人热血澎湃、求知若渴。杨承宗自己编了教材开起培训班，用吴侬口音慢声慢语、条理分明地讲解铀系、锕系、母体、子体、衰变、裂变……北京大学和清华大学也请他每周授课，刘元方、朱永赡、王大中等后来的两院院士都是从他这里获得放射化学启蒙的。

当时的中关村，农田一望无边看不到人，保安人员还需佩枪防野狼。在这里，新中国第一个放射化学实验楼——“放化小楼”建成。从整体防护方案到做放化实验时坐的凳子，杨承宗都亲自设计。二女儿杨家雷曾噘嘴说，“小楼”在爸爸心里，比儿女还亲呢！

杨承宗喜欢悄悄走进小楼，站到学生身后，先无声观察，再出言指导。他常调取实验记录本，像改小学生作文一样，写得密密麻麻。但学生实验犯错，即使器材冲到了天花板上，他也从不呵斥，他喜欢点到即止。

从"小楼"中走出我国原子能科学的不少中坚力量，半个世纪后他们犹记"小楼"里的春风化雨。王方定院士翻看当年的批注仍会嘴角翘起，仍记得每次被人说太瘦弱而自卑，只要杨先生在场必定出言"护犊"。

截至1955年，仅在中国科学院物理研究所（近代物理所1953年更名为中国科学院物理研究所）从事放射化学的人员就由最初的3人增至42人。新中国放射化学的"腿"，肉眼可见逐渐"粗"了起来。

三、来自镭的伤害

但是，缺乏放射性物质却要研究放射化学，没有中子资源而要研究中子物理，终是中国科学家们要面对的现实。

1952年下半年，同事告知杨承宗，北京协和医院有一套被日军破坏了的镭源及配套提氡装置，如能修复，既能解除放射危害，又能为新中国制备出科研急需的第一个中子源。只是，当时根本找不到实验人员穿戴的辐射防护装备。

杨承宗一进地下室就看到，整个玻璃真空系统和盛装镭溶液的玻璃瓶已脆化并呈半透明紫黑色状态，原本白亮的白金催化器发黑。污染早已从地下室弥漫到楼上。修复花费了他和两名助手及玻璃工数月。其中最为危险和困难的一项工作，是将盛装镭溶液的玻璃瓶重新与整个系统连接，这就必须打开保险柜，在镭溶液高强放射性的直接照射下，进行玻璃熔接。

杨承宗清楚，这项工作太危险，如让年轻人做，会对他们20多岁的身体和今后的人生造成难以预知的影响。42岁的杨承宗觉得，这件事只能他亲自动手，他会尽量速战速决。他叮嘱助手，不可站在他旁边，只能站在他背后帮忙，这样他的肩和背可以尽量帮他们挡去一部分放射线。他屏住呼吸，打开保险柜，用平素做实验的一双巧手迅速完成了熔接和密封，修复工作一举成功。

危险解除，中子源很快制好。但杨承宗之后的人生也付出了沉重代价。不久，由于过于接近强放射源，他的右眼出现荧光，视力逐渐恶化。玛丽·居里就死于长期放射性物质暴露造成的再生障碍性贫血。在居里实验室，杨承宗看多了面如鲜花的大学生一年后脸色就变蜡黄。

对危险早有觉悟的他，什么也没有说。

四、为原子弹"加铀"

1955 年夏，杨承宗应邀来到中南海紫光阁。宴会上，苏联专家对他恭敬地说："您是我们老师在巴黎时的学友，我们称呼您，要加一个'大'字，您是大专家。"

宴会结束后，杨承宗和其他赴宴的中国科学家才知道，几天前，周总理接见苏联专家时，有个专家对总理说"紫光阁下没有原子能"，其意在笑我国无人。时任国务院副总理陈毅在紫光阁里开宴会，就是为了让他们看看紫光阁下到底有没有原子能。这次宴会之后，杨承宗豁然开朗。聘书接踵而至，杨承宗的工作也异常忙碌起来。

1961 年春，乍暖还寒时，中华人民共和国第二机械工业部（以下简称二机部）部长刘杰亲自点将，请杨承宗担任二机部北京第六研究所（当时核工业系统内唯一的铀矿冶技术研究机构，1963 年更名为北京第五研究所，以下简称五所）业务副所长，主持业务工作，顶替突然撤走的苏联专家组。一周前刚把档案调入中国科学技术大学（以下简称中国科大）、担任放射化学和辐射化学系主任的杨承宗，急忙把工作重心转到五所。

节骨眼儿上，杨承宗右眼眼疾暴发。国家使命要紧，他毅然决然推迟手术。虽然后来连做两次手术勉强弥补，但术后并发症使得右眼渐渐变得仅存光感。杨承宗无暇自怜。他只有一个想法："大的事情国家拿主意；不大不小的事，三强他们去搞；放射化学这方面，我会尽我的力量。"

五所此时承担的任务是原子弹铀原料的前处理。时间很紧张。美国仅靠 200 桶[①] 刚果沥青铀矿就搞定了一颗原子弹，但在贫铀的中国，铀矿中仅得万分之几的铀，加之铀 -235 在铀中只占千分之七，为一颗原子弹备好铀 -235，就要处理上百万吨矿石。原子弹对铀原料纯度要求又极高，杂质含量不能超过 0.000 01%，个别元素甚至不能超过 0.000 001%。要进行分析分离，没有现成设备。

可杨承宗接手时的五所，原本人数众多的苏联专家组一走，科研秩序混乱，人心涣散，废矿渣、铀矿石和垃圾到处堆放，就像破旧工地。"五所不用照搬苏联的工艺流程，我们可以放手按照自己的想法干了。这样也好，坏事变好事！"他这样对自己说，也这样对五所职工说。

杨承宗一点点扭转五所局面。他亲手改良实验装置，整饬科研秩序；从中国科学院调来弟子骨干，去名校挑选人才；让全所职工"内卷"起比学专业知识的风气；带领大家用 45 个昼夜就建起二氧化铀冶炼厂……

靠着一只眼睛的视力，杨承宗每年要审定上百份科研报告，确定攻关方向、发现重要问题。下属都晓得他为人宽厚，对工作却极其严苛。"科研报告送到杨所长那里，总是提心吊胆，怕被要求重写。"

杨承宗还针对我国贫铀矿的特点，创新性地提出了处理铀矿石的"堆浸法"，极大地简化了提取铀的程序。他带着平均年龄不到 30 岁的队伍，大力缩减生产流程的同时，使纯化程度大幅提高，并建立了一整套针对 20 多种微量杂质元素的金属铀的质检方法。2.5 吨纯铀化合物交给国家时，比原计划提前了 3 个月。

[①] 杨承宗口述 . 边东子整理 . 从居里实验室走来：杨承宗口述自传 . 长沙：湖南教育出版社，2012：133.

△ 杨承宗坚持靠左眼仅存的视力工作

1964 年 10 月 16 日下午，我国第一颗原子弹爆炸成功，震撼了美国遍布世界的监测探头。当晚 10 时，中央人民广播电台连续播送消息，天安门广场熙熙攘攘的人群彻夜欢庆。

杨承宗却在呼呼大睡。原来是二机部怕超负荷工作的五所人半夜兴奋过度出事，特意将他们的狂喜"延迟"到第二天白天——16 日刚吃完晚饭，杨承宗就和五所全体同事一起，被大客车拉到二七剧场，精彩的电影一部接一部放到了半夜，困极的他们回到五所倒头就睡。

狂喜之外，杨承宗独自品味那份还在保密的成就感：让·弗雷德里克·约里奥 - 居里让他带的话成真了！中国有了自己的原子弹，美国再也无法对中国实施核讹诈！他不仅是带话人，也是成事者之一。

此后，杨承宗继续倡导"堆浸法"提铀。几十年后，他首提的这一方法成为行业主流。

与此同时，他也开始为中国铀工业布局新的核燃料——钍。在他心中，1500 人的五所不应满足于国内一流，而应提早转型，争取成为像美国阿贡国家实验室那样的大型综合性研究机构。

然而，"文化大革命"让他的宏愿成为泡影。右眼眼疾再次恶化，并因随之而来的动荡再也没能治愈。糟糕的是，左眼也并发了白内障。

杨承宗眼前的世界，慢慢灰暗下来。

五、为年轻人寻找光明

在 1969 年冬天凛冽的寒风中，中国科大搬到合肥。杨承宗离开了奋斗近 9 年、让他施展平生所学如鱼得水的五所，带着体弱的妻子跟随中国科大举家南下。

他心中总有火苗不灭，在合肥几易其稿写出 37 页的规划，想将放射化学专业的研究范畴拓展到核燃料循环的方方面面。身处逆境还有此雄心，皆源自他对放射化学一生的痴迷热爱。但是，受当时各种客观条件所限，中国科大的放射化学专业在 1973 年被迫停止招生。这是杨承宗最不愿意看到的锥心一幕——这是他为之付出毕生精力甚至一只眼睛的学科啊！

没人知道杨承宗是如何度过这段难熬的时光的。旁人看得到的，是他转而全力为年轻人"加铀"。

1974 年，他的学生祝振鑫在北京与同事翻译了荷兰学者所著的《铀化学》，出版社要求请一位著名专业学者校对一遍。那年暑

△ 1996 年，杨承宗（左三）与一批老科学家考察核试验基地

假，杨承宗从合肥来到北京，挤在二女儿家雷三代同堂的蜗居里，每天拿着放大镜，趴在小书桌上，眯着眼睛，挥汗如雨，逐字校对16万字的书稿。400多页的书稿，他不仅在每页都标出多处修改的地方，另外还写了33页纸，把错误、修改的理由，以及初译者把握不准的一些介词、前置词和习惯用语的正确用法都一一列举出来。

当从劳动农场骑车30多公里赶过来的祝振鑫看到书稿时，不知道说什么好，他能带给老师的礼物唯有一书包的老玉米棒子。杨承宗用爽朗的笑声化解了学生的尴尬。一身是汗的他，坚持给一身是汗的学生扇扇子，啃着玉米夸赞说："好久没有吃到这么好吃的玉米啦！"

1978年，杨承宗被任命为中国科大副校长。为了保留下来的辐射化学专业能长远发展，杨承宗向学校提出从国外购买大型钴源的申请，很快便得到批准。杨承宗自己吃过很多放射线，一心想为后辈打造万无一失的保护伞。他对钴源室的安全建设提出很多要求，到了几近苛刻的地步。他总说"这是人命关天的大事，一定要保证绝对安全"，钴源室最后的验收也是他亲自把关的。直到今天，38岁的中国科大钴源辐照装置依然每天迎接前来做实验的师生，成果产出不断。

在合肥，几近古稀之年的杨承宗还干了一件开全国之先河的事。

1979年，一次会议上，有代表说孩子只差0.2分没考上大学，这让杨承宗心情久久不能平静。他想：能否在不增加国家负担的前提下，充分利用安徽高校现有师资、设备，创办一所自费走读大学？他的想法得到了当地政府的大力支持。1980年，全国第一所新型模式的大学——以联合办学、自费走读、不包分配、择优推荐为办学方针的合肥联合大学成立了。杨承宗被任命为首任校长。一时间，全国各地纷纷叫好，竞相仿效。

当时他的右眼已看不见，左眼白内障逐年严重，医生要求他耐心等到白内障成熟期方可手术，他年年满怀希望来京问诊又失望而归，看材料时眼睛几乎贴到放大镜上。就在眼前一片灰蒙蒙的世界中，他种桃种李种下春风，为大量年轻人打开了闪亮的人生新窗口。

六、"法杨公"何事这样开心

为了继续工作，视力越来越差的杨承宗有的是办法：身体硬朗的他提前用上拐杖防摔，把家里的灯泡都换成100瓦的以增加采光，在每个房间都准备好几只高倍放大镜随手可用，兜里揣着几副不同度数的眼镜随时切换……

而孩子们最佩服父亲的是，杨承宗不仅在失去一只眼睛后依旧洒脱，在双眼几乎失明时仍能笑声朗朗。杨承宗的笑声一直极富感染力。住在中关村特楼一层时，孩子们好几次听到敲门声去开门，来人都说没事，只因路过窗口听到"法杨公"开怀大笑，想知道"法杨公"因何事这样开心呢！

其实当时靠他一人工资度日的大家庭长年捉襟见肘。回国后他没讨要自己的垫款，为了还家中旧债，他悄悄卖掉心爱的相机和手表。虽然生活困难到他需要向王淦昌借钱来订购全家过冬必备的棉袄，但他还是会带着孩子们苦中作乐。

"文化大革命"时面对呵斥，他沉静如水。事后他总笑呵呵地说："我们苏州有俗谚——软柴可以捆住硬柴，硬柴却捆不住软柴。"一生宽厚谦让的他笃信，靠霸道强硬并不能所向披靡，像坚韧的老藤一样，温柔之人只要内心平静坚定，所拥有的力量必将更为强大和长久。

令他开心的是，左眼接受白内障手术后，几十年来灰暗的世界重又明亮美丽。

他一直抱有浓浓的居里情怀。在他离开法国后没几年，伊雷娜·约里奥-居里和她的母亲一样，也因与放射线暴露有关的血液病去世，而伊雷娜的女儿和女婿又接过了祖父母和父母的衣钵。视力恢复后杨承宗受邀重回巴黎。当年他在巴黎带的女学生莫妮

△ 杨承宗重回居里实验室时笑着展示钥匙

卡·帕杰斯已是居里实验室主任。拿出伊雷娜·约里奥-居里1951年让他带走的那枚钥匙时，杨承宗露出了孩子般的天真笑容。

比起两代居里夫人的牺牲，失去一只眼睛的他觉得自己很健康。生命最后的20年他依旧笑口常开，唯一一次勃然大怒，是狠批一个经他推荐出国进修回来的学生，因为这位学生"镀完金"一回来就觉得妻子配不上自己了，要闹离婚。

杨承宗与妻子赵随元一直相敬如宾。赵随元在杨承宗留法的岁月里独力支撑家庭，后来为照顾家庭放弃工作在家中任劳任怨，她到合肥后瘫痪16年，杨承宗始终不离不弃。他习惯了做实验的手每天娴熟地操作采血针、酒精灯和试剂试纸，为妻子测血糖值，帮妻子翻身。

他就这样隐入平凡。岁月无声，大雪无痕。

直到1999年，张劲夫发表了著名的《请历史记住他们》一文，点名提到"法杨"的贡献，杨承宗在"两弹一星"中的工作才为世人知晓。而在此之前，因为人事档案关系等种种原因，五所人都有的嘉奖他没有。很多同事和学生都评上了院士，他却无缘。

当来访者问起这些往事时，九旬老人饱经岁月的脸上，笑容一如既往地清澈而温暖，他的回答非常简单——"事情做出来就好了，别的什么都不要去想"。

他想的是什么呢？

严重急性呼吸综合征（SARS）肆虐时，92岁的他心急如焚，翻阅资料、画图设计，研究用放射线杀灭病毒的办法；99岁时，他整天琢磨如何用放射性示踪原子的方法测定中药的有效成分；在医院的最后时光，他和学生碎碎念叨的还是碳 -14。

所以，对于父亲希望这具肉体消亡前再为科学做点实质性贡献，儿女们并不意外。

不可负平生所学，永远想国家之所想，这种停不下来的习惯，如同放射线一般，已深入他的骨血。

《中国科学报》（2022-10-13 第 4 版 风范）

俞鸿儒

（1928 年 6 月 15 日— ）

俞鸿儒：为了0.1秒的数据，这枚"闲子"蛰伏了50年

贺涛　张志会

逢人来家拜访，俞鸿儒总会迎到电梯口，等候客人上来。虽被岁月压低了个头，但他的腰杆依然笔直。看外表，很难想象他已经94岁，心脏放了支架，股骨还做过置换手术。

年纪大了难免念旧。俞鸿儒时常想起在中国科学院力学研究所（以下简称力学所）攻读研究生时，先后跟随的三位导师——钱伟长、郭永怀和林同骥。这三位力学大师都是中国科学院院士，郭永怀更是"两弹一星"元勋之一。

俞鸿儒的人生还与另一位"两弹一星"元勋有过交集，那就是力学所的创始人、首任所长钱学森。俞鸿儒的办公室是311室，恰好靠近钱学森的办公室，他得以不时给钱学森打个下手，近距离接受大师的言传身教。有一阵，社会上"批林批孔"运动声势浩大。"鸿儒"两字容易招事，钱学森两次建议俞鸿儒改名，而且连名字都替他想好了——"轰儒"，这样一来，发论文时署名的拼音都不用改，尽显关切之情。

俞鸿儒自认是郭永怀布下的一枚"闲子"。围棋高手对弈，喜欢下几手闲棋冷子，看似无用，却对未来战局影响巨大。这一"闲子"在工作考核上看起来似乎很闲，却搞出了巨大响动——初期的

实验中曾多次发生爆炸事故，也因此"炸"出了一条新路。

多年后，因对我国高速风洞研究的卓越贡献，俞鸿儒当选中国科学院院士。他经常感叹自己此生幸运，得遇数位科学大师，在他们所提供的宽松环境里工作。

一、闲棋

1956 年，俞鸿儒报考了力学所的研究生，导师是钱伟长。这一年 10 月，经钱学森多次力邀，郭永怀和李佩夫妇冲破美国种种阻碍，带着女儿回到祖国。回国后的郭永怀出任力学所副所长，刚开始他来不及亲自招生，好在钱学森和钱伟长早有准备，替他招收了包括俞鸿儒在内的 5 名研究生。就这样，1957 年 3 月俞鸿儒入所报到时，他的导师改为郭永怀。从此，他的人生轨迹也随之改变，并被带进"风洞"世界。

风洞，俗称飞行器的"摇篮"。它通过人工产生可控制气流，模拟飞行器在空中飞行的复杂状态。现代的飞机、导弹等，无不在风洞里千"吹"百炼之后，才能上天。早在回国之前，郭永怀就已经预见到我国将发展航天事业，而高性能、大尺寸的高超音速风洞，是设计航天飞行器必不可缺的。当时主管中国科学院的国务院副总理陈毅曾说："搞科学，好比下围棋，忙里要注意安排几枚闲子，扶植一些冷门，到必要时就用上了。"

1958 年初，力学所成立激波管组，独立自主地开展激波管、激波风洞技术研制。郭永怀开始布下一枚"闲子"。让俞鸿儒吃惊不已的是，郭永怀指定他当组长。要知道，当时力学所的 8 个研究组中，其他 7 个组长都是海归的大专家，而他只是刚入所 10 个月的研究生。

实际上，郭永怀之所以对资历尚浅的俞鸿儒委以重任，是因为经过这段时间的相处和观察，他对这名学生已有所了解，发现他是一个实验能力很强的人，而风洞研究恰好对实验能力有着极高的要求。郭永怀相信俞鸿儒，还在于他对这名小自己近 20 岁的学生较为独特的过往经历略知一二——曾经两次高考，先在同济大学读数学，后来又到大连大学（后改为大连工学院，现为大连理工大学）读机械工程，并留校做了助教，3 年多时间里曾参与了多个教研室的工作……

△ 俞鸿儒研究生毕业证

此时的俞鸿儒除了感恩导师提携外，更多的是压力。虽然他曾调侃自己是瓶"万金油"，但他更清楚，有些挑战单凭实验能力强是应付不来的，还需要更多经验。郭永怀曾说过，自己没有实验工作经验，所里其他科学家也是这样。因此，具体工作怎么做，要俞鸿儒他们自己去闯。

国际上的风洞建造费用高昂，工艺要求高，需要大量资金投入。当时中国的经济和技术基础，决定了不可能效仿国外路线。郭永怀扔下一句话："你们不可能也不应该照葫芦画瓢模仿别人，一定要尽力去发展适合国情的实验方法。"这意味着现成的路走不通，只能走开辟、创新之路。俞鸿儒他们左思右想，似乎只能冒险——闯一闯那条"死路"。

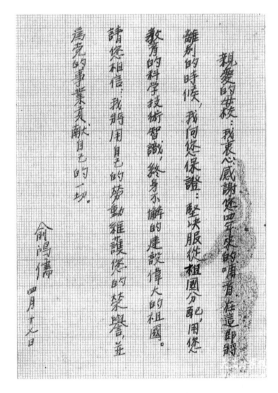

△ 1953 年俞鸿儒从大连大学毕业时写的决心书

这条"死路",就是采用国外废弃不用的氢氧燃烧驱动方法。它被淘汰的主要原因是容易发生爆炸,此外,其产生的驱动气流品质较差,很难保证实验的可重复性。但它的优点也十分突出:便宜、装置简单、不依赖高技术装备。经过论证,郭永怀同意了这条充满风险的技术路线,只提了一个要求:防止发生人身伤亡事故。

郭永怀的担心很有预见性。实验还真就出事了,而且发生了好几次。其中最严重的一次是,爆炸产生的高压将实验装置的一个大零件给轰了出去,继而打穿了试验厂房的墙体。幸好当时实验室没有人,未造成人员伤亡。俞鸿儒当时被吓了一跳,不过他表现得很镇定。因为风险是提前预知的,他们就是要冒这个风险。因此每次点火试验时,他们都注意清场,人跑到老远。

事后想想,如果没有郭永怀、钱学森的保护,这项研究根本干不下去。俞鸿儒回忆:"那时候把房子炸了是表扬我的,炸一次表扬一次。这是最大的支持。"炸了几次后,他们摸清了危险根源:炸是因为发生了爆轰。爆轰是一种氢氧燃烧的极限形式,它的燃烧速度是一般氢氧燃烧速度的上百倍。后来,俞鸿儒通过提高氢的占比,使其超过发生爆轰的上限,从而解决了爆轰问题。此后的几十年中,实验室再也没有发生过重大事故。

对于这项研究,郭永怀清楚这是场持久战,短期难见成效。因此,别的研究生都是定时汇报,但他从不要求俞鸿儒也如此,而是随时到实验室去看一下。俞鸿儒说:"只要我们不断地出结果,不管成功还是失败,他都满意。"

从1958年开始,力学所连续十多年没要求俞鸿儒写计划、写进度。这也让俞鸿儒得出一条科研感悟:"只要看准方向,尽全力往前走就行,宽松的环境比多给经费更重要。"在三年困难时期,特别是1960年,力学所许多项目都下马了。郭永怀坚信激波管和激波风洞的研究方向是正确的,不能半途而废。他以研究生做课题为理由,将激波管组保留下来了。

"他千方百计让我们小组能长期生存下去,使我们能安心工

△ 1960 年，俞鸿儒在试验中

作。"俞鸿儒说。

1962 年，俞鸿儒在继续工作的同时，开始准备论文参加答辩，导师改为其所在研究室的主任林同骥。

二、博弈

当郭永怀第一次看到 JF-8 时，一向和蔼的他脸色阴沉了。此前北京大学曾做过一个风洞，个头比 JF-8 小，光加工费就花了 80 万元。而眼前的这个 JF-8，花费岂不更多？那是 1964 年初，在先后研制成 JF-4 和 JF-4A 两型激波风洞后，俞鸿儒率领激波管组开始攻关大型激波风洞 JF-8，它的设计尺寸和参数都看齐国际水平。同年 9 月，JF-8 设计图交由沈阳重型机器厂制造。1965 年 4 月底，JF-8 全部完工。当得知 JF-8 的加工费只有 8 万元后，郭永怀脸上的阴霾一扫而尽，眼里放光，感叹自己的弟子太会精打细算了。俞鸿儒的精打细算来自幼年时父亲经商活动对他的耳濡目染，在科研上更是认真遵从郭永怀"少花钱，干实事"的教导，此外还有赖于他货比三家的习惯，只选对的，不买贵的。

1966 年"文化大革命"开始后，所里全然没有了工作、学习的条件和氛围。但俞鸿儒没有放弃科研。1967 年春节后，俞鸿儒和几位老师傅奋战两个多月，将 JF-8 安装完毕。赶在"五一"前夕，JF-8 开始试运行。

"当大家都不干事，而你还在干，其实是一种有利条件。"这是俞鸿儒实践得来的体会。一次，他到一个工厂去加工传感器，赶上工人没上班，没辙，只好自己弄。他先是花了一个星期左右学焊接，又花了一个月时间把传感器做出来了。结果，传感器的性能还很不错。

他还接到过天上掉下来的"馅饼"。1968 年的一天，俞鸿儒去某军事科研单位，想借一台闪光相机做实验。对方领导很诧异：这当口还有人借仪器做实验？出于好奇，就跑到实验室观看了一下。一看俞鸿儒真在做实验，对方领导就对他说："仪器就给你们用吧。"就这样，一台价值 30 万美元的闪光相机可以长期使用，这给缺少经费的激波管组解了燃眉之急。

力学家、两院院士郑哲敏就曾提到，在那一时期，俞鸿儒主建的风洞基本没有受到政治运动的影响。俞鸿儒身上这种处变不惊、坚持工作的劲头早在他就读于大连工学院时就有所显露。后来，他的同学徐寿霖用"大智若愚"来形容他。

更重要的是，他从导师林同骥的遭遇中学到很多。当时，林同骥受到严重的不公正待遇，不仅被停止了全部科研工作，还被罚去锅炉房烧开水。然而，这没有击垮林同骥，他仍保持乐观。在烧锅炉期间，他每天记录煤耗、送风量和水温、烟的颜色等，总结出了一套烧好锅炉、节约煤炭的方法；每天晚上回到家，还接着做研究，完成了多项研究工作。

1968 年 11 月，受"文化大革命"的影响，俞鸿儒在 40 岁这一年被免去了激波管组组长职务，不许参加业务活动，也不许参加会议，听候审查。仅仅一个月后，郭永怀在从核试验基地返回北京的途中，因飞机失事而不幸遇难。当时，没有人告诉俞鸿儒。后来他听闻恩师去世的消息时，内心非常悲痛，又感到深深的遗憾。撤职审查、痛失恩师，两者叠加的伤害足以让人消沉。但俞鸿儒没有，他性格中那股"不以物喜，不以己悲"的力量觉醒了。他很快克制住悲痛情绪，又一头扎进了风洞试验——他知道恩师正满怀期待，在天上看着他。

1969 年，历时 5 年的 JF-8 大型激波风洞全部建成，喷管出口直径为 800 毫米，其性能堪比国际大型激波风洞。此后，在 JF-8 里淬炼过的航天重器不胜枚举。1972 年，它为返回式卫星的研制进行了相关试验，之后又连续为"东风 5 号"等型号研制开展了试飞试验。这座风洞的建成，是俞鸿儒在受到非难的日子里，忘我劳动、辛勤工作，和时间博弈、和旋涡博弈的结果，是他向国家交出的一份答卷。

三、翻盘

俞鸿儒尽管在科研上成果卓著、独树一帜，但差点连研究员都没评上。

"文化大革命"期间，职称评定全停了。一直到 1985 年，力学所才重新开始评定研究员。当时主管部门画了条红线，即研究员年龄不能超过 55 岁。而俞鸿儒那时已 58 岁。按规定，他这辈子都丧失了成为研究员的机会。

俞鸿儒不在意这些，因为他心里记着郭永怀的教导——"要做铺路石"。

1986 年，中国科学院人事部门把俞鸿儒上报为流体力学方向的博士生导师，获得了国家学位委员会的批准。依据相关规定，博士生导师必须是研究员。这样一来，俞鸿儒才成了研究员。

1991 年，中国科学院恢复院士（当时称学部委员）增选。此前的最后一次院士评选是在 1980 年，11 年里，积攒了太多潜在的院士候选人，竞争异常激烈。那一年，俞鸿儒第一次参评院士就当选了。他用心血拓出的风洞，开始回馈他的人生。

其实，不论是评研究员，还是参选院士，都不是俞鸿儒主动申报的，而是单位办好才告知他的。他觉得自己能免受这些烦心事的煎熬，实为平生幸事。

俞鸿儒的主要心思都放在科研上，那是他最在意并乐在其中的事。他提出了一个更为大胆的设想：利用爆轰研制更高性能的激波风洞。在他之前，世界上还从未有科学家提出过。

爆轰是极其可怕的现象，俞鸿儒在前期的研究中，要想尽一切办法防止它出现。而此时的他逆向思考：为何不利用爆轰产生的巨大威力，作为新的动力进行风洞试验？

实际上，这个想法已在他大脑中盘旋多年。但由于太超前，危险性很高，即使他在科研界已有威信，也依然没有一个人支持他。再加上当时的环境和技术条件都不具备，所以他的设想一直未能付诸实践。

直到 1988 年，俞鸿儒应邀到德国马克斯·普朗克科学促进协会访问，其间在亚琛工业大学激波实验室证实了爆轰技术的可行性。回国后，他立即启动氢氧爆轰驱动方法研究。初期严重缺乏资金支持，经历过一段比较艰难的岁月，但俞鸿儒和他的同事、学生们并没有气馁。他始终记得郭永怀那句话："没钱干出大事，才是本事。"

终于，1991~1993 年，"氢氧爆轰驱动新方法研究"获得国家自然科学基金的支持，资助总额为 2 万元。

1998 年，俞鸿儒团队建成国际上首座爆轰驱动激波风洞 JF-10。此时，他已进入古稀之年。但他心中，还有个更大的计划要去完成。当时，全世界都认为激波风洞的试验时间只有几毫秒。美国人费了九牛二虎之力，也只是把试验时间延长到 30 毫秒。俞鸿儒

△ 1998 年 9 月，俞鸿儒（左一）现场讲解爆轰驱动激波风洞 JF-10 的运行原理

却提出，要建高超音速复现激波风洞，并达到 100 毫秒的试验时间。唯有如此，才能让风洞试验状态从"模拟"跨越到"复现"，真正在地面上完全复现高超音速飞行条件，攻克悬置近 60 年的世界级难题。

在该项目立项过程中，有人站出来坚决反对，认为此举过于天马行空。项目组经反复思考、讨论，判定该项目并无大错，于是尽力向财政部申辩后，在 2008 年获准恢复工作，经费也由 4000 万元增至 4600 万元。

2012 年 5 月，在俞鸿儒的指导下，力学所建成了 JF-12 复现高超音速飞行条件激波风洞（简称 JF-12 激波风洞）。该风洞有两大特点：一是试验时间长，可以达到 100 多毫秒，从而为很多研究工作提供了绝佳的平台；二是参数很高，能够复现马赫数 5~9 区间

△ JF-12 激波风洞的风洞喷管、实验段和真空罐

的温度和压力。

JF-12 激波风洞一经建成，立即引起了美国国防部的关注。其在 2013 年、2014 年连续两年，向美国国会提交报告，都重点提到了 JF-12。报告认为，JF-12 将支撑中国宇航领域民用与军用部门的研发。

在一段影像资料中，通过慢镜头可以清晰地看到，伴随着巨大的声响，265 米长、上百吨重的 JF-12 激波风洞在点火一瞬间发生了运动，从而获得 0.1 秒的活动数据。就是这 0.1 秒的数据，俞鸿儒为之奋斗了半个多世纪。

郭永怀当初下的那一枚"闲子"，终于发挥出关键作用，让中国风洞研究逆风翻盘。

四、若愚

几十年如一日，笃定一个研究方向，坚持做深做透，这让俞鸿儒解决了激波风洞试验时间短的世界级难题。这种坚持的背后，离不开钱学森、郭永怀在科研上的放手，以及中国科学院尊重科研人员发挥自主性的科研环境。对俞鸿儒影响最深的还是那次爆炸事故——把厂房墙壁炸出一个大洞，但郭永怀没有责备，只有鼓励。因而此后多年，当俞鸿儒面对科研后辈时，他希望将这种放手模式传承下去。他启发学生发表不同的科研见解，支持他们放开胆子去探索；一旦发现年轻人有好设想和好创意，他总是最大程度地给予支持。他经常鼓励大家："做事有担当，只要你觉得对，就尽管往下做。"

1988 年，在郭永怀牺牲 20 周年之际，他的雕像被安放于力学所 1 号楼前，松树环抱。此后，每逢郭永怀的牺牲日，俞鸿儒都会带领学生们来到雕像前，缅怀导师。

1997 年夏，俞鸿儒被一辆飞驰的自行车撞断了股骨。住院、开刀、做股骨头置换手术，要一关一关地过。在他住院期间，实验室里的年轻人夜以继日地轮流照顾他。有了大把时间与后辈相处，他谈论最多的是这个实验室的历史。他回忆钱学森、郭永怀回国以后如何重视高超音速实验研究，实验室同事如何从气瓶开始做激波实验，还有数十年来实验室的研究对国家相关事业的意义和作用……说得年轻人心潮澎湃。

后来，中国科学院的领导和专家们在评议这个实验室时惊异地发现，这批年轻人心中的理想，不是紧紧围着钱转，而是紧紧联系着书中的课题、实验、计算和理论。几十年的科研实践，使俞鸿儒深深懂得，青年人，才是国家科学事业发展的希望。为此，他甘心

△ 2017 年 4 月 5 日，俞鸿儒在郭永怀和李佩合葬仪式上讲话

为后辈铺路搭桥。他常说："我们这一代人搞风洞建设，搭了一个戏台，今后戏唱得好不好就要看年轻人了。"他也是这样做的，甚至把自己应得的荣誉拱手相让。

2016 年，JF-12 激波风洞荣获国家技术发明奖二等奖。虽然这一成果是在俞鸿儒的指导下完成的，但他主动把自己的名字排在功劳簿的最后。他说："奖项排名对我们这些老人已经不重要了，对年轻人有用，应该让他们经常走到台前。"

在这种"放手、铺路、搭台"的精神传承中，俞鸿儒领衔的科研团队像一块海绵，不断地吸引、容纳人才。

俞鸿儒是有大智慧的人，总是在合适的时候做对的事。

在俞鸿儒的指导下，以激波管组组员为主要班底，中国科学院高温气体动力学开放实验室于 1994 年成立。2011 年 12 月，其升格为高温气体动力学国家重点实验室（LHD）。俞鸿儒任第一届学术委员会主任。自力学所建所以来，该实验室是研究方向保留最完整的，人员也最齐整。其中饱含着俞鸿儒的心血。在这里，形成了"以信念引领科研"的浓厚氛围，激发了年轻人的热情，引导他们找到了人生目标，使其从内心喜欢并走上科研道路。俞鸿儒时刻心系 LHD 的发展，直到最近两年，90 多岁的他还坚持到力学所小礼堂参加 LHD 的学术年会。

△ 俞鸿儒与金生于 1958 年 8 月 3 日结婚照

在跟大家相处时，俞鸿儒丝毫没有大科学家的架子，即使向青年学者提建议，他也非常客气。由于他为人随和，又是国内首屈一指的气动实验专家，后辈遇到问题时，经常会请教他，甚至找上家门。他总是爽快答应，并和老伴儿金生一起热情招待他们。

俞鸿儒在 90 岁退休后，才算闲下来了。他本想带老伴儿多出去转转，以弥补多年来亏欠的陪伴，结果老伴儿的身体不允许了，她患上了较重的糖尿病和高血压，腿软、头晕，难以走路，很少外出活动。俞鸿儒就专心在家照顾她。

几十年来，他们一直住在中国科学院黄庄小区的一栋 70 多平方米的房子里。房间里，摆放的家具都比较陈旧，但干净整洁，满屋子全是书。渐渐地，俞鸿儒的"万金油"能力再次凸显：炒菜做饭、收拾房间样样在行。邻居们都认识他，常夸"俞先生人真好"。每当此时，夫妻二人均感此生有对方相伴，只羡鸳鸯不羡仙。

《中国科学报》（2022-11-03 第 4 版 风范）

施雅风

（1919 年 3 月 21 日—2011 年 2 月 13 日）

施雅风：冰与火之歌

丁佳

新疆天山冰川观测试验站，海拔 3600 米的前进营地，稀薄的空气、凛冽的寒风、粗糙的石砾、皑皑的白雪……眼前的一切充满着原始和危险的气息，却莫名唤起了一种亲切感。

这会不会是他最后的朝圣？时隔多年，那种久违的激动又一次在施雅风的心中翻腾。他执拗地想：只要再往上 300 米，就能到达冰川了。那是他的精神家园，所有梦开始的地方。

可是，同行的年轻人拦住他，怎么都不让他上去。2001 年的施雅风，已是中国科学院院士，享誉国内外的地理学家、冰川学家；更重要的是，他是一位 82 岁的老人，没有人敢让他再往上爬 300 米。

就这样，施雅风与一生挚爱的冰川遗憾作别。施雅风一生考察过六七十条冰川，开创了中国冰川考察和研究事业。他对冰川、对科学、对真理的爱，一直熊熊燃烧着，即使历经了 90 余年漫长岁月的冲刷与试炼，也未曾有一刻熄灭过。

一、初见

火车整夜在秦岭里穿梭，等到天亮抵达兰州时，已换了天地。

窗外的景象，令在江苏海门湿润沙洲上长大的施雅风始料未及——大西北特有的干旱夺走了所有多余的色彩，连绵山丘寸草不生，不管是景还是人，都呈现出一种粗砺的沙黄色。

那时的他还未意识到，在这片无依之地，自己将播下一粒最圣洁的火种。

1957年6月，施雅风和郑本兴、唐邦兴受命离开北京去兰州，在那里加入了祁连山西段地质考察队，开展地貌区划研究。他们计划经甘肃河西走廊，翻越祁连山西段，最终进入柴达木盆地。

一天，考察队走到了党河谷地，已经跋涉两天的队员们纷纷下马饮水休整。施雅风的注意力很快被前面的景象所吸引——那是一座雪山，洁白的冰川好像新娘的头纱，沿着山坡披挂下来，在阳光下闪着光。施雅风感到新奇不已，带着两名年轻人、一名蒙古族警卫，骑上马和骆驼，直奔雪山而去。雪山这么近，却又那么远。起初他们自信地以为当天就可以往返，哪承想走了一天都没有摸着雪山的边。天已经黑了，他们只好找到蒙古族牧民的毡房借宿一宿。

第二天上午他们接着赶路，终于来到了雪山脚下。一行人沿着溪沟乱石往上爬，直到下午5点，终于登上了海拔4500米的马厂雪山冰川边缘。

那是一个与他过往所见截然不同的世界。新中国成立后没几年，施雅风就从南京调到了北京工作，在中国科学院生物学地学部当副学术秘书，参与编制中国第一个科学技术远景规划。他每天所共事、学习、景仰的都是竺可桢、黄汲清这样的大家，他们是一座座学术上的"高山"。在这里，在这荒芜的祁连山腹地，38岁的施雅风才第一次看见了属于自己的那座山。从这里开始，他将终其一生去攀登，直到自己也成为一座高山。

"我们走走，摸摸，看看，尝尝。"施雅风像一个好奇的孩童一样四处查看。起初他们看到的是被沙尘染黄的雪，再往上走就看见了米粒般的粒雪和晶莹的冰川冰。那模样真叫人爱不释手。可惜天色已晚，施雅风一行只在冰川上停留了一个小时，就不得不启程返回。等他们回到山下的蒙古包时，已经是深夜 12 点了。午夜时分，施雅风心里的火苗被点亮了。"我当时就在想，祁连山有这么好的冰川水源，西北却有大片寸草不生的戈壁和荒漠，应该把冰川水很好地利用起来。"

在考察中施雅风发现，山北坡有冰川，水源充足，牧草丰盛，牛羊成群；山南坡没有冰川，考察队连取水做饭的地方都找不到。南北坡的强烈对比，引发了他研究冰川的强烈兴趣。

这短短一个小时的初见，改变了施雅风的人生轨迹。回到北京，施雅风向中国科学院领导详细汇报了考察经过，建议中国科学院开展冰川研究，尽快填补这一学术空白。时任中国科学院副院长的竺可桢接受了施雅风的建议，并让他负责组建冰川考察队。

从此，星星之火，开始燎原。

二、出征

此后事情推进速度之快，超出了施雅风的想象。

1958 年全国掀起的"大跃进"运动，阴差阳错地推动了中国冰川考察的进展。

"你们搞冰川考察，能不能用半年时间基本查清祁连山冰川资源的分布和数量？"

"我们打算用 3 年时间查清这一带的冰川情况。"

"3 年太慢了！假如你们能够用半年完成任务，你们要什么条件我们提供什么条件！"

1958 年 6 月，施雅风等人再度来到兰州，拜访了时任甘肃省委第一书记张仲良。张书记一上来就把原定 3 年的任务压缩到半年。施雅风一夜无眠。机遇和挑战的天平，在施雅风心中反复摇摆：一方面，他只有一次登上马厂冰川的经验，缺乏起码的冰川学科训练；另一方面，省里开出了这么好的条件，又着实千载难逢。

对于大自然，施雅风有一种出乎天然的热爱。抗日战争时期，浙江大学迁到遵义，同学们经常看到施雅风拿着地质锤，挎着背包，装上罗盘、高度表、地形图和笔记本，带点零用钱，一头钻进遵义乡下考察，一去就是几个星期。白天，他一般在野外步行三四十里路，边看地形边做笔记，思考着地貌形成的过程；晚上累了，就在当地找个小旅馆住宿，第二天爬起来接着走。这是他与天地对话的独特方式。在大自然中，他可以无拘无束，尽情释放自己的天性。相较而言，新中国成立前的几年，他到中国地理研究所工作，那些由于经费紧张而只能在办公室看书的日子，就枯燥难耐得多。

答案很明显了——他要上冰川！是夜，施雅风就拟定并组织6个分队，提出了调人、调车、购置装备等需求。让施雅风感到惊讶的是，他提出的要求竟然在短短几天里全部到位。中国科学院不仅请来了苏联冰川学家，还紧急调拨了10万元经费。至于登山用的钉鞋，省政府的人教了他们一个土办法：在当地猎人穿的靴子下绑上自制的钉子。

100多人组成的考察队，就这样浩浩荡荡地向祁连山进发。嘉峪关南边一条离公路不远的冰川，成了他们的"练兵场"。

7月1日一大早，队员们带上水壶、干粮，挂着冰镐，开始沿着山沟往上走。眼看着离冰川越来越近，可临近中午，迎面一座200米高的小山拦住了他们的去路——冰川不见了。

△ 1958 年冰川考察队在祁连山冰川上行进

"大家奋力攀登，出了一身汗。爬上去一看，豁然开朗，我们朝思暮想了好几天的冰川，就躺在前面。"施雅风恍然大悟，刚才那座让人"咬牙切齿"的小山，就是由冰川沉积物堆成的小丘啊！

顾不得疲劳，施雅风一纸电报急送北京报捷，并将这条由中国人自己发现的第一条冰川命名为"七一冰川"，以此向党的生日献礼。电报发到北京时，中国科学院领导正在召开由各所研究人员参加的大会，不仅当场就宣读了电文，还给施雅风他们写回电，高度赞扬了考察队的业绩。这给了施雅风极大的鼓舞。

但人生怎可能尽如人意？一个人既然能够被时代的洪流高高扬起，也同样能被裹挟着重重抛下。

三、归来

施雅风骨子里有股狠劲，认准的事他会做到底，说话做事也是喜欢"打直球"。这样的性格，没少让他碰壁。

1960年，中国科学院在兰州挂起了"冰川积雪冻土研究所筹备委员会"的牌子。施雅风再三权衡，举家从北京西迁到兰州，负责研究所业务工作。施雅风的妻子沈健原先在中国科学院生物学部工作，对于搬家的决定，她思想上有些准备，开始并没有反对。可到了兰州，生活条件之艰苦，让她多少有些抱怨："要知道兰州生活条件这么差，搬家的时候应该多带些油。"她心疼带过去的两个女儿。大女儿有一次拿到一个馒头，却舍不得一下子吃掉，坐在那里一点一点剥着吃。她也心疼不得不留在北京的小儿子。当时只有4岁多的施建成一个人在香山附近的六一幼儿园全托，每隔两星期，好心的班主任田老师就会把他带回自己家过个周末。

这并不是最糟糕的。来兰州之前，施雅风因在"交心会"上的一句话遭到了批判。虽然他在时任中国科学院党组书记张劲夫的保护下免予处分，但消息还是传到了大

△ 施雅风和沈健结婚照

西北。人们以为施雅风是被"发配"到兰州的，所以只给他们全家分配了两间背阴的"丙种房"。冬天很冷，施雅风不得不穿着皮大衣，脚蹬毛毡靴，忍着饥饿，在寒冷的夜晚挑灯工作。有一天晚上，施雅风和沈健都去单位开会，家里的窗子竟然被大风吹了出去。两个女儿在屋里拼命拉着窗户，吓得直哭。即使是留在北京的施建成，也真真切切感受过兰州的苦。"1961年春节，父亲请同事帮忙把我带到兰州过年。回北京的时候，父亲在火车站给我买了个包子，我拿在手里还没吃，就被一个人抢走了。"

挨饿的不仅仅是施雅风一家，整个研究所的人都在挨饿。饿了，大家就喝水充饥；水太淡了，就放点盐；盐喝多了，身体就浮肿；身体浮肿了，思想也随之乱了起来。为了避免人心涣散，施雅风想方设法托人从北京带来些食物。北京大学地理系教授崔之久曾给这些搞冰川研究的骨干分子捎过罐头。可是，研究人员领了罐头，都拿回去给孩子吃了，自己还是吃不到。

"施老头发现，发罐头不解决问题，就想了个办法——到兰州饭店订好饭，叫大伙去吃，这样老婆孩子总不好去吧。"崔之久说。"施老头"就是这样想尽一切办法，也要保证科研人员的身体。至于"施老头"自己，则靠抽烟提神过活。直到转年夏天能买到"高价糖"了，他才戒了烟。这是他人生中唯一一段吸烟史。

三年困难时期，研究所一再精简，最后缩编为地理所的一个研究室。但施雅风相信，只要有生力量还在，一切就有希望。烟起烟灭，他靠着心里仅存的一点希望之火，在生活的谷底忍耐着、蛰伏着，准备着与冰川的下一次相遇。

1964年，机会终于降临了。中国科学院交给施雅风一项任务——配合中国登山队攀登希夏邦马峰。位于西藏自治区日喀则市聂拉木县境内的希夏邦马峰是当时世界上唯一一座还没有被征服的8000米级高峰。当时主管国家体委工作的贺龙副总理强调登山运动要有科学考察配合。这种联合，对科学考察和登山运动都有好处。

施雅风对这次考察极为重视。当时他的牙齿有点毛病，为了这次考察，他干脆把满口的牙都拔了，全部换成了假牙。他常说："冰川事业是一项豪迈的事业，是勇敢者的事业！"在野外工作，危险时有发生，确实是需要勇气的。

一次科考途中，一名同事把墨镜丢了，施雅风就把自己的借给他戴。当时是阴天，施雅风觉得雪的反射不会太厉害，没有在意。哪知道回帐篷睡了一觉，他的眼睛就睁不开了，针刺一样疼。苏联专家告诉他，这是得了雪盲症。

野外工作有苦也有乐，更多的时候是苦中作乐。一次在祁连山，考察队突遇暴雨，队员们个个被淋成了落汤鸡。雨停以后，大家去砍了柴，把大石头烧烫，然后搭起帐篷，把水浇到热石头上，做了一间"桑拿"屋。大伙轮流到里面洗澡，舒服得很。

在希夏邦马峰，45 岁的施雅风第一次登上了 6000 多米的冰碛山顶——每走 20 多步，就因为气喘厉害不得不停下来；900 米的高差，整整走了 6 个小时。

大自然给予了他们丰富的馈赠。就在这布满危险的苦寒之境，他们再一次见识到大自然的鬼斧神工——冰塔林。冰塔的高度从几米到 30 多米，大的像金字塔，小的像匕首。施雅风穿行在这片被阳光照耀的银色森林中，感觉自己走进了仙境。

希夏邦马峰考察，成了 1966 年开始的大规模科学考察珠穆朗玛峰和西藏地区的前奏。在科考队的帮助下，登山队也成功登顶。在 8000 米的高峰上，点燃了属于中国人的圣火。

△ 1964 年，国家体委组织登山队攀登希夏邦马峰，中国科学院组织了以施雅风（右二）为队长的科考队

△ 施雅风等人在希夏邦马峰冰洞内

时至今日，中国冰川学家的足迹遍布了地球三极。李吉均、程国栋、秦大河、姚檀栋等数位冰川冻土界学者，在施雅风的培养和感召下成长了起来。在一代代中国冰川人的传承下，希夏邦马峰的火种撒遍了全球。

四、生死

常年野外科考，让施雅风练就了一身超强的生存能力。常人眼里的脏、乱、差，对他来说都不在话下。大家都很羡慕他上车就睡觉、下车就干活的旺盛精力。崔之久直接说："他就是搞这一行的料。"施雅风上床入睡很快，跟地质学家刘东生"配合默契"，一个磨牙，一个打呼噜，此起彼伏。谁要是不幸跟他俩挨在一起，那整晚都别想睡踏实。

施雅风生性乐观、随和、好玩，有时候天真得可爱。当上院士后，他与一行人去大兴安岭考察。当地很重视，在饭馆吃饭时，旁边堆了好多青岛啤酒。施雅风第一次见到这种场景，惊奇地问："我能拿一个空瓶子作纪念吗？"惹得旁人不知如何是好。

曾经有一段时间，施雅风一见到中国科学院院士丁仲礼，就要跟他讨论"岁差周期"。每当这时候，丁仲礼都会在心底感叹：老头真有探索劲啊！"老头"是晚辈私下对几个地学界"超级老头"的昵称，比如地质学家刘东生、矿床学家涂光炽、大气物理学家叶笃正、遥感地学专家陈述彭，当然也包括施雅风。这些"老头"的共同特点是学问好、精力旺盛、永不满足探究学问。

见到冰川，施雅风会莫名地激动。对于始终与野外考察相伴相随的生命危险，他没有惧怕过，即便是那些摔下马背、被大石头压住、差点滑下山去的"玩命"故事，他都能很从容地讲给朋友听。

他也没有惧怕过"权威"。他信奉亚里士多德的那句名言"吾爱吾师，吾尤爱真理"，丁仲礼用"真理的斗士"来形容他。关于庐山到底有没有冰川的争论，他站出来公开挑战，并因此背负了极大的责难。

但人总是血肉之躯，自我否定、信念动摇，施雅风并不是没有过。

1966 年，一封电报将在四川进行泥石流考察的施雅风召回兰州。等待他的，是暴风骤雨。生活的苦尚能忍受，但倘若再也不能触摸自己挚爱的冰川，那是他难以承受的折磨。在丧失了两年多工作时间后，施雅风觉得，这一辈子都白干了，一切都被完全否定了。他想到了死。

8 月的一个中午，他偷偷从"牛棚"跑到了兰州黄河大桥，跨过栏杆，从桥上跳了下去。他想当然地以为，这么高的落差跳下去，肯定就昏死过去了。可没想到，儿时练就的水性让他一落水就打了个滚，浮了起来。"这个时候我的脑子就有点清醒了。我想到了我的母亲，想到了我的家庭，想到了我的事业，觉得不应该死。"施雅风"吧吧噔噔"游到了河心沙洲——段家滩上，趴在泥里面，一身的水。

因为这次事件，从部队派到兰州分院的军管委主任说，"不要再批斗施雅风了"。这句话让他得到了解脱。慢慢地，他也可以看看书，写点材料了。"那时候我想做研究的欲望特别强烈。"

趴在段家滩的泥地里，施雅风明白了，在他的人生里，还有黄河水都浇不灭的信念，还有比生命更重要的东西，他还要再上冰川。

五、桃源

在社会的风浪里沉浮，每个人都需要一座可以喘息的小岛。对于施雅风来说，这座小岛就是飘浮在云端的冰川。

施雅风有一张很得意的照片叫"策马扬鞭"。照片上的他骑在一块风化的石头上，石头酷似一匹骏马，施雅风背着军用水壶，喜悦之情溢于言表。照片的拍摄地点是位于中国西部与巴基斯坦等多国边境的喀喇昆仑山。这条山脉在突厥语中的意思是"黑色岩山"，又被很多冒险家称为"凶险的山"。全世界中低纬度地区长度超过50公里的冰川共有8条，喀喇昆仑山独占6条。

在这些冰川中，巴托拉冰川活动极其活跃，连接中巴两国的"友谊桥"——喀喇昆仑公路就位于这条冰川的末端。为了援建这条国际公路，中国派出了9000多人，在异常艰苦的条件下施工了7年，牺牲的工程人员多达百余名。可是，1973年春夏之交，巴托拉冰川暴发洪水，冲毁了这条友谊之路。一个两难的问题也被"冲"到了中国面前：如果公路改道重建，耗资几近天价；如果原地修复，喜怒无常的冰川是否会再度发狂？

为了作出科学决策，国家将考察巴托拉冰川的任务交给了中国科学院，要求用两年时间摸清冰川运动和变化特征，并提出中巴公路通过方案。这项任务的核心是预报。科学家需要给出一个判断：未来数十年里冰川的进退、冰融水道的变化是否会再度给中巴公路带来危害。

"这个任务比较硬，可是要兑现的。"崔之久承认，"一般我们都比较'怕'这种任务。"可施雅风义不容辞地答应了下来。就这样，55岁的施雅风再次背上行囊，去到了陌生的异国他乡，在巴托拉冰川脚下搭起了帐篷。

清晨5点，他和年轻人一样，顶着刺骨寒风翻山越岭，进行第一班观测；夜里，他打着手电，到洪扎河边观察冰川融水和洪峰情况。他的办公室就是一张小板凳和行军床前一个用石头垫起来的木箱子，数据出来了，就在帐篷里计算。

苦是苦，但施雅风的心灵也因此得到了归隐。那顶简陋的小帐篷，让他远离了各种干扰，得以潜心钻研学问。在这个"世外桃源"里，他对冰川的认识大大加深了。经过两年野外工作和一系列复杂计算，他们终于得出结论——巴托拉冰川还会继续前进，但是前进的极限值仅为 180 米，最终将在距离中巴公路 300 米以外的地方停住；16 年后，冰川会转入退缩阶段，并一直持续到 2030 年以后。

△ 交谈中的施雅风

也就是说，公路不必绕道重建，只需要适当变动桥位、放宽桥孔，是可以原址修复的。

1978 年，中巴公路修复通车。施雅风他们的这项工作为中国节约了 1000 万元，并在此后获得了国家自然科学奖三等奖，这也是我国冰川学建立以来第一次获得国家奖。

至于巴托拉冰川，时至今日，它仍在应验着施雅风的预言，收敛了乖张的脾气，缓慢地退却着。

退却着的还有施雅风的身体。步入老年之后，他接连患上了心脏病、糖尿病、高血压，还安装上了心脏起搏器。但他始终乐观勤奋，坚持锻炼和工作，托举着心中的那把火炬，直至人生弥留之际。

高举着这把火炬，他看清了梦想，拨开了迷雾，温暖了自己，照亮了后来者的路。借着这火光，他仿佛又看到了年少的自己。

那是一个星期天，正在浙江大学读书的施雅风和同学们一起登上了天目山。山顶海拔在 1500 米以上，风很大，就像一座孤岛，矗立在云海之上。头顶上，碧空万里，超脱尘世，那是这世界上无与伦比的美丽。

《中国科学报》（2022-11-10 第 4 版 风范）

马大猷

（1915 年 3 月 1 日—2012 年 7 月 17 日）

马大猷：他很少"说好话"，却留下一段段佳话

倪思洁

马大猷的名字，很多人不熟悉。但他做的事，很多人都听过，有些还与每个人息息相关。

1959年，马大猷为人民大会堂做了音质效果设计，让站在人民大会堂每个角落的人都可以听得清演讲者发出的每一个音。

1962年，在马大猷等人的提议下，知识分子得以"脱帽加冕"。

1973年，因为马大猷的提议，噪声与废水、废气、废渣一起，被列为环境污染四害之一。

……

在马大猷的晚年，他的名字多次出现在媒体上，出现的目的是批判科学界的浮躁风气，带着他名字的文章也因此很少"说好话"。

一、爱做实验的马大猷

马大猷是声学家，被誉为"中国现代声学的奠基人"。

声学研究离不开实验。建筑声学的创始人赛宾，曾靠着一支风琴管、一双耳朵、一块机械手表，测出美国哈佛大学佛歌讲堂、桑德斯剧院等10多所厅堂的混响时间，由此提出混响时间计算公式，

△ 因马大猷在加利福尼亚大学洛杉矶分校的导师学术休假，马大猷转至哈佛大学求学。1940年，他仅用两年时间就拿到了哈佛大学哲学博士学位

开启了现代建筑声学研究。

马大猷也同样重视实验。他的学生、中国科学院声学研究所（以下简称声学所）研究员田静对此深有体会。1987年，田静成为马大猷的博士生，师生俩一个72岁，一个27岁。绝大部分时间，田静与马大猷保持着"爷孙"般的亲近。马大猷的办公桌对面有两把沙发椅，很多年长的师兄习惯了毕恭毕敬地站在桌头听吩咐，可每次田静一去，马大猷总会笑眯眯地先招呼他坐下再细谈。田静觉得这大概就是"隔辈亲"。

但因为实验的事，马大猷对田静发过一次火，令田静至今难忘。田静是在南京大学拿到硕士学位并工作了几年之后才去做了马大猷的博士生，在之前的工作中，田静形成了"把问题从理论上先想透，然后再去做实验"的研究习惯，这和马大猷"实验先行"的研究风格恰好相反。对实验极其重视的马大猷，常批评田静"动手慢"。有一次，老爷子真的急了，生气地说："这就是你们的学风。"田静想都没想就顶了嘴："这学风挺好的，想明白了再做。"师生俩之后好几天没说话。几天后，老爷子看到田静主动交来的实验结果才说："我去看看你的实验进展吧。"

马大猷与学生的合影，很多都拍于实验室。这些实验室大都是马大猷亲手设计建造的。

20世纪50年代，马大猷创立的中国科学院声学实验室，是中国第一个专业声学实验室。声学实验室里最有特色的实验设施之一是消声室。1956年，马大猷设计建造全消声室时，"消声室"这

△ 马大猷（右）与田静合影

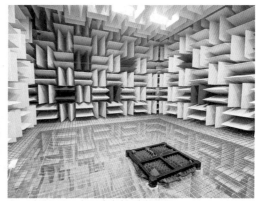
△ 现在的中国科学院声学研究所的全消声室

三个字在全世界都算得上新名词。消声室是一种可以吸收回声的特殊实验室。假设一个人在空荡的房间里说一个"喂"字，可能会听到"喂哎哎"的声音，但在消声室里，"喂"就是"喂"，不拖泥带水。全消声室建在一个钢筋混凝土的"大盒子"里，室内天花板、四面墙、地面上都装满尖劈，尖劈的外表面是铁丝网，里面装着具有吸声作用的玻璃棉，人只能站在地面尖劈上方用钢绳编成的大网上做实验，好像站在蹦床上一般。

1988 年，马大猷又在声学所建了另一种消声室——半消声室。半消声室只有天花板和四面墙上有尖劈，地面是平整的，空间非常大，小轿车可以直接开进去做噪声功率检测。

声学所还建有一种与消声室作用机制恰好相反的实验室——混响室，也是由马大猷设计建造的。在混响室里，"喂"会变成拖拖拉拉的"喂哎哎哎哎"。这种实验室可以用来研究材料的吸声效果。混响室房间空荡荡，房顶上悬着一条条可以让声音来回反射的弯曲金属板，每一块金属板的大小、弧度、悬挂位置都是由马大猷计算出来的。

除了建消声室、混响室之外，马大猷还在香山脚下建过一间高声强实验室。那是为了服务人造卫星任务而建的。1965 年，"东

△ 马大猷在家中工作

方红一号"人造卫星研制任务启动。噪声会影响机械和工程安全，长时间处于高声强环境中，飞机铆钉会松动、蒙皮会破裂，人造卫星也会机械损坏、仪表失灵。高声强实验室是对卫星及其仪器设备进行声疲劳实验的地方。实验室中用来模拟卫星发射噪声的设备名叫"气动扬声器"。气动扬声器可以达到 160 分贝，相当于 100 台喷气发动机同时工作。在护耳器不完备的条件下，马大猷与同事们夜以继日，做了不少材料实验、航空部件实验、动物实验，得到的大量重要科研数据毫无保留地无偿提供给了有关部门。

消声室、混响室、高声强实验室……各种各样声学研究的实验室在马大猷的手里一个个诞生，中国现代声学研究的"底子"也一点点厚起来。

马大猷也同样关注噪声的环境污染问题。为了了解噪声污染情况，哪里嘈杂马大猷就去哪里。他背着声级计，带着学生去大马路、工厂、地铁……1966 年，他组织了第一次北京市交通噪声调查研究；1972 年，他又开展了地铁噪声的控制研究。最终凭着扎实的数据，马大猷在1973年的第一次全国环境保护会议上，提出在废水、废气、废渣之外，应将噪声列为环境污染四害之一。

在马大猷的坚持下，1982年我国制定了《城市区域环境噪声标准》，1989年制定了《中华人民共和国环境噪声污染防治条例》，1996年有了第一部《中华人民共和国环境噪声污染防治法》。自此，马路上不再有刺耳尖锐的气动喇叭声，汽车也不得随意鸣笛，许多大城市的交通路口还装上了噪声级实时显示装置。

但就在大家因为马大猷而远离噪声危害时，马大猷的耳朵坏了。突变发生在1961年的一天。46岁的马大猷带着学生到北京西郊机场做噪声实验，以研究飞机制造中的噪声控制问题。实验中，他们用铁锤猛烈敲打钢板，发出巨大的噪声。由于没有完备的护耳设备，做完实验回来之后，马大猷感到左耳听觉似乎不太好，几年后右耳的听力也开始下降。

60岁前后，马大猷不得不去配助听器。此时，爱做实验的马大猷成了自己的实验对象。

配助听器首先要做听力测试，受试者会被关在密闭房间里，头戴笨重的耳机，耳机发出由弱到强的“嘀”声。听到“嘀”声后，受试者必须快速按下手柄按钮。“嘀”声常会与耳鸣声重叠，让人分不清到底是谁在响。很多人不喜欢做听力测试，但马大猷偏要反复做，还给自己画听力曲线，直到最后把自己研究得明明白白。他在给自己的“诊断”中写道：“在声音的频率为100赫兹时与正常人的听力差不

△ 马大猷在做听力测试

多，到 2000 赫兹至 3000 赫兹时，就下降了几乎 70 分贝。"

二、爱"出怪主意"的马大猷

马大猷爱做实验，却不唯实验。他说："研究问题首先需要对问题进行物理分析，解决问题只是数学上或实验上的技巧，而研究问题的根本是要有物理学上的见识。"他还说："勤勤恳恳、只会严格照章办事的人不适合搞基础科学研究。相反，思想活跃、异想天开并常出怪主意的人可能更为适合。"

马大猷就是个"常出怪主意"的人。

1937 年，22 岁的马大猷在清华大学"留美公费生项目"的支持下，赴美留学。在加利福尼亚大学洛杉矶分校的实验室里，马大猷结识了一位出生于中国的美国师兄——博鲁特。

博鲁特的研究方向是建筑声学，他列出过一个关于矩形房间内简正波数目的公式，被大家视为一项很突出的成就。马大猷对博鲁特的研究成果很感兴趣，但总觉得这个公式有些烦琐，于是就常把公式放进脑子里转一转。有一天，马大猷正在吃早饭，这个公式又在他脑子里转了起来。忽然，他灵机一动，想到了一个不同的处理方式。他拿起纸笔飞快地算啊写啊，最后，一个比博鲁特的公式更简洁的公式出现在他面前。到了教室后，他又当着大家的面演算一遍。大家先是一愣，随后便响起热烈的掌声。博鲁特也向他表示祝贺，承认马大猷这一开创性方法比自己的"更为有用"。

1938 年秋天，马大猷和博鲁特分别在美国声学学会年会上宣读了各自的研究成果。年仅 23 岁的马大猷在国际舞台上一鸣惊人。直到今天，这个公式依然被印在有关波动声学的教科书里。

马大猷的另一项重要成就——微穿孔板理论，也是迸发自他的怪主意。

1966 年，国家准备开展导弹发射试验。导弹发射时所产生的噪声会对导弹造成影响，马大猷担起了为导弹发射井设计吸声系统的重任。在国际上，噪声等声音的吸收主要靠玻璃纤维、矿渣棉等多孔性材料，声波可以在这些类型材料的空隙中被摩擦和消耗掉。然而，这些材料遇火会熔，遇水即烂，无法用于导弹的噪声处理。马大猷按照多孔性材料消声的原理，想出了一个办法——在板材上打微孔。马大猷做出各种各样的微穿孔板，把它们放进不同类型的噪声环境里去做测试。但他的目标却并不是找出一块最适合的微穿孔板。他列出各种类型板材与噪声条件的排列组合，依次试了两个多月，然后从山一样的数据中找出了规律。最后他给出了一个极其简单的公式——微穿孔板理论。

1992年，德国新建了联邦国会大厦。为了实现政治透明的隐喻，大厦的外墙全部用玻璃建成，就连屋顶用的也是半透明玻璃。12月，大厦投入使用，议会通过电视向全德国直播，然而议长没说两句话，扩音系统就不响了。这一尴尬场面一度成为德国的新闻。技术人员仔细研究后发现，原来是因为讲话人处在大厅的中心位置，扬声器高悬，讲话声音反馈太强，导致由计算机控制的扩音系统自动锁闭。

当德国建筑声学专家一筹莫展之时，正在德国弗劳恩霍夫建筑物理研究所访问的中国学者查雪琴知道这一情况后，想到了10多年前《中国科学》期刊上的一篇论文——《微穿孔板吸声结构的理论与设计》，作者正是马大猷。为了验证马大猷的理论，查雪琴和正在德国的两位留学生，在一块钢板上钻孔做实验，他们发现，测量得到的数据与马大猷公式给出的理论计算完全吻合。之后他们又按照马大猷的理论，在20厘米见方的有机玻璃板上打出几千个小孔，并将实验报告交给波恩的有关部门。最终，这个让国际专家倍感陌生的设计方案从众多竞争者中脱颖而出。马大猷在1966年研究出来的理论，时隔20多年，成了联邦国会大厦的救星。

曾有很多人好奇：为什么马大猷可以这么厉害？

马大猷从不吝啬于分享他的科研"秘诀"："研究的前提，就是得先有充分的学习，得具备丰富的基础知识，又得比较全面地了解在相应领域里别人都做过什么工作、有些什么结果。孤陋寡闻的人最容易做一点儿工作就说'首创'或'填补空白'之类的话。""整个研究工作，要系统、要深入，还要特别注意不放过任何一个小的可能。我们在工作中常常会忽视一些现象，认为它虽然不太正常，但不是什么大问题。殊不知，有的时候就可能因此忽略一个大问题。""既然要产生新思想、新知识，不通过完全集中精力认真思考是不可能办到的，到了下班时间就不再想了是不可能的，甚至在睡眠时间也常会想起重要问题……"

他的学生常常感慨"马先生的脑子里无时无刻不想着工作"。马大猷也承认自己"最大的兴趣就是工作"。有时，学生去老师家里做客，马大猷的妻子王荣和会和他们聊一些家长里短的琐事，氛围轻松活跃。可是聊不了几句，话题就会一不小心被马大猷带"偏"。王荣和常常笑着埋怨马大猷："你看你说不了几句又讲工作。"

马大猷的最后一篇学术论文发表于 2006 年，研究的是微穿孔板的实际极限，那年他 91 岁。第二年 10 月，他因突发脑血栓住进北京医院，从此离开了办公室。

三、不爱"说好话"的马大猷

马大猷的直脾气是出了名的。

晚年时，常有人来找他为新书作序，他大多拒绝了，因为作序"只能说好话"。但是，2000 年，他破天荒地自愿为一本研究蝉鸣的书作了序。该书的作者是他的忘年交——中国科学院生物物理研究所研究员蒋锦昌。蒋锦昌比马大猷小 23 岁，他们一个研究动物，一个研究声音。

蒋锦昌从 1966 年开始从事动物在地震前异常反应行为的研究。1976 年唐山大地震发生之后，这一研究内容一时间成了热门。1979 年夏，蒋锦昌在西双版纳为地震预报培训班讲课时，住处每天都有蝉声。从早晨 6 点叫到 10 点，又从傍晚 5 点叫到日落，每天准时如此。他好奇：为什么蝉那么小的身躯，有这么大的能量？

它的发声机理是怎样的？它们之间又是如何通信的？萌生了最初的研究兴趣后，蒋锦昌有些踟蹰，1981 年他找到了马大猷。马大猷一听，觉得"十分有趣"，并鼓励他做下去，两人也由此相识。

20 世纪 80 年代后期到 90 年代时，蒋锦昌关于蝉声的研究成果陆续出来，马大猷看了很高兴。由于研究条件有限，蒋锦昌研究时使用的仪器设备大多是自己设计制作的。没想到，在蒋锦昌尝试着去报奖时，有人以研究装置太过简易为由否定了他的研究。在"不先进""没有用"等质疑声中，倔脾气的蒋锦昌依然不放弃，从 1996 年起，他系统地把研究成果写成书。然而，在寻找出版机会时，出版社提出"需要有权威专家的认可推荐"。

无奈之下，蒋锦昌再次找到马大猷。看完研究内容，听完倾诉，年逾八旬的马大猷立马答应给蒋锦昌写序。在只有 500 字左右的书序中，马大猷隔空"开怼"：

锦昌同志以近二十年的时间，从简单条件开始，专攻一个重要课题，专心致志，孜孜不倦，作出重要成就，更是难能可贵。有些同志提倡基础研究，但希望很快得到实际应用；也有些研究工作的同志急于取得成果，稍有所得即不暇深入，这都不利于科学的发展。科学研究工作，质量是首要的。

晚年的马大猷对我国科技界的浮躁情绪十分担忧，公开发表过多篇火药味十足的文章。

2005 年，他在《科学时报》（现《中国科学报》）发表《国家实力根本源于基础研究》一文[①]。文中写道："现在的科学家大多只知道直接为生产服务是研究工作，不知创新，更不知基础研究。""有时看到一些科学家为引进日本产品还是德国产品而争论，我脸都红了。难道我们新中国成立 50 余年，科学水平就是这样？科学家就干这个？"在谈到科研体制对于科研人员创造力的影响时，他说："用行政领导方法领导科学工作的办法必须取消。科学家（包

---

① 该文刊登于《科学时报》2005 年 7 月 15 日 A4 版。

括教授）和技术家是基础研究的主要力量，必须保证他们在轻松、自由的环境中工作，实行学术自由，支持基础研究。"

由于忧心国家基础研究发展，他一连六次给时任国务院总理温家宝写信，呼吁国家加强对基础研究的支持，提高国家自主创新能力。2005 年 8 月 9 日，温家宝总理回信批示："马老虽已高龄，仍然关心国家的科技事业，令人感佩。他关于基础研究和自主创新的观点和论述很有见地，所提意见也很中肯。基础研究是应用开发的先导和源泉。我赞成马老提出的重视和加强基础研究的意见。"①

马大猷不爱"说好话"的性格并非晚年才有。早在 20 世纪 60 年代的全国科学工作会议上，他就因为不说客套话而有了"一马当先"的美誉。

1962 年，全国科学工作会议在广州召开(也称为"广州会议")。到会代表有 450 人左右，马大猷被分在物理组。会议开幕时，作为中央科学小组组长的聂荣臻说，"要尊重科学、尊重事实，大家有什么说什么"，还提出了"三不"，即"不扣帽子、不抓辫子、不打棍子"。在第二天的讨论会上，马大猷率先发言："昨天聂总报告'三不'，不扣帽子，可是我们头上就有一顶大帽子——资产阶级知识分子。如果凭为谁服务来判断，那就不能说我们还在为资产阶级服务；如果说有资产阶级思想或者思想方法是资产阶级的，所以是资产阶级知识分子，那么脑子里的东西不是实物，是没法对证的。这个问题谁能从理论上说清楚？"②

会议期间，周恩来总理来到广州，让参加会议的人一一表态。聂荣臻说，应当给知识分子摘掉资产阶级的帽子。时任中国科学院党组书记张劲夫也赞成。3 月 2 日，周恩来总理向全国科学工作会议作报告时宣布，我国知识分子的绝大多数已经是劳动人民的知识分子。在接下来的会议中，又有小组讨论认为，"帽子"摘了，但

① 张家骅 . 马大猷传 . 北京：科学出版社，2013：163-164.
② 张家骅 . 马大猷传 . 北京：科学出版社，2013：158.

还没有"加冕"。于是，3月5日和6日，陈毅副总理宣布，要为知识分子脱资产阶级知识分子之帽，加劳动人民知识分子之冕。

成功"脱帽加冕"后，马大猷和几位代表一起买来茅台酒举杯相庆。马大猷的学生张家騄在为老师写传记时感慨："当大家沐浴在改革开放及知识分子是工人阶级的一部分的政治春风中的时候，不应忘记马大猷在广州会议上发出的真诚勇敢的呼声。"

2012年7月17日8时40分，马大猷先生在北京逝世，享年97岁。北京八宝山革命公墓告别大厅的门口，悬挂着黑色的挽联，上面写着"大道至简灼见真知老师学界巨擘，上善若水净言良策先生当代鸿儒"。这副挽联出自他的学生田静之手。"马先生说的很多话不好听，但都是出于美好的愿望，是为了国家好，为了民族好。"田静说。

《中国科学报》（2022-11-17第4版风范）

杨乐

（1939 年 11 月 10 日—2023 年 10 月 22 日）

杨乐：半个世纪的进与退

李芸

在中国，杨乐曾是一代人的偶像。

1977 年，他的名字写在《人民日报》头版大标题中，被树立为知识分子典型，一夜之间名动全国。"成为杨乐那样的数学家"，是很多"60 后""70 后"日记本里写下过的梦想。

3 年后，杨乐当选中国科学院学部委员（院士），是当时最年轻的院士。科学界的最高荣誉叠加家喻户晓的知名度，杨乐 41 岁就站上了人生的巅峰。

荣誉和光环往往成就一个人的率性与飞扬，但在杨乐身上却很少看得到，他讷言内敛，低调温和。现如今，在网络上搜索"杨乐"，条目并不太多。5 年前出版的《数海沧桑——杨乐访谈录》是唯一一本关于他的传记。别具意味的是，在书中，表彰、升职这些常人孜孜以求的人生喜事，表述出来用的都是"被动语态"——"被宣传""被动员担任副所长"。这多少可以看出杨乐的人生态度。只是，当你走近杨乐，了解他的一生为中国数学发展所作的选择、坚持和进击时，你又会发现他的另一面，杨乐从来都是一个"主动"的人——知进退，内心笃定，清醒而自由。

一、成名

新冠疫情之后，李文林和杨乐几乎没怎么见面。

李文林仍清晰地记得疫情前，他们两个 80 岁左右的老人走在中关村的街道上。在车水马龙的喧嚣中，杨乐转过脸对他说："我们这一页已经翻过去了。"

声音不大，却直击心扉。李文林一时间百感交集。

作为在中国科学院数学与系统科学研究院数学研究所（以下简称数学所）共事多年的同事，杨乐说的"这一页"，李文林曾亲身领略过其耀眼光芒带给他的骄傲——那个年代出差要介绍信，李文林拿着有数学所落款的介绍信去住旅店，都会面对服务员追星般激动的询问："是陈景润、杨乐、张广厚在的那个数学所吗？"那是 1978 年，中国迎来科学的春天。那年 1 月，刊登在《人民文学》上的长篇报告文学《哥德巴赫猜想》，被视作"春江水暖"的信号。

实际上，较之陈景润，杨乐、张广厚是更早被"官媒"宣传的知识分子楷模。1977 年 2 月 26 日，《人民日报》头版刊发重要报道《杨乐、张广厚研究函数理论获得重要成果》。这是一篇新华社通稿，当天，杨乐、张广厚的名字出现在全国各大报纸头版的大标题中。

"特自豪，觉得杨乐他们为中国科学院争了光，更有一种'臭老九'翻身的喜悦。"1965 年从中国科学技术大学毕业分配到数学所，但一个礼拜后就被派到农村参加"四清运动"的李文林，几十年后忆起知识分子"冰火两重天"的待遇，仍难免情绪激动。

△ 1977 年杨乐（右）和张广厚一起讨论问题

后来，无数青少年循着他们的足迹走上数学之路。北京邮电大学原校长乔建永是 1978 年参加高考的，他的志愿清一色填的都是数学专业。中国科学院院士袁亚湘也是在同一年进入大学的，选择的专业也是数学。

杨乐没有想到对自己的宣传报道会如此铺天盖地，此前，他只是把采访当作任务配合接受，起因是他和张广厚在美国数学访问团前的一次精彩亮相。1976 年 5 月，中国邀请美国纯粹和应用数学代表团来访。这是一次具有历史节点意义的访问，是新中国成立以来，中美在科技领域首开交流之门。

美国派出了 9 位出色的数学家，由地位颇高的桑德斯·麦克兰恩（Saunders Mac Lane）担任团长。中国精心组织了 60 多场报告，杨乐的报告是其中一场。当杨乐演讲结束，代表团起立鼓掌，盛赞杨乐、张广厚的工作"both deep and new"（既深刻又新颖），这一评价是基于他们 50 多年来在全球复分析、函数值分布理论领域产出的大量成果作出的。除了口头赞誉，代表团访问结束后撰写的 100 多页总结报告中，又将他们的成果与陈景润对"哥德巴赫猜想"的论证并列为国际一流。报告里最核心的 5 页评价刊登在《美国数学会通告》（Notices of the AMS）上。

国内同行惊艳不已，又惊讶万分："文化大革命"十年，他们是怎么做出这样的成果的？

成果是"偷偷摸摸"做出来的。

1966 年，杨乐、张广厚的研究生毕业论文即将进入答辩阶段时，"文化大革命"开始了，研究工作全面停顿。陈景润比较特殊，因为身体不好，他总能从医院开出全病休的假条，占据一个四五平方米的废弃锅炉间，关起门来读点书、做些研究。其他人就没那么幸运了。直到 1972 年，周总理过问中国科学院的具体工作，才带来一丝曙光。即使是这样，数学所也只是在形式上恢复了研究工作，大多数人还是心有余悸，不敢"明目张胆"地做研究。

数学所一间办公室十五六平方米，坐着五六个同事。为了"掩人耳目"，张广厚在办公室里总装作无所事事的样子，东瞧瞧西看看。但他俩没有随波逐流，一直利用晚上或业余时间做研究。那时杨乐的双胞胎女儿还小，上全托幼儿园，爱人远在北京工业大学上班，不能每天回家，杨乐便把所有业余时间都奉献给了数学。他在生活上就是对付，下班顺手买点菠菜、莴笋之类，洗干净也不炒，用酱油、麻油一拌，煮上米饭就是一顿。1976 年唐山大地震，中关村整幢楼里的人都跑出去住地震棚，只有杨乐还待在楼里沉浸在研究中。

"在那样的环境下，你们为什么还坚持做科研？"多年后，面对《中国科学报》记者的提问，杨乐反问："为什么不做科研？""这就像彭桓武先生对'为什么回国'的回答——回国不需要理由，不回国才需要理由。"杨乐说，"我从 1956 年开始，接受高等教育十年，国家在那样困难的条件下仍提供好的环境，耗费财力和物力培育了我。那时候研究生多'金贵'啊，我入数学所做研究生的 1962 年，全所一共招了 6 名研究生：熊庆来先生有 2 名，华罗庚先生有 4 名。那年，北大数学力学系研究生多一些，也不过 10 名左右。到研究生毕业，我们已经接触到科研前沿了，为什么不继续做？"

二、转型

说起来，杨乐、张广厚能摘取佳果，除了付出超出常人的努力外，还得益于导师熊庆来的"老马识途"。

熊庆来，中国数学界元老级人物，数学家陈省身、华罗庚、许宝騄，物理学家严济慈、赵忠尧、彭桓武、林家翘、钱三强等都是他的学生。担任杨乐、张广厚二人的导师时，熊庆来已年逾古稀，自谦"不能给具体帮助，但老马识途"。当时国内学术界与国际几乎没有交流，杨乐、张广厚二人的研究领域是函数值分布论，对国际上的最新进展无从得知，但在熊老的指引下，他们通过深入钻研法国经典理论，掌握了其中精髓，迅速接近了研究工作的前沿，研究达到了国际先进水平。

杨乐、张广厚、陈景润一举成名后，1978 年，数学所恢复招收研究生，招收人数 27 人，报名人数却高达 1500 多人，大多是冲着他们三人而来的。令人惊讶的是，杨乐、张广厚二人一人未收，接连几年都是如此。

杨乐的想法很简单。学科发展亦如生命体成长，有萌芽、壮大、兴盛和衰落的过程。函数值分布论从 19 世纪 80 年代发展起来，曾是数学的一个主流研究方向，统治数学界多年，其辉煌时法国数学领域有一半院士都在研究它。但杨乐判断，经过半个多世纪，这一领域已过巅峰，接近尾声。自己能做出突出成果是"有运气的"——看准了尚可挖掘的空间，但"强弩之末的方向不宜再引导青年学子投身其中了"。

判断果敢，坚持则更需勇气。杨乐近 40 年的导师生涯，正式招收的研究生只有 7 名，加上他指导过的博士后，一共也就 10 名左右。乔建永是杨乐的博士后，他在参加一些全国复分析会议时，就多次听过杨乐强调"不要抱着一个老方向不撒手"。"老一代科学家就是有这样的品格，没有把自己研究的领域吹得天花乱坠。他当时就强调复动力系统很重要，事实也证明，这个领域后来出了好几个'菲尔兹奖'。"乔建永说。

杨乐自己也开始尝试转行。中国科学院院士王元曾说，以杨乐的天分与实力，改行研究经典解析数论、复动力系统或多复变函数论都不会很困难，再现辉煌也极有可能。

可时代交给这位年轻数学家的，还有更重要的工作。

1978 年 3 月，全国科学大会隆重召开。新闻人物杨乐、张广厚和德高望重的华罗庚、严济慈、钱三强，在同一组别出席大会。大会结束后的 4 月，杨乐、张广厚到苏黎世参加学术会议，先去瑞士，再去英国。这是一次具有历史节点意义的出访，是 1966 年以来国内学者第一次以个人身份去国外参加学术活动。

1980 年，杨乐当选中国科学院学部委员（院士）。这是自

1955年中国科学院学部成立后，第一次大规模增选——增选了283名学部委员。彼时，此前的250多位学部委员已去世了近一半，余下的也大多年事已高。当时，国家急需有为中青年，中央反复强调干部年轻化。1981年召开中国科学院第四次院士大会前，时任中国科学院党组副书记胡克实向邓小平作汇报。邓小平特别问道："干部有50岁以下的没有？有40岁以下的没有？"胡克实说："最年轻的是杨乐，41岁。"①

"像杨乐这样德才兼备的年轻数学家被提拔担任一些领导工作是自然的事。所以，从20世纪70年代末开始，杨乐即将相当一部分精力用于此（社会工作）。"在《数海沧桑——杨乐访谈录》序言中，王元这样写道。

三、推手

1979年夏，丘成桐第一次回国访问，杨乐接待了他。"菲尔兹奖"首位华人得主丘成桐，美国《纽约时报》称其是"数学王国的凯撒大帝"，暗喻他在数学世界里勇往直前。在人际圈中丘成桐的个性亦是如此，毫不迂回。

杨乐与丘成桐的友谊持续了40多年。丘成桐赞杨乐是"彬彬君子、忠厚长者"。杨乐说丘成桐有"一个特点、两个优点"。"一个特点"是实事求是，不会逢迎他人，对数学界的研究工作和学者总是用"'菲尔兹奖'的标准"来衡量。"两个优点"一是数学水平十分突出，学术品位高；二是有浓厚的家国情怀，为中国数学发展倾注大量心血。

当然，成就二人君子之交的最底层黏合剂还是家国情怀。当年被树立为典型、被赋予多个职务的时候，杨乐就知道自己那个远离

①　杨乐口述，杨静访问整理.数海沧桑：杨乐访谈录.长沙：湖南教育出版社，2018：205.

△ 杨乐（右）与丘成桐

纷扰、潜心数学的梦想不太可能实现了——那就成为让更多年轻人潜心数学、做出成果的推手吧！这未尝不是实现梦想的一种方式。

1996 年成立的"中国科学院晨兴数学中心"，便是杨乐与丘成桐二人将情怀付诸行动的见证。

1995 年，时任中国科学院常务副院长路甬祥约见丘成桐，希望他帮助中国科学院办一个类似美国普林斯顿高等研究院那样的数学中心，培养祖国数学领域的研究型人才。晨兴数学中心应运而生。杨乐经历过闭塞年代，丘成桐拥有国际视野，他们深知交流尤其是国际学术交流的重要性。因此，晨兴数学中心搭起的开放平台不仅迎来了国内的学者、各院校的学生，还有国外活跃的数学家。

想要成为数学大国，中国数学还要登上世界舞台发出自己的声音。这是杨乐、丘成桐二人的又一个共同心愿。

1993 年，丘成桐给杨乐打电话，郑重提出时机和条件已经成

△ 2022 年 7 月 31 日，第九届世界华人数学家大会授予杨乐院士（右二）数学贡献奖

熟，中国应该在世纪之交举办一次国际数学家大会（International Congress of Mathematicians，ICM）。该会四年一次，被誉为数学界的"奥林匹克"。彼时身兼数学所所长和中国数学会理事长的杨乐，向中国科学院并通过中国科学院向国务院提交报告。1994 年在"国际数学联盟成员国代表会议"上，杨乐作正式申请发言。1998 年经过投票，2002 年的国际数学家大会会址花落北京。

2002 年 8 月，国际数学家大会在北京国际会议中心隆重召开。时任国家主席江泽民，时任国务院副总理温家宝、李岚清就坐于大会开幕式的主席台上，如此高的规格在其他国家并无先例。会议规模也超过了以往任何一届，中国共有 26 个城市、2000 多名学者参与。同期，北京还举办了"国际弦理论会议"，由丘成桐、刘克峰筹划。20 年后的今天，数理界人士仍津津乐道于那几天的盛况。学术大咖云集北京，美国数学家、《美丽心灵》男主角的原型人物纳什（John Nash）来了，被称作国际理论物理学界"双子星座"的英国的霍

△ 2002 年 8 月，杨乐夫妇与霍金夫妇合影

金（Stephen Hawking）和美国的威腾（Edward Witten）也来了。

杨乐承担了一份艰巨的工作——接待霍金。除了游览长城外，杨乐全程参与霍金在北京的活动，从访问日程、学术演讲到食谱、轮椅尺寸，事无巨细都要作出特殊的安排。其间还发生了惊险的一幕，霍金从杭州飞到北京刚刚到达翠宫饭店时，出现呼吸困难的症状。杨乐、丘成桐急得团团转，好在霍金不久后就恢复了正常。直到将霍金夫妇送到北京机场握手告别后，杨乐忐忑不安的心才终于放下。

四、漩涡

1999 年 1 月，杨乐又一次登上头版头条，这次是《南方周末》。20 世纪 90 年代末，《南方周末》以批评性报道、舆论监督著称。这篇报道称，"中国科学院在北京的 4 个数学类研究所合并，106

名正研究员面临'下岗'"①。这篇报道在科学界乃至全社会引发了一场"地震",人们不明白作为稀缺资源的科研人员为何会下岗。在这场"地震"里,还有这样的传言:"下了岗的又上岗,在岗的要下岗。"其中,"下了岗的又上岗"说的就是杨乐。1995年他卸任数学所所长,1998年底中国科学院成立数学与系统科学研究院(简称数学院),杨乐出山担任首任院长。

当时中国正处于"做原子弹的不如卖茶叶蛋的"的年代,"脑体倒挂"现象严重。在北京,出租车司机一个月可以挣两三千元,但身为院士的杨乐、王元,每月工资只有1800元。不少科研人员受不住清贫而离开,科研院所更是"巧妇难为无米之炊"。

1998年,作为国家创新体系的试点,中国科学院实施知识创新工程,决定把现有的120余家研究所进行合并、整合,形成80多家研究机构。将4个数学类研究所合并成数学院,是"试点的试点"。过去4个所每年加起来有经费1000万元左右,合并后可以每年追加2500万元的创新经费。这对从事基础科学的研究院所来说是重大利好。

但改革难度也是巨大的。创新基地有严格的人员名额限定,原来4个研究所有科研人员400人,行政人员有100人,创新基地包括行政人员只有200个名额。而且为了保证基地的创新活力,要求平均年龄不能超过40岁。谁进谁不进,触及个人利益,阻力可想而知。

筹备数学院时,中国科学院希望杨乐主持合并工作,出任首任院长。这一年是1998年,杨乐59岁了。

李文林说:"谁都知道这是一件吃力不讨好的事。杨乐是院士,功成名就,他若不担任领导职务,完全可以进入基地,清清静静做自己的研究。"但杨乐还是决定做第一个吃螃蟹的人。困难了然于

---

① 刘洲伟.精简机构106名研究员分流,中科院机制改革进入阵痛期.南方周末,1999-01-08.

胸，只是掰手指一算，舍我其谁？ 4 个所里，王元、陆启铿、丁夏畦都是 70 岁上下的老人了，马志明、郭雷那时资历尚浅。

"另外，我也觉得有些壮志未酬。我担任过两任所长，曾受困于经费没能施展拳脚，这是一个机会。"杨乐说。

经过相关筹委会讨论决定，进入创新基地的人员待遇将大幅度提升，正研究员工资在 5000 元左右；未进入基地的待遇也有所提升，工资从 1000 元提高到 3000 元，可以照常做科研，并不存在"下岗"一说。第一批进入基地的名单公布后，免不了议论纷纷。但有人歪曲事实报料给媒体，还散播到国外数学界，甚至对杨乐进行人身攻击⋯⋯这些人可能有意无意地忽略了，为了吸引优秀的年轻人，改革策略中给一线最优秀的青年学术带头人的月薪达万元，而给过去数学所工资最高的杨乐、王元等院士是 6000 元。

办公室里媒体打来的电话响个不停，杨乐一个都没有回应。乔建永私下替他打抱不平："真不该接这个'烫手山芋'。"导师杨乐摆摆手，淡淡地说："总得有人干。都是改革的受益者，只是有先有后。"实际上杨乐承受的压力是巨大的，只有跟老朋友、老同事王元在一起的时候，他才会倒倒苦水："要不是承担着这样的职责，我宁愿拿从前的工资，在基地之外工作，省得在流言的漩涡中、在是非之地纠缠。"王元安慰杨乐："机遇难得，要坚持下去。"

杨乐也无心纠结流言是非，他忙碌到连数学院大楼装修采购电梯的事都在操心。数学院首任副院长之一、分管基建的刘卓军有一次说到，创新基地准备购买的电梯是中日合资的品牌，在北京通州有工厂，杨乐带着一张照片就去了，照片里是 1985 年日本皇太子、太子妃接见世界青年峰会的代表，正与杨乐握手。靠着这块"敲门砖"，杨乐拿到了采购电梯的优惠价。

五、退出

2002 年底任期结束，杨乐从院长的位置退了下来。学术上的杨乐同样不"恋战"。70 岁以后，他坚决从具体的研究工作中退出。这一决定与数学的学科特点相关，也源自他年轻时的一些观感。

不同于其他科研领域，数学是年轻人的游戏，这是一个残酷的现实。年轻时杨乐与张广厚看到崇敬的老先生 80 多岁还在发表论文，虽敬佩其精神，但明显感到论文已缺乏新意，与其青壮年时的水平相去甚远。于是二人约定，"过了 60 岁就不要勉为其难发表论文了"。

杨乐的夫人黄且圆刚满 60 岁就主动在中国科学院软件研究所办理了退休手续。黄且圆出身于世家，祖父是在中国近现代史上留下浓重一笔的黄炎培，父亲是一生忧国忧民的水利工程学家黄万里。她与杨乐是北京大学数学力学系的同学。退休后有了充裕的时间，黄且圆决心求解"何以成为大学者"。她的方式是选取在专业领域有突出贡献、人文方面有显著修养的大师级人物，给他们写传记。到 2012 年去世前，黄且圆写了一些人的传记——胡先骕、孟昭英、陈省身、黄万里、彭桓武、王元、丘成桐。传记文章结集成书，书名为《大学者》。杨乐深情地写下前言、后记，说"《大学者》是对且圆最好的纪念"。

从职务和学术中一步步退出，杨乐自由的时间越来越多。他经常去办公室，也经常参与数学讨论班，与自己的导师"老马识途"一样，杨乐用自己的学识和经验，指挥年轻人冲锋陷阵。

田野如今是继陈景润之后，中国数论领域里最优秀的学者之一，他回国加入晨兴数学中心是因为杨乐的一通电话。也因此，每当研究上有卡顿、思想上有波动时，田野总是抄起电话就打给杨先生。"几乎没有例外，他会说你现在就来我办公室吧。"田野说，"无论什么话题，杨先生最后总会归结到两点上：大胆探索，不要怕失败；潜心做大问题。这也是我回国后杨先生第一次找我谈话说的两点。杨先生就是有这样的魔力，谈完后那些担忧、焦躁通通都消失了"。说到这儿，这位数学家还打了两个可爱的比方，"晨兴数学中心是我的'数学乐园'，杨先生是数学乐园里的'定海神针'"。

"知人者智、自知者明，杨先生是一直有这样清醒的能力的——未来靠年轻人去书写。"李文林感慨。

随着历史车轮滚滚向前，知道杨乐这个名字的年轻人越来越少了。杨乐的那句"我们'这一页'已经翻过去了"，一直印刻在李文林的脑海里。长时间做数学史研究，李文林深知"这一页"的分量。"我们这一代是新中国自主培养起来的，虽不幸耽误了大好青春，但机会到来后，我们真的是在奋起直追。从 20 世纪 70 年代到今天，在这半个世纪里，我们从学术的荒漠之中走向数学大国，无愧于时代！而此间，杨先生的贡献无疑是巨大的。"李文林说。

《中国科学报》（2022-11-24 第 4 版 风范）

王文采

（1926 年 6 月 5 日—2022 年 11 月 16 日）

王文采：倾尽一生为植物建档，标本是他心中的百万雄兵

田瑞颖

11 月 16 日，北京城的植物扑簌簌掉叶子的时候，王文采走了。

他 96 岁的人生与植物紧密缠绕，发表了 28 个新属、约 1370 个新种，是我国发表植物新类群最多的学者之一。他倾尽一生为植物建立"档案"，却不希望自己被"看见"。他两次获得国家自然科学奖一等奖，却对至亲都不主动提及。他的一只眼睛盲了 10 年，即使是身边天天相伴的助手也不知道。

在生命最后 10 年，他先后罹患 4 种癌症，仅靠一只视力日渐模糊的眼睛，捏着一支老旧的放大镜，趴在桌上写下了上百万字的论文著述。他喜欢和标本相对的分分秒秒、日日月月、岁岁年年。平静与跌宕交错的一生中，即使在人生的至暗时刻，标本仍是他心中的百万雄兵。

一、标本，标本

因胃癌住院的这两年，王文采连做梦都在念叨："标本，标本……"

北京香山之麓，坐落着亚洲馆藏量最大的植物标本馆——中国

科学院植物研究所植物标本馆（简称植物所标本馆）。在这座面积约一万平方米、六层之高的植物王国，王文采常常一待就是一天。为了节省时间，他总是自带午饭，有时是面包、苹果，偶尔有个西红柿炒蛋，太投入时一块巧克力也能对付。

植物所标本馆保藏有 290 多万份植物标本。王文采一人就鉴定了 4 万多份，是馆中鉴定标本最多的专家之一。然而，常年在放大镜和显微镜下凝视植物的细微结构，对他的眼睛造成了巨大损伤。

2019 年元宵节后，93 岁的王文采送给助手孙英宝一张自己在家工作的照片。照片里看文件的他，手里多了一支放大镜。孙英宝意识到王文采的眼睛出现了问题，第二天赶忙带他去医院。医生问完他模糊的左眼，紧接着问起右眼的情况。"我的右眼啊，在 10 年前就已经失明了。"王文采轻轻地告诉医生。一旁的孙英宝顿感脑袋发懵。10 年来，老先生从未提及失明，他的眼神里一直有光，完全看不出异常，只是偶尔会用手绢擦一擦眼睛。

△ 王文采在植物所标本馆观察植物标本

△ 王文采在家手持放大镜工作

2022 年初出版的《掇菁撷芳——王文采院士论文增编》，收录了他在右眼失明后十余年间发表的 77 篇论文，共计 150 多万字。想到上百万字的文章和《中国楼梯草属植物》《中国唐松草属植物》等专著，老先生竟然是用一只眼睛完成的，孙英宝再也忍不住，冲出诊室，躲在门外哭了一场。

从医院出来，王文采坐在车里轻声念叨："趁着还能借助放大镜工作，我得赶紧把《中国翠雀花属植物》的文稿写完。恐怕后面的很多事情，就得麻烦你们了。"孙英宝紧握着方向盘，使劲儿咬着嘴唇，不让眼泪落下来。

后来，那张"多了支放大镜"的工作照一直挂在孙英宝的办公室里。实际上，右眼失明的这 10 年，王文采还先后患上了前列腺癌、肠癌和皮肤癌。肠癌手术后，医生叮嘱他必须休养 3 个月，但 1 个月刚过，王文采就迫不及待地坐着班车去看标本了。照顾他的护工小春说："爷爷心里都是标本。"孙英宝说："他真不在乎，也不害怕。"

对于王文采多年来向单位甚至助手隐瞒眼疾，他的儿媳牛小丽一点也不意外，他从不会告诉别人自己难受，也不爱麻烦别人。牛小丽说，父亲的右眼是黄斑病变导致的失明，十几年前时无药可治。所幸诊治左眼时，有了一种进口针剂。"爸爸对别的病是能不去看就不去看，唯独对打这种针，他很是积极呢。"

预感到能做研究的日子已经不多，王文采分外珍惜与标本相对的每一秒，直至 2021 年初，94 岁的他因胃癌住院。

植物研究一直是王文采的头等大事。从阴湿的云南热带雨林到陡峭的四川山区悬崖，为了采集植物标本、增加对植物形态变异的认识，他不惧艰险。有一次，死神与他只有一步之遥。那是 1958 年 11 月，王文采在云南勐腊工作时不幸感染了疟疾，持续高烧不退。命悬一线之际，中国科学院昆明植物研究所的 4 名年轻同志每人献出了 400 毫升血。"那么一大罐子的血，输进去后我就活过来了，要不然就完蛋了。"每次提起获救的场景，王文采都眼含热泪。

"重生"之后的王文采，把满腔"热血"投入到挚爱的植物事业中。无论怎样的浪潮，都卷不走研究在他心中占有的一席之地。他用 19 年时间，顶住历史变动带来的种种压力，主持编写了《中国高等植物图鉴》。这部收录了我国 1.5 万种高等植物的巨著，成为当时世界上最大的图鉴类著作。

王文采的一位弟子说："老师做的研究都是应国家需求，但老师从骨子里喜欢植物，对待植物从不挑拣，对别人不太愿意上手的研究也兴致盎然。"

王文采更是将 40 多年的光阴印刻进了《中国植物志》。他承担了毛茛科、苦苣苔科、荨麻科、紫草科等上千种植物的编著，成为学术界公认的毛茛科、苦苣苔科、荨麻科等世界疑难类群分类研究的集大成者。

《中国植物志》这部凝聚了我国四代科学家心血的 80 卷 126

册 5000 多万字的皇皇巨著陆续出版，整个植物学界为之震惊。这也是目前世界上规模最大、收录种类最丰富的植物学巨著。

二、刻在骨子里的修养

作为《中国高等植物图鉴》、《中国高等植物科属检索表》和《中国植物志》的主要完成人之一，王文采于 1987 年和 2009 年两次获得国家自然科学奖一等奖。

国家自然科学奖一等奖是中国自然科学领域原创性最强、科学价值最高的奖项，被视为"皇冠上的明珠"。因为评选采取宁缺毋滥的原则，曾多次出现空缺。两次摘得"明珠"的人非常少有，更罕见的是王文采得奖后的平静。他从不主动向任何人提及获奖之事，两次获奖证书也都由单位派代表领回。"他认为这是集体的成果，

△ 王文采手部埋针输液期间依旧坐班车到单位工作

四川乌头属一新种

王文采

（中国科学院 植物研究所，系统与进化植物学国家重点实验室，北京100093）

摘 要：该文描述3自四川西部发现的毛茛科乌头属一新种，泸定乌头。此种束属乌头属乌头亚属。

关健词：毛茛科，乌头属，新种，四川

A new species of Aconitum (Ranunculaceae) from Sichuan

WANG Wentsai

（State Key Laboratory of Systematic and Evolutionary Botany, Institute of Botany, Chinese Academy of Sciences, Beijing100093）

Abstract: A species of the genus Aconitum (Ranunculaceae), A. ludingense belonging to Subgen. Aconitum, is described as new from western Sichuan Province.

Key words: Ranunculaceae, Aconitum, new species, Sichuan

泸定乌头 图1

Aconitum ludingense W. T. Wang, sp. nov. Fig. 1

（Subgen. Aconitum）

Ob folia dissecta, flores interdum solitarios species nova haec est aliquantum similis A. monantho Nakai, a quo caulibus multo brevioribus 3 m longis, foliorum basalium petiolis etiam multo brevioribus 0.9–2.2 cm longis, sepalo supero galeato-naviculari haud rostrato, gynoecio ex carpellis quinque dense sericeis valde differt In A. constanti

收稿日期：2020-

基金项目：中国科学院植物研究所资助王文采院士科研活动经费 (110100PZ07)。

作者简介：王文采 (1926-)，男，研究员，中国科学院院士，从事有花植

△ 王文采 94 岁时的手稿

自己只是完成了该做的工作。"儿子王冲说。在他身边长大的孙女也不曾知晓此事。直到有一年，她看到从小认识的吴征镒爷爷拿了国家自然科学奖一等奖的新闻报道，便好奇地问母亲："我的爷爷得过什么奖呀？"母亲的回答让她愣住了，总是把"我不懂啊"挂在嘴边的爷爷，竟也曾获此殊荣。

对待院士这项至高的学术荣誉称号，王文采也是这般平静。

1993 年 3 月的一天，退休后的王文采像往常一样来单位看标本，刚进办公室就听到自己被单位推荐为中国科学院学部委员（院士）候选人的消息。但这个"喜讯"却让他先皱了眉，他心里顾虑的是会不会影响自己的科研工作。当选之后，需要参加的社会活动确实越来越多，这让他很不适应。他的一位弟子回忆，老师曾找到自己："你找领导说说吧，看能否把我这个院士的帽子拿下去。"此话传出，弟子曾感到不安，担心别人以为老师"目中无人"，但他心里最清楚，老师是极其尊重院士的，只是太在意自己的研究工作了。

很多人说王文采"最像院士"又"最不像院士"——数十年的夹克，掉了皮的鞋子，等了几十年的班车，对待后辈也常以"先生"称呼。他一生谦卑处世、恭敬待人，刻在骨子里的修养，甚至有些"执拗"。

有一次，家里的车因限号不能送他去看病，家人便提议用一下单位的车，但他却执意打车去医院。一直到 90 多岁，王文采仍坚

持坐班车上下班。因为不会使用电脑，他每次都把文章在稿纸上工整地写好，再请助手输入；学术交流也时常依靠书信往来。但山积波委的稿纸、邮票，他都坚持自己花钱买。

他在北京海淀黄庄小区的家，与40年前刚搬进去时并无两样。陈旧的家具、脱落的墙皮、水泥地的卧室、被"压弯了腰"的书柜、经常"罢工"的门锁……家人和单位曾多次提出装修，但王文采都不同意："我不愿意装修，破烂点无所谓。我个人穿衣服，也是这样。"

他喜欢坐在浅黄色的旧沙发上，打开音响听音乐，尤其钟爱贝多芬的交响曲。他还喜欢画画，中学时期就跟随画家王心竟学习，最爱唐伯虎的画。植物所水杉楼和银杏楼挂着几幅两人高的山水画，是他90岁时的杰作。正如心中的山水，王文采对名利物质均无所求。如果说有心愿，可能就是出国考察植物。因为种种原因，一直到63岁后，他才在小女儿王卉的联络下前往瑞典访问。

此后，王文采不顾年事已高，又前往欧美等多个国家考察植物。虽然与日本学者常年有书信往来，但他一生从未到过日本。当时世界上最有名的毛茛科学者有三位：中国的王文采、英国的劳伦斯（L. A. Lauener）和日本的田村道夫（M. Tamura）。田村道夫有一个书柜，里面放着王文采的所有著作。虽然两人有很好的交往，但每次田村道夫提出合作邀请，王文采都

△ 2020年11月，王文采与自己90岁时作的山水画（现挂于植物所水杉楼）合影

△ 王文采（右）与田村道夫在植物所标本馆合影

婉言谢绝。他曾告诉弟子，一提到日本，脑海里马上出现蒋兆和先生画的《流民图》。少时的战乱记忆，使一生随和待人的他一直保有某些执念。

三、名师为他开路，他手扶后辈过悬崖

1945 年，王文采考入北平师范大学（现北京师范大学）生物系。在这里，他遇到了人生中最重要的两位老师。一位是把他领入植物分类学大门的林镕——我国植物学学科的先驱；一位是把他引入植物研究殿堂的胡先骕——我国植物分类学的奠基人。

1949 年，王文采以第一名的成绩留校担任助教。那年冬天，胡先骕突然把他叫去："我听说你对植物分类学有兴趣，你帮我编一本《中国植物图鉴》，你觉得怎么样？"此前，王文采与胡先骕未曾有过接触。被偶像点名的他难掩激动之情，当即高兴地答应了。后来回想此事，他常感慨自己当时的"鲁莽"和胡老的"天真"——没有任何考试和探底，竟让初出茅庐的自己受此重任。实际上，胡先骕不仅慧眼识人，后来还介绍他去植物所工作，让他避开了复杂

的人际环境。"我简直是太感激他了。"王文采说。

1950 年，王文采正式进入"大腕"会聚的植物所——胡先骕、钱崇澍、秦仁昌、张肇骞、吴征镒等均在此"耕耘"。刚工作时，他曾一度跟吴征镒同住一间宿舍，还记得吴老床边一直放着闻一多赠送的手杖。很多年事已高、事务繁多的老先生，常会请王文采协助指导自己的学生。钱崇澍的学生陈家瑞、林镕的学生林有润，还有前来进修的中国医学科学院的肖培根，都曾受教于王文采。

提起 60 年前的这段过往，87 岁高龄的陈家瑞眼中泛着光。"他在学习和工作中要求很严，但生活里很疼爱我们，经常把我们请到家里吃饭，最好吃的就是粉条加肉丸子。"陈家瑞回忆。陈家瑞至今仍记着他的教导："要把基础打牢，踏踏实实看标本，踏踏实实搞野外"。

每年王文采都会带着大家跑野外。很多植物都藏在人迹罕至的地方，他们除了要应付恶劣的自然环境外，有时还要背着标本走上

△ 王文采（中）与陈家瑞（左）

几十里地，到了晚上又要压标本、翻标本、烤标本，就连强壮的小伙子也叫苦连连。"我们从没有听到王先生叫过一声苦，他总是有空就写笔记，还不时给我们解答难题。"陈家瑞说，每当采集到新植物，王文采都非常高兴。

1963 年夏，考察队翻过四川康定海拔 4000 多米的折多山后，还要越过悬崖，到另一个山头。那里很可能藏着要找的植物。阴沉沉的天，笼罩着脚下只容许一人通过的陡峭悬崖，野外经验不足的陈家瑞感到害怕，"掉下去是要摔死的"。正在陈家瑞恐惧时，一只清瘦、温暖的手伸了过来，牢牢握住了他冰凉的手，是王文采。他紧紧拉住陈家瑞，慢慢往前走，还不时叮嘱："盯着前面的植物，不要看脚下的石头。"翻越悬崖后，陈家瑞还攥着王文采的手不敢放开，那股温暖有力的感觉深深刻进了心里。"慈父般的爱我至今也不忘。"比王文采小不到 10 岁的陈家瑞认真地说。

△ 1963 年 8 月，王文采在四川康定县新都桥采集植物标本

四、为门外人"开门"

王文采识才、爱才，从不问姓甚名谁、来自哪里，他从来都是一视同仁。

李振宇是王文采亲招的弟子之一，现已年过古稀，他衣着朴素，说话、做事不急不躁，一心扑在植物研究上。他的这种"纯粹"，很多人说与王文采很像。40多年前，李振宇还是福建省建宁县农机厂的青年工人，每到周末便带着盒饭上山采集植物标本，还常将自己初步鉴定但没有十足把握的标本寄给王文采等植物所专家以求鉴定。王文采发现，这些植物的初步鉴定结果多数是正确的，甚至还包括福建没有记载过的植物。这让他觉得，这名年轻人虽然只读过中学，却是研究植物分类学的好苗子，便向领导汇报了此事。

在植物所路安民、陈心启等人的帮助下，经过严格考查的李振宇被正式调入植物所。为了帮助李振宇进入大学补习专业课，王文采还答应了到首都师范大学义务教学两年的"邀请"。

"王先生非常耐心。"李振宇说，虽然先生在做学问上要求很严格，但即使自己重复出现错误，也只是提醒时语气稍重一些。这种克制反而让人更加自觉。

如今，已成为植物分类学中坚力量的李振宇说，当年王文采还特意请了三位"小老师"一起辅导自己，"这确实是很幸运的事"。今年6月，李振宇等人将在野外考察发现的一种野生樱桃命名为"文采樱桃"正式发表，以纪念恩师。

"王先生是我的人生灯塔。"新疆青年杨宗宗也曾被王文采照亮植物人生。杨宗宗初中时就在我国首次发现了小花鸟巢兰，还给偶像王文采寄书信请教过标本问题。遗憾的是，因种种原因他未能走上研究之路。多年后，对植物念念不忘的杨宗宗，忐忑地拨打网页上标明的王文采电话。没想到，92岁的王文采不但记得十几年前的小朋友，还热情告知他前往家中的路线。

电梯门打开时，身着白衬衣的老先生早已在那里等候。"他站得毕恭毕敬。头发全白，我感觉他的头发都在发光。"握手的瞬间，杨宗宗激动得想哭。他认真询问杨宗宗提出的问题，还讲了很多自己的研究故事。在他的鼓励下，重拾植物梦想的杨宗宗还请来两位同样热爱植物的好友——一位退休教师、一位农民大叔，一起完成了《新疆北部野生维管植物图鉴》的撰写。

那一天，三人带着样稿来到王文采家中。老先生眉开眼笑，哼着小曲儿，切了西瓜又倒水，然后迫不及待拿着放大镜仔细看书稿。看到从未见过的植物照片时，他就会开心地笑起来："非常好，非常好……"临近中午，王文采特意准备了鱼和肘子留大家吃饭，在客客气气给所有人夹完菜、盛好汤后，他才坐下。他倒的水有些洒，盛的汤也有些溢，93 岁的他唯一有视力的左眼越来越模糊。3 个人都低着头，一边扒着饭，一边流着泪。

"他不会上来问你的学历和学校，哪怕我们是爱好者、农民或者退休的人，只要觉得我们喜欢植物，做出点成绩不容易，就会尽全力帮助我们。"杨宗宗说。在王文采等人的帮助下，科学出版社也向这群"毫无背景"的作者伸出了援手，国家科学技术学术著作出版基金也为他们的著作出版提供了支持。

在杨宗宗心里，"他是一座高山，但给你开了一扇门"。

五、归去来

命运在王文采的童年，早早关上了父爱的门。1926 年，王文采出生于山东济南，两岁时便坐在父亲腿上识字，念错了就被折扇打一下，念对了就得些栗子吃。读幼儿园时，他就认识了上千字。但 4 岁那年，他对父亲的记忆戛然而止。在战火纷飞的岁月里，母亲瘦弱的肩膀就是他唯一的依靠。

有一次，护工小春在陪王文采聊天时，谈及童年，不禁问道："爷爷，您小时候没有父亲，会觉得不幸福吗？"王文采没有一声叹息，反而知足地说："我还有一位母亲啊……"

△ 年轻时候的王文采与妻子程嘉珍

在做了 20 多年护工的小春眼中，王文采是最不一样的病人。即使自己没做好，他也从未有过一句不满，就连身体最痛苦时也没有发过一丝脾气，还不忘宽慰地冲自己笑。有一段时间在医院订午饭，小春发现两个人的口味出奇地相似，起初还以为只是巧合，后来才恍然大悟，"爷爷吃不了多少，他其实是点给我吃的"。

小春说，爷爷有时糊涂起来，就只有两件事，一件是嚷嚷着坐班车去看标本，一件是念叨着母亲和妻子。王文采的妻子程嘉珍曾就读于国立药学专科学校（现中国药科大学），1951 年来植物所实习时与王文采相识。志趣相投的二人不久便走到了一起。"他们当时在树下谈恋爱，还被偷偷拍了照。"小女儿王卉笑着说。

1970 年前后，一场惊雷打破了平静的岁月。在医院工作的程嘉珍因为复杂的亲属关系，被隔离审查后又下放到河南进行"劳动改造"。那天，医院把 3 个年幼的孩子叫来送母亲远行，孩子们看着她的背影直至模糊、消失。时至今日提及此事，年届七旬的儿子王冲挥挥手，眼睛转向了窗外。

为了保护和照顾孩子，王文采将王冲和王卉寄养在姥姥家，大

△ 2002 年 3 月 31 日，王文采与妻子金婚时在北京景山公园合影

女儿王筝跟着自己。即使是"妻离子散"的岁月，也未见他有半分抱怨，他只是沉浸在植物世界里，偶尔拉一拉二胡。"父亲什么事都放在心里，你看不到，特别平静。"王冲回忆。

数年后，程嘉珍终于归来，但精神受到不小的创伤，日子过得很不容易。不管面对什么样的艰难，弟子们都不曾听到王文采一声怨怼，哪怕是一声叹息。他常说，植物标本没有脾气，可以静心研究。

经历过风浪的冲击，迟暮之年，王文采与妻子的感情更加安定笃实。有时两人下完馆子，会去公园散散步。两位白发苍苍的老人，搀扶着越走越远、越走越小……

2009 年，程嘉珍不幸罹患肺癌，发现时已是晚期。弥留之际，程嘉珍叮嘱，千万不要让王文采来医院看她这副生病的模样。没多久，妻子走了。告别仪式上，王文采的悲伤像落叶凋零般寂静，他只是弯下腰，抚了抚亡妻的头发，在耳边说了句悄悄话。

之后几个月，他看标本、做研究，一切像往常一样，只是这位一米七几的老人，慢慢瘦得只剩下 90 多斤。多年以后，和孩子们一起去扫墓的时候，他缓缓走向妻子的墓碑，慢慢俯下身，伸手摸摸她的名字，喃喃地说："嘉珍，我很快去找你了。"

2022 年初冬，落叶归根。将余下的岁月都献给热爱的植物分类学后，王文采也走了。告别仪式上没有哀乐，播放的是他生前最喜欢的贝多芬《田园交响曲》，余音绕梁。

《中国科学报》（2022-12-08 第 4 版 风范）

邹承鲁

（1923 年 5 月 17 日—2006 年 11 月 23 日）

邹承鲁：只向真理低头，偶尔为爱温柔

李晨阳

　　1949 年 8 月 25 日，在英国一座花园般的海滨小城，举行了一场简单却注定不平凡的婚礼。大科学家李四光携夫人许淑彬出席了这场婚礼。新娘言笑晏晏、光彩照人，是他们的独生爱女李林；新郎风华正茂、英挺出众，此刻还名不见经传。沉浸在甜蜜气氛中的主宾大概都没料到，31 年后，这对璧人双双当选中国科学院院士，成就"一门三院士"的佳话。

　　在悠扬的音乐和阵阵欢笑间，李四光默默打量着自己的女婿。毫无疑问，这个名叫邹承鲁的小伙子聪敏过人，具备成为优秀科学家的一切素养。但同样显而易见的，是他的年轻气盛和锋芒毕露。倘若什么人、什么事惹他看不惯了，他往往会讽刺挖苦一番。

△ 邹承鲁、李林新婚夫妇与岳父李四光、岳母许淑彬合影

"这么个脾气，以后恐怕要吃些亏了。"李四光心下暗暗叹了口气。

一、意气飞扬少年郎

的确，李四光慧眼识人，邹承鲁从小天资颖悟，但也因为性格张扬，闯过不少祸。

早在读高中的时候，邹承鲁就对国民党派军训教官监控学生极为不满。有一天晚自习，当蛮横痴肥的教官走进教室时，他向同学使了个眼色，一起用英语高喊教官的外号——"土肥圆"，险些被开除学籍。幸亏有几位老师力保，才记大过作罢。

高中毕业后，他放弃了离家近、物质条件更好的国立中央大学，西迁昆明，考取西南联合大学。然而即便在英才荟萃的西南联合大学，邹承鲁依然引人注目。他身量颀长、面容英俊，而且惊人地多才多艺：能吟诗、会作对，撰剧本、写小说，编墙报、演戏剧……他还热衷于参加讲演比赛，无论是中文讲演还是英文讲演，总拿第一名。作为化学系学生，他甚至还和两名文科生合办了一栏墙报，在上面连载自己写的恋爱小说，主角是一对科学家情侣。这部"处女作"在校园里风靡一时，吸引了不少同学围在校门口手抄。

虽然上了大学，邹承鲁依旧不老实，喜欢睡懒觉，还会选择性地逃课。他和好友陆家伭都不喜欢体育课，总是托其他同学代为答到。有次体育课临时宣布考试，来不及通知他俩，受二人之托的曾仲端同学急中生智，先戴着眼镜穿着外套，代表自己做了一套动作；然后脱了外套摘掉眼镜，代表陆家伭做了一套动作；最后点到邹承鲁时，曾仲端已经脱得只剩背心了，又做了一遍动作，总算蒙混过关。

邹承鲁后来还是"栽"在了爱睡懒觉和年少轻狂上。有一次他又睡过了头，去开水房打热水时，却发现早已锁门。懊恼之下，他狠狠踢了一脚水房的门，偏偏被恰巧路过的训导长查良钊看到。这位查先生正是著名作家金庸（查良镛）的堂兄。他见有名学生如此失态，便问："你怎么踢门？叫什么名字？"邹承鲁也是初生牛犊不怕虎，没好气地回道："我叫邹承鲁！"查良钊回去一查，如此"嚣张"的学生是化学系的，便把他的贷金^①从甲等减到乙等，于是邹承鲁的生活费一下子少了十几元。

邹承鲁这下知道厉害了。他原本每天在小摊上买早点吃，现在只能吃学校供应的午饭和晚饭。三餐缩减为两顿，他常常饿得心慌，只好外出找"兼差"。关键时刻，还是他那位讲义气的好友曾仲端起了作用。曾仲端有位亲戚正经营着一家酒吧，因为常有美国大兵光顾，需要一批会英语的人帮忙。于是，邹承鲁等几名学生就被喊去照看生意，尽管收入不高，但好歹解决了他的早饭问题。

二、天真赤诚远征军

然而，邹承鲁在西南联合大学的最后一个学年，被战火打断了。

1944年，侵华日军猛攻中国的西南大后方，局势危如累卵。国民党政府号召在校学生从军。西南联合大学校长梅贻琦牵头成立了"志愿从军征集委员会"，动员学子们投笔从戎、抗日救亡。

邹承鲁从小就恨极了日本侵略者。他在沈阳读小学时，亲历了"九一八事变"；在武汉读初中时，在日军的迫近下乘船逃难；在重庆读高中时，见证了敌人频繁的狂轰滥炸；此刻竟连偏安一隅的西南联合大学，也放不下一张平静的书桌！想到这些，邹承鲁胸中怒火如炽，他提笔写下一封家书，要告别母亲，参军远征。邹母当时刚刚失去丈夫，见信大惊失色。大哥邹承曾赶紧长途跋涉赶往昆明，想要劝阻弟弟。但当他到达时，邹承鲁已经入伍开拔了。

邹承鲁是抱着上阵杀敌的梦想参军的，但中国驻印军总指挥部

---

① 贷金制度是国民政府在抗日战争时期实施的一项教育政策，是对学生进行补助和奖励的措施。

过于忌惮这些学生，连枪杆都没让他们摸过。在印度，邹承鲁成了一名运输兵，冒着生命危险驾驶大卡车往返运送军用物资，为抗战贡献着自己的力量。

1945 年 6 月，邹承鲁所在的团被派往印缅边界一个因霍乱死了不少人的驻地。青年远征军们没有办法，只能利用自己学过的防疫方法来保护自己——勤洗手、吃熟食、填埋粪便、保护水源清洁，最终没人死于霍乱。

好在此时日军大势已去，没过多久，他们接到通知，可以回国了。邹承鲁开着满载军用物资的吉普车，行驶在草草修建的中印公路上，一侧是烟云缭绕的万丈深渊，另一侧则是连绵不断的坟丘，里面埋葬着日军的 5 个精锐师团和 1 个旅团。那一刻，他作为一名小小的运输兵，也感受到了胜利的荣光。

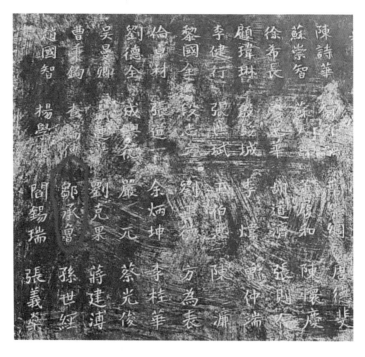

△ 国立西南联合大学纪念碑背面刻有抗日战争以来从军的 834 名西南联合大学学子的姓名，邹承鲁的名字就在其中

时至今日，在云南师范大学的校园里，还矗立着"国立西南联合大学纪念碑"。碑石正面是冯友兰撰写的碑文，背面刻着抗日战争以来从军的 834 名西南联合大学学子的姓名，邹承鲁的名字就在其中。

三、风华正茂留学生

从西南联合大学毕业一年多后，邹承鲁通过了第二次世界大战后重启的首届"庚子赔款"留英公费考试。积压多届的考生竞争仅有的一二十个名额，激烈程度可想而知。考试放榜那天，大哥邹承曾捏着报纸，紧张得手都在抖。他从录取的最后一名看起，目光一行行向上移，越看越心凉。就在他要放下报纸时，他的眼光扫到了榜头第一名，竟然正是邹承鲁的名字！

邹承鲁到英国后，起先被分配到伯明翰大学一位诺贝尔化学奖得主的门下，但邹承鲁更想钻研生物化学。好在有前辈王应睐的推荐，他成功转学至剑桥大学，师从著名生物化学家凯林（Keilin）教授。

凯林是邹承鲁一生治学、为人的楷模。第二次世界大战结束后的英国，已然不复往日繁荣，科研经费也十分紧张，但凯林最擅长利用简陋的设备做出优秀的工作。一名美国学者来凯林实验室访问，介绍自己的实验室已经装备了世界上最先进的仪器，但一时不知道该开展什么工作。凯林对他说："所有的先进仪器都可以用钱买到，但先进的科学思想用钱买不到。"

这句话深深地触动了邹承鲁。后来他回到一穷二白的新中国，也从不因落后的条件而耽误工作，他知道如何利用一切可及的资源。例如给磨豆子的石磨装上马达，用来粉碎动物组织从而提取酶。

在凯林的指导下，邹承鲁在读博期间，作为唯一作者发表了第一篇学术论文，该文章就登在国际顶级学术期刊《自然》（Nature）上。

剑桥大学的一次中国同学聚会中，邹承鲁和李林同台演唱了一首《松花江上》，由此开启了他们的爱情篇章。两个年轻人都潇洒好玩，闲来喜欢在剑桥大学里的河上划船。谁想浪漫的小船"说翻就翻"。邹承鲁撑船技艺不精，一头栽进了徐志摩讴歌过的"康河的柔波"。李林不知道邹承鲁不会游泳，竟然在船上大笑起来。为这事，两人颇置了几天气。

即便在热恋期，邹承鲁也没少"唐突佳人"，但他的犟脾气背后自有逻辑。有一次两人约会看电影，电影放完后，李林一扭头，发现邹承鲁已经不见了。走出电影院，才看到邹承鲁在门口等她。原来，英国人总在电影结束后全体起立奏唱国歌，邹承鲁不愿参与，每次都提前"偷跑"。

1951 年 6 月，邹承鲁顺利拿到了剑桥大学的博士学位。此时他手里已经握有两封邀请信，一封是黄子卿教授请他到清华大学任教，一封是王应睐教授请他到中国科学院生理生化研究所任职。邹承鲁思量再三，觉得比起教书来，还是科研更适合自己，于是选择了后者。

△ 邹承鲁在去英国留学的船上　　△ 邹承鲁和李林在剑桥大学划船

△ 邹承鲁在指导研究生进行科学研究

四、"洛阳纸贵"名学者

刚回国工作时，邹承鲁才 28 岁，长得清秀稚气。为了跟学生区分开，他戴上一副深色边框的眼镜，手里擎支烟斗，看起来像推理小说里的英伦侦探。

7 年后，他带着几名比自己还年轻的科研骨干，完成了他们平生最著名的一项科研工作。

1958 年，中国科学院把生物化学领域的研究从生理生化研究所分离出来，单独成立了由王应睐挂帅的生物化学研究所。"人工合成牛胰岛素"成了生物化学研究所向新中国成立 10 周年献礼的项目。

邹承鲁接到的任务是解决如何选择人工合成路线的问题：天然牛胰岛素分子由 A、B 两条多肽链通过两个二硫键连接组成，他们设计的实验步骤是先把这两条链拆开，再寻找条件，把拆开的 A

链和 B 链重新组合为有活性的牛胰岛素。

这一拆一合能否实现，是决定人工合成牛胰岛素最终能否成功的关键一步，在国际上也是竞争极为激烈的研究领域。

理论上，拆开后的 A 链和 B 链重组后几乎不可能恢复原来天然牛胰岛素的结构和生物活性。然而邹承鲁带队花了一年多时间，竟把 A 链和 B 链重组在一起得到天然牛胰岛素的产率从 0.7% 提高到 1%，再提高到 5%，最后达到了远超预期的 10%——这项成果使合成路线当即拍板确定。

又经过漫长的 6 年，研究人员终于合成了具有全部生物活性的结晶牛胰岛素。把它注射进小白鼠体内，小白鼠跳了起来——这是表现出牛胰岛素过量特有的惊厥反应！

得知这个消息后，人群沸腾了——这一刻令邹承鲁终生难忘。

人工合成牛胰岛素是一项世界级的原创性工作。正如诺贝尔奖获得者和诺贝尔基金会主席蒂斯利尤斯（Arne Tiselius）的评价："人们可以从书中学到如何造原子弹，而不能在书上学习制造牛胰岛素。"但由于种种时代局限，这一成果最终与"诺贝尔奖"失之交臂。

在那个年代，中国的科学事业仿佛是汪洋里的一座孤岛。中国科学家的论文只能发表在国内期刊上，国外同行很难及时看到。人工合成牛胰岛素的工作是这样，1962 年邹承鲁提出的"邹氏公式""邹式作图法"也是如此——后来这项了不起的工作为兴起的蛋白质工程提供了必要手段，被收录进多国教科书中。

"文化大革命"结束后，邹承鲁回到阔别 20 多年的剑桥大学访问，当时的生物化学系系主任告诉他，学校图书馆里收藏着一本《中国科学》（第 11 卷）合订本，从书口那侧会看到一道黑黑的细线，翻开就是邹承鲁的那篇文章。

还有一次，邹承鲁参加国际会议，一位美国教授夸张地对他说"原来你就是欠我钱的人"，这把邹承鲁搞懵了。原来这位教授在自己的书中介绍了"邹氏公式"和"邹式作图法"，一时间很多人向他写信索要这篇论文的复印件，他只得自掏腰包复印并邮寄了一次又一次，堪称学术界的"洛阳纸贵"。

或许因为感触尤深，邹承鲁成了国内最早提倡在 SCI 期刊上发表论文的学者之一，而他本人也身体力行，在《自然》杂志上发表了中国改革开放后第一篇来自中国科学家的论文。

在当时，这样的举止免不了受到"崇洋媚外"的抨击，但邹承鲁耐心地一遍遍解释：就像运动员需要专业的裁判一样，科研工作者也需要高水平同行的评议。尤其在当时的环境下，只有把研究成果投稿到国际知名学术刊物上，才能在与一流学者的交流和切磋中提升自己的水平。

在我国科研环境整体较为封闭的时代，邹承鲁的主张是很有必要的。但随着我国学者发表的论文越来越多，他又提出"质量比数量更重要"，提醒在论文数量上高歌猛进的中国科学家们，要"正确处理质与量的辩证关系"，把精力放在具有长远意义的重要工作上。

邹承鲁生平第一大憾事，就是自己最好的科研年华被接连不断的政治运动剜去了大半。即便如此，他依然是一位极其高产的科学家，共获得 2 次国家自然科学奖一等奖、4 次国家自然科学奖二等奖，此外还有陈嘉庚生命科学奖、何梁何利基金科学与技术成就奖、第三世界科学院科学奖生物学奖等。但在他的办公室和家里，并没有看到摆出来的奖状。他说："我做研究的时候，从来不想得奖的事。"

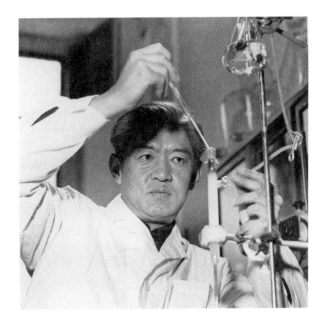

△ 邹承鲁在实验室

△ 邹承鲁在指导学生徐功巧做实验，徐功巧是我国自主培养的第一批博士
（1983 年毕业）中唯一的女博士

五、狭路相逢真勇士

1970 年，邹承鲁离开工作多年的中国科学院上海生物化学研究所，调到位于北京市的中国科学院生物物理研究所工作。在后来成为李四光纪念馆的小院里，"一门三院士"终于团聚了。前半生，邹承鲁总是刻意与这位大名鼎鼎的岳父保持着距离。甚至有一次，他本来就要调回北京了，有人放出话来，说邹承鲁没什么本事，只能依靠老丈人。他一气之下放弃回京，就此和妻子李林分居了足足12 年。

早些年，李四光曾提醒过邹承鲁，为人要学会收敛锋芒。那时的邹承鲁不以为然，但在往后的岁月里他因为说话犀利给自己招来了"祸事"。

1957 年的"整风运动"中，邹承鲁在上海宣传工作会议上提了三条意见：第一，允许学生选择老师、老师选择学生；第二，科学院应该由科学家来管；第三，对有海外关系的人不要歧视。据参加过这场会议的一位干部回忆，当时的邹承鲁语锋犀利，神采夺人，说大学生统一分配是"包办婚姻""乱点鸳鸯谱"，各院校招收研究生时应当"先生选学生，学生选先生，'自由恋爱，自由结合'"。

然而这场发言，给邹承鲁招致了一场猝不及防的灾难。没过多久，"整风运动"转变为轰轰烈烈的"反右倾"运动，邹承鲁的意见也被批为"右派"主张。从 1957 年下半年至 1958 年上半年，他遭受多次批判，被迫写下的长篇检讨还被收录进书籍中，发行至全国。整整一年间，他的精神高度紧张，昼夜不得安宁。

不幸中的万幸是，从中国科学院上海分院党委书记王仲良到中

△ 邹承鲁（右）、梁栋材（中）、杨福愉（左）讨论中国科学院生物物理研究所学科发展

国科学院党组书记张劲夫，都在力保这些科学家，使邹承鲁最终没有被打为"右派"。经此一事，他沉默了很多，很少再发表意见。

但"江山易改，本性难移"。改革开放后，那个直言诤语的"刺儿头"又回来了。这次他将矛头对准那些打着"科学"旗号盗名逐利的人。"水变油""特异功能""气功大师""核酸治愈癌症""原位复制人体206个器官"……一次又一次，当舆论众声喧哗，当媒体群起追捧时，邹承鲁总会站出来，以写文章、作报告、接受记者采访等方式，维护科学的尊严。

邹承鲁的一贯主张是，把各方观点公开发表出来，欢迎所有人研究讨论，因为他相信真理越辩越明。

20世纪80年代，发生了一件争议很大、时间跨度很长的事件，就是所谓的"张颖清事件"。当时，张颖清宣称创立了"全息生物学"，并发展出与癌症、艾滋病等有关的一系列理论，还宣称自己深得诺贝尔奖评审委员会的青睐。

就在"全息生物学"这个理论盛极一时的时候，邹承鲁把一篇文章推荐到《中国科学报》。文章来自一个名叫周慕瀛的县城医生。他写信给邹承鲁，质疑张颖清的全息生物学理论是"伪科学"。无论张颖清还是周慕瀛，邹承鲁都不认识。但他认为，当舆论明显偏向其中一方的时候，应该允许不同声音发出。

文章见报后，张颖清给邹承鲁写来一封长信，信中附上了诺贝尔生理学或医学奖评委之一斯特恩·格里纳（Sten Grillner）教授给自己的回复，以佐证自己有望获得诺贝尔奖。

较真儿的邹承鲁立刻向格里纳教授进行核实，这位教授的回应耐人寻味。他表示，自己之所以评价张颖清的报告"有趣"，是因为惊讶于"张颖清本人对自己惊世骇俗的、非科学的理论显得如此自信"；自己的信原本只是一封礼貌的回绝信，所谓"如果能得到充分的证实，你的理论显然是非常重要的"，重点应当在前半句。格里纳完全没想到这封信会被张颖清拿来给自己背书。

不久，国务院领导下达了核实关于全息生物学相关情况的指示，中国科学院生物学部组织了一个由10位院士专家组成的评议小组，最终评议意见指出，"全息生物学"这一假说"尚缺乏深入细致的科学实验证明、必要的基础研究论证与前瞻性的系统研究设计"。

一次次争锋，让邹承鲁开罪了不少大小领导。他曾经反对过一个名叫刘亚光的研究人员，因为他的"重大成果"缺乏严格的对照实验。但刘亚光的支持者中不乏有头有脸的人物，这些人通过各种渠道声讨"不学无术的邹承鲁等人压制刘亚光"。

舆论压力极大，但邹承鲁没有退缩，他在多个场合继续发表自己的观点，还在《科学报》（现《中国科学报》）上发表了一篇相关文章，题目就叫《科学成果究竟由谁来评价》。这篇文章发表后不久，邓小平同志明确批示："科学上的是非要由科学家去评判。刘亚光闹腾了几年，再支持就不好了。"[①]

邹承鲁曾坚定地说："所有作假的东西，最终都将真相大白。"时至今日，邹承鲁依然是中国科学发展史上一个绕不过去的名字，而那些与他车轮战的"科学明星"，连同他们名噪一时的"重大突破"，都早已淹没在岁月的长河里。

六、傲骨柔情"笨"老头

"他啊，就是眼睛里进不了一粒沙子的那种人。"回忆起恩师邹承鲁，中国科学院院士、中国科学院生物物理研究所研究员王志珍充满怀念。在她看来，这位软硬不吃的老科学家，其实有颗"最善良的心"。"道理很简单。"她说，"面对不正常、不正当的现象，只爱自己利益的人，闭口不言就是了。只有真正爱国家、爱人民、爱科学事业的人，才会无惧打击报复，坚持说真话。邹先生说过，敢扬'家丑'，才能消灭'家丑'。"

---

① 中国科学院 . 1980. https://www.cas.cn/jzzky/ysss/bns/200909/t20090928_2529242.shtml[2009-09-28].

按照夫人李林院士的说法，这样的老邹，"把人都得罪完了"。

邹承鲁为此遭受的明枪暗箭不计其数。大的不提，光说小的，除了有人写信骂他，在报纸上发文章抨击他，还有人投诉、"控告"他，甚至编造离谱的谣言，把他描述成学术界的一个"恶霸"。对这些诋毁，邹承鲁的态度一概是置之不理。他说，如果自己有问题，组织自会处理；只要清者自清，谁也不能奈何他。

只有很少的几次，邹承鲁表现出对"得罪人"这件事的在意。他的另一名学生、后来也成为中国科学院院士的王志新回忆，自己参评一项荣誉时，邹先生略显抱歉地说："我觉得你的工作还可以，但我得罪过一些人，怕他们会不投你票。"王志新这才意识到，平日里寡言少语的邹先生，在这种时刻总是主动避嫌的邹先生，其实一直在默默地关心自己。"很多人说邹先生霸道，可在我的印象里，几乎没见过邹先生发脾气，即便谁有做得不对的地方，他也是好好地讲道理……"时至今日，王志新还在为老师打抱不平。

当然，这也可能是因为他俩认识时，邹先生已经 60 多岁了。随着年纪渐长，邹承鲁的性子越来越平和。在李四光生命的最后一年，这两个极有智慧的男人相处得越来越融洽。对岳父的苦心，邹承鲁不再逆反，他甚至为了老人家的身体健康，戒掉抽了半辈子的烟。他后来坦言，李四光是他一生最佩服的科学家之一。

邹承鲁一生聪慧傲气，但在女儿邹宗平嘴里，却成了个"笨老头"。据说他和李林这对院士伉俪，学术水平固然"没的说"，家务能力则有点"不好说"。因此常常被女儿数落："你可真够笨的，从来没见过你这样笨的人！"他听了，只是赧然一笑，过后逢人便讲："我女儿说我笨呢！"

2006 年 11 月 23 日，邹承鲁溘然长逝。4 年前，他按照李林生前的愿望，把她的骨灰葬在工作单位——中国科学院物理研究所窗外的一棵松树下。4 年后，他也效法爱妻，嘱咐女儿把自己的骨灰分成两份，分别抛撒在他生前工作之余，从窗口眺望过的两棵树下——一棵是中国科学院上海生物化学研究所的香樟树，另一棵是中国科学院生物物理研究所的白皮松。

在去世前几天，他对邹宗平说了一番话。原来他一直希望独生女能从事科研工作，并做出一些成绩来，这是他内心深处的遗憾。这让邹宗平非常惊讶，因为在她的印象里，恨铁不成钢的总是母亲，而父亲对自己一向包容，常说只要女儿快乐就好。她更没想到的是，一生直言快语的老父亲，竟然唯独在这点心事上，几番欲言又止。

邹承鲁曾说，比起金庸来，他更喜欢古龙的小说，因为古龙笔下的侠客更加爱憎分明，快意恩仇。这或许有点像他自己，一生只向真理低头，也偶尔会为爱而温柔。

《中国科学报》（2022-12-15 第 4 版 风范）

黄葆同

（1921 年 5 月 1 日—2005 年 9 月 6 日）

黄葆同：在美囚禁 114 天，他誓言再苦再穷也要回祖国

魏刚　樊春华

　　一本英文字典、一本地图册，这是中国科学院院士黄葆同书桌上的标配。

　　当与来访者谈到某个地方时，黄葆同就会翻开地图册指给他看，"嗯，就是这儿"。当遇到学生英文论文中出现拼写错误时，他会随手拿起英文字典，边查边强调"这个词是这样拼写的，绝对不能出错"。

　　从觉醒年代的求学者到历史转折前夜的留美学生领袖，从社会主义建设中的一名科研人员到著名高分子化学家，在 84 年人生历程中，对待学问黄葆同总是这样求实严谨、一丝不苟；面对选择又总是这样追求真理、从容不迫。

一、历史转折前夜的抉择

　　1955 年 8 月 23 日《人民日报》头版头条中醒目的大标题为《黄葆同因申请回国曾遭美国当局无理拘禁》。此时，黄葆同的名字和冲破险阻、艰难归国的历程才为国人所知。其实在此之前，他已在留美中国学生中小有名气。而他的经历也是这一时期留美中国学生的缩影。

1944 年，抗日战争胜利前夕，国民政府恢复了荒废 9 年的出国留学考试，名为英美奖学金。到中华人民共和国成立前，有 5000 多名中国留学生分散在美国各地的大学，主要在美国东部和中部。

和那个时代许多年轻人一样，正在国民党"经济部"苏浙皖区特派员办公处化工组工作的黄葆同参加了留学考试，获得了自费名额。1947 年秋，带着行李和希望，黄葆同来到美国，在得克萨斯农工学院化学系读硕士。经过一年的学习和研究，他顺利完成了硕士学位论文，首次发现乌桕油具旋光性，得出乌桕油具有高折光率、高光学活性和高紫外吸收的特点的结论。

在获得硕士学位后，1948 年秋，黄葆同进入纽约大学理工学院继续学习。在纽约学习的 4 年，成为他人生的转折点。在这里，他遇到两位引路人。一位是博士生导师奥佛伯格教授，他为黄葆同指明了学术方向。奥佛伯格不仅指导黄葆同进行偶氮化合物合成、分解机理及其聚合引发作用方面的研究，还在黄葆同身陷囹圄时给予无私帮助，让他重获自由。

△ 1955 年，黄葆同（前排左一）、冯之榴（前排左二）在归国途中，与同船回国的留学生合影

另一位是陈秀霞，她是著名教育家陈鹤琴的女儿，是中共中央上海局派到美国协助相关工作的骨干。经其介绍，黄葆同参加了"北美基督教中国学生会"（CSCA）。这是北美地区最活跃的中国留学生组织，经常组织各种公开集会，讨论国内问题、认识新中国、唱进步歌曲。

1949 年 4 月、5 月，南京、上海相继解放，一个人民的新中国诞生在望。6 月 12 日至 18 日，CSCA 以"我们对新中国的信念与行动"为主题，在美国新泽西召开夏令会。参加者热烈交流了国内的情况，研讨今后的方向。

1948 年下半年，钱保功、唐敖庆等人开始酝酿筹建"中国科学工作者协会美国分会"。1949 年 6 月 18 日，全美性质的科协团体"留美中国科学工作者协会"（以下简称留美科协）在匹兹堡大学成立，中心任务是动员留学生回国。

1950 年 6 月，留美科协常务理事、中共党员丁儆在芝加哥召集年会。会上选举兰天、黄葆同、杜连耀、夏煦为区域干事，与丁儆共同组成总会的工作团队。当时，丁儆和黄葆同一起住，丁儆给其他会员和组织寄出的材料都使用黄葆同的地址。

△ 青年时期的黄葆同

这一时期，黄葆同参与了留美科协的筹建并一直负责纽约区会的工作，宣传国内大好形势，号召大家回国建设新中国。晚年，他在回忆文章中写道："在中国历史转折的前夜，国内隆隆的炮声也震撼了为求学身处异乡的学子的心，何去何从是每个人要考虑的问题。"

二、在埃利斯岛身陷囹圄

1949 年 10 月，历史翻开新的一页。留美中国学生纷纷踏上回国的征途。1950 年上半年，这一趋势更加明显。但突然爆发的朝鲜战争，让他们的归途戛然而止。

黄葆同所在的 CSCA 和留美科协被美国众议院非美（利益）活动调查委员会（House Committee on Un-American Activities, HUAC）和美国联邦调查局（FBI）列为"颠覆性组织"。包括黄葆同在内，所有未能及时回国的中国留学生，都陷入了困境。

在当时的形势下，回国显然是关乎他们一生的重大抉择，一经决定就没有退路。即使还未完成学业，黄葆同也急切地盼望回国。在一次留美中国学生聚会中，黄葆同和李恒德（后成为材料学家、中国工程院院士）、张兴钤（后成为金属物理学家、中国科学院院士）、陈一鸣（回国后担任上海市宗教事务局副局长、顾问）都意识到，如果再不回国，怕是十年八年也回不去了。

担忧很快变成现实。黄葆同因为是 CSCA 主要成员、留美科协创建者之一兼纽约区会负责人，很早就被美国移民局盯上了。就在着手订回国的船票时，黄葆同被拘捕、押送到位于埃利斯岛的美国移民局看守所，限制离境。

在埃利斯岛容纳二三百个床位的大房间里，读书，打桥牌，给同被拘禁的其他中国人读电报、写信、教英文，成为他每日的生活内容。但他心中惦记的自然还是何时能回国。在记录岛上生活的日记里，屡屡可见他因得到外界局势不稳的消息后"心中不安，无精神"之语。

被拘禁以后，为了不让其他人受到牵连，黄葆同中断了和同学们的联系。但黄葆同又是幸运的。时任 CSCA 总干事孟繁俊和他的导师奥佛伯格为营救他付出了艰苦的努力。

最终，经历 114 天的岛上囚禁生活，黄葆同重获自由。

三、再苦再穷也要回来

每周一必须到移民局报到，成为重获自由后最令黄葆同困扰的事。1952 年 6 月 18 日，报到地点由纽约市哥伦布大街 70 号第 8 层移民局假释部改为埃利斯岛，这样开车一个来回就是半天。此后几年间，每周如此。每次离开纽约辖区，黄葆同都需要得到移民局的批准，即使只是为了参加博士学位论文答辩。

1952 年 10 月 27 日，黄葆同以二氰基联环己烷及其相关衍生物的研究顺利通过答辩，获得博士学位。这年秋天，他应聘到普林斯顿大学塑料研究室工作，主要从事高分子新单体合成和聚合研究。

其间，黄葆同结识了一位出身浙江海盐书香门第的姑娘冯之榴。当时，冯之榴在普林斯顿纺织研究所任研究工程师、纤维物理组组长。1953年10月3日，两个有着共同志趣和追求的年轻人走到一起。这一天是离国庆节最近的一个星期六。

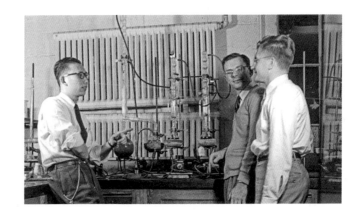

△ 1953 年，黄葆同（左一）在普林斯顿大学

保释期间，黄葆同念念不忘的还是寻求各方帮助，争取早日回国。被保释 3 年后，黄葆同的回国之路迎来了曙光。

1954 年 4 月，日内瓦会议召开。我国在会议上取得外交斗争的胜利，周总理点名要黄葆同等一批中国科学家回国。1954 年 8 月，留美中国学生给时任美国总统艾森豪威尔写了一封公开信，诉说中国留学生的忧愁和痛苦，以争取美国人民的支持。在公开信发出后的例行记者招待会上，针对政府为什么要禁止中国学生回国的提问，艾森豪威尔回答："这个问题不仅在国内讨论过，也是日内瓦谈判的一部分。"并且表示，"总的来说，他们已经开始回去了。"

1954 年 10 月 13 日清晨，移民局通知黄葆同可以自由离开美国，但必须是以被驱逐的方式，且由黄葆同自己申请被"驱逐"。1955 年 4 月，黄葆同、冯之榴夫妇终于登上了从旧金山驶往祖国的"威尔逊总统号"客轮，历经两个多月的海上颠簸，他们回到了魂牵梦萦的祖国。

多年后，黄葆同谈起回国之路时说："当时我知道回国会很苦。如果我们留在美国工作、学习和生活，各方面条件肯定都比百废待兴的新中国要好。可一想到国家需要我们，再苦再穷我们也要回来。"

四、国家需要什么就研究什么

新中国的巨大变化，让黄葆同无比兴奋，满怀激情地投身于科学研究事业。

1955 年金秋时节，黄葆同夫妇服从国务院分配来到中国科学院长春应用化学研究所（以下简称长春应化所）工作。在长春南湖公园东侧这个"中国应用化学的摇篮"里，黄葆同用五十载春秋绘就了急国家之所急、想人民之所想，科研报国、为国分忧的画卷。

20 世纪 50 年代，军事战略物资成为科研的主阵地。桐油是用油桐树的果实压榨出的植物油，最早被用来涂抹船体以防腐和避水。20 世纪初，人们发现，桐油不导电，可以用于电缆、电线制作，还可以用来保养军械等贵重物品。战争时期，桐油成为重要的战略物资。

这一时期，黄葆同立足我国自然资源的实际状况，开展生漆、桐油等研究，并任长春应化所第三研究室主任，1964 年改任第四研究室主任。为适应国家建设需要，他组织领导了耐高温高分子、氟乙烯单体合成、耐高温航空有机玻璃等的研究，为建设强大的人民空军付出了艰苦努力。

橡胶也是重要的战略物资。新中国成立初期，我国天然橡胶的年总产量仅为 200 吨，无法满足经济军事发展需求。1952 年，党中央号召大面积种植天然橡胶。但受限于地理位置，我国天然橡胶年总产量始终为 50 万～60 万吨，2/3 以上需要进口。在扩大种植面积和提高单位产量仍无法满足国家需求的情况下，合成橡胶

△ 1964 年，黄葆同（后排左三）与长春应化所第四研究室同事合影

研制提上了日程。为此，黄葆同转换研究方向，开始了乙丙橡胶新催化剂研究。

以往，国内外乙丙橡胶生产用三氯氧钒或乙酰基丙酮钒做催化剂。但三氯氧钒的制作过程需要大量使用氯气，不仅损害操作人员健康，而且严重污染环境。乙酰基丙酮钒则必须用甲苯或者苯做溶剂，二者都是有毒物，长期接触会造成人体慢性中毒；也都是易燃物，遇热会发生爆炸。黄葆同反复试验，打破国外文献的条条框框，终于发现了制作肥皂的下脚料——五九酸可作为替代催化剂。当时，五九酸来源丰富、价格便宜。在此基础上，黄葆同研发出具有我国特点的五九酸钒新催化剂体系，获中国科学院发明奖一等奖，为我国生产合成橡胶贡献了力量。为了尽快实现产业化，长春、北京、南京、兰州的几个中试车间，他几乎每月都要跑一遍，穿上工服和工人一起三班倒。

党的十一届三中全会后，黄葆同已年近花甲，依然率领研究队伍进行科研攻关，取得了可喜成果。

在烯烃齐格勒 - 纳塔聚合方面，他们在钛载体催化剂研究中提出在烯烃共聚中加入 α - 烯烃反应加速这一现象的扩散控制理论；与英美学者共同澄清烯烃序贯聚合中是否有嵌段结构这一工业实践中的基本问题；提出烯烃双烯烃橡胶共聚"一线穿"结构的概念；在国内较早开启了茂金属催化剂烯烃聚合这一当代高分子研究最重要的新课题。

△ 1978 年，黄葆同、冯之榴夫妻二人探讨学术问题

在多相聚合物方面，黄葆同小组首先在国内开展了热塑性弹性体研究，继而放大推广。黄葆同对最大量的高分子材料聚烯烃与广泛存

在的极性聚合物材料的共混进行了系统研究，并着重于二者间的增容机理，尤其是提出研究界面的新方法和增容的新概念。2000年，研究成果"高分子共混物的增容"获中国科学院自然科学奖二等奖。

这两个项目共发表论文 120 余篇，半数发表在国外期刊，获得 5 项专利。

黄葆同的一生始终把科研工作与祖国建设需要紧密相连，为新中国高分子化学学科奠定了基础，开拓形成了具有中国特色的新催化体系。

五、既给"送鱼"又教"撒网"

除了在科研方面当"领头雁""火车头"外，黄葆同还重视人才培养，"既要给学生送鱼，也要教学生撒网"。

1998 年，刚从英国回国、已经硕士毕业 10 年的崔冬梅慕名来找黄葆同，想要在他的指导下攻读博士学位。当她提出要做全新的金属有机合成时，做有机化学和高分子合成的黄葆同不但没有反对，还给她找了一个"二导"——黄葆同的第一位学生陈文启，外加一位硕士生做助手。

金属有机合成必须在没有空气和水的条件下完成，但实验室不具备条件，黄葆同就和学生一起用玻璃搭建双排管。后来，崔冬梅去日本深造，从日本回国后，黄葆同又把实验室借给她，还向其他老师借了一个通风橱，并把他的最后两名学生苗蔚和王敦也分配给了崔冬梅的研究组。

"这样我这个组就有了六七个人，一下子热闹起来，氛围也特别好。先生能给你的

△ 1980 年，黄葆同（右四）与同事在讨论

支持都会给你，而且看到你的进步他会特别高兴。"在崔冬梅眼中，黄葆同会给予自己的学生甚至别人的学生很多无私帮助，不会因为这是自己研究的领域就不许其他人涉足。

对学生唐涛的一篇论文，黄葆同给予了很多指导并亲自修改，唐涛就把他也写在作者栏。但黄葆同看后说"这是你的工作，我没有参与，不应该冠名"，坚决要求把自己的名字撤下。

黄葆同从小跟英文教师学过地道的英语，又在美国学习、工作、生活多年，深知把英语学好能为学术研究打开更多窗口。看到学生们的英语普遍不好，他非常着急。20 世纪 70 年代中期，科技英语教学在长春乃至全国还是一片空白，长春应化所率先为学生和职工开办了英语学习班。冯之榴主动请缨承担科技英语教学任务，黄葆同也抽出相当多的时间编教材、讲课、答疑、批改作业。

在同事姜连升的印象中，黄葆同的英语教学很有特点。"先组织大家练习口语对话，之后他会有意识地找一本英文书，请几位同志来翻译，每个人翻译一节，对于翻译错误，课上就帮助修改。"唐涛回忆："我的英语原来不太好，黄老师把我叫到家里并拿出录音机，先读一段后让我拿回家跟读，等这段练熟后再到他家录下一段。3 个月后，我的英语听说能力有了明显提升。"

黄葆同还注重培养学生的质疑精神。20 世纪 80 年代中期，他带学生王建国去日本参加学术会议。会议期间，王建国与美国一位知名高分子化学家就学术问题产生了激烈争论。回到所里，黄葆同特意告诉王建国，在学术上就是要坚持真理、敢于挑战。

在学生印象中，黄葆同从不说重话，学生犯了错，他也是开着玩笑地指出来，对学生宽容、关爱、提携。和学生聚餐时，黄葆同从不在吃饭前合影或讲话，他常说："菜都上来了，那我不客气了，先来个鸡腿。"但他也有严格的一面。1981 年，黄葆同的女儿报考长春应化所研究生。成绩出来后，离录取线只差 1 分。当时，黄葆同任长春应化所副所长，主管研究生工作。他坚决卡线，女儿只得与录取擦肩而过。

△ 黄葆同（右五）、冯之榴（右四）与研究生和青年科技工作者一起讨论科研问题

六、节俭又慷慨的终身学习者

在关怀、教导学生的同时，黄葆同从未停下学习的脚步。

在学术领域，经常因为一些新进展、新发现而出现一些新词汇，这些词汇有的是研发者自造的，有的是在一定规则下产生的。为了让我国高分子科研人员阅读国外文献、与国外开展学术交流时少走弯路，黄葆同在看专业文献时，就有意把这些词汇记下来，并找出词义内涵。经过长年积累，他终于编写出我国第一本《英汉·汉英高分子词汇》。

黄葆同有极强的语言天赋，在四川，他的四川话讲得非常地道，到广东就讲广东话，英文更是不在话下。20 世纪 70 年代末，中国科学院组织了一个代表团到意大利访问。出发前，黄葆同正好在北京出差，就到中国科学院图书馆查找英语解释的意大利语教材，然后将其复印下来学习意大利语。到意大利后，接待中国科学家代表团的负责人说，听说代表团中有一位先生会讲意大利语。黄葆同毫不犹豫地站起来，用意大利语表达感谢并做了介绍。

黄葆同身上处处显现节俭的家风。在 20 世纪，书信是最常用的交流手段，黄葆同每天会有近 20 封书信往来。但凡是他寄出的信，都是用旧信封翻过来重新粘贴的。一次，课题组帮助研究生部打扫卫生，黄葆同知道他们每年招生结束会有一大堆信封，就把那些信封全拿回来，翻过来重新糊好，以备以后寄信用。直到后来邮局规范邮政编码，要求用标准格式的信封后，黄葆同才停止这个习惯。他的桌上还有一把小刀，用过的纸就用小刀一划，剩下的小块纸继续用。

黄葆同虽然对自己十分节俭，但对学生十分慷慨。

"他是一位平易近人、慈祥仁爱的长者。"这是学生和曾经得到黄葆同帮助的青少年对他的评价。回国以来，黄葆同夫妇曾连续多年为缺少课外读物的长春应化所职工子弟小学捐款买书，培养学生从小爱科学。20 世纪 70 年代中期，南方一所聋哑学校美术班的学生买不到橡皮泥而慕名相求，黄葆同立即买了 100 多元的橡皮泥邮寄过去。事后，聋哑学校给这位陌生的科学家来信，感谢他为孩子们办了一件大好事。

"这样的求助信和感谢信家里还有很多。"黄葆同的六妹黄真诚回忆道，"哥哥去世后，家人惊讶他居然没存多少钱，去银行核实后才发现，他对自己很节约，对别人特大方，来者不拒、有求必应。黄葆同家里几位小保姆也在其资助下先后完成学业。"

晚年，黄葆同腿脚不太灵便，学生几次想给他买拐杖都被谢绝。在他看来，人一拄拐就真的老了。

在人生历程中，黄葆同面临无数次选择，总是笃定信念，选择希望，无怨无悔。八十寿辰时，他即兴抒怀："爱国励志乱世中，东西求索意气浓。喜得指引阳关道，夕阳犹感力未穷。"

《中国科学报》（2023-01-05 第 4 版 风范）

陆大道

（1940 年 10 月 22 日— ）

陆大道：他有些"不近人情"，却最能读懂中国国情

刘如楠

"怕什么？不用理会别人。"听见护工小声提醒自己，唱得正起兴的陆大道停下来，回了一句，又接着唱。

每天上午 8 点，坐着轮椅的陆大道会准时出现在北京的大屯路上，由护工推着去中国科学院地理科学与资源研究所（以下简称地理所）工作。他喜欢一路唱黄梅戏，还会挥舞胳膊比划动作。路人的纷纷注视让护工都觉得不好意思，但这位中国科学院院士却不以为意。

一进办公室，坐到桌前，陆大道的第一件事就是打开手机，整理那些夜半录下的自言自语。

12 年前那次意外脊椎损伤致瘫之后，神经疼痛总让他在深夜难眠，索性拿起手机说话，录下对学科发展、国家政策的思考，攒多了再整理成报告交上去。这些意见和建议曾多次得到国家领导人的批示。

"讲出一两重的话，我的资料至少一斤重。"作为一名地理学家的陆大道曾是二级运动员，他跑遍了整个中国，多次踏足那些在地图上毫不起眼的地方。

△ 陆大道书柜里的部分笔记

他曾记录下 300 多万字的调研资料，更在脑子里装上了一个高倍镜头，可以拉远再拉远，把中国 960 多万平方公里的国土都囊括进来；可以推近再推近，聚焦于一片农田、一座矿山、一家企业。

如果访客和他提起家乡的某个地方，他能在地图上迅速找出，并讲述当地的地形地貌、工业基础，这让访客惊叹"陆先生远比我更了解家乡"。

坐在陆大道对面，记者看到，84 岁的他整张脸上深褐色的斑点洒落，额头上皱纹纵横交错。写字、喝水时双手有些颤抖，可一旦开口讲话，声音依旧中气十足。

一、一生最重要的论述——牵动亿万百姓生存与发展

陆大道办公室一角的书架上，依次排列着用牛皮纸重新装订过的 60 多个笔记本，书脊和封皮上标注着年份与地点。随意打开一本，满篇整齐的小字，记录着发电厂位置、钢铁厂成本、油田开采量、淡水水源地开采水量……如果将这些记录定位到实地，便是一幅我国各地早期工业布局图。

心里装着这张无形的图，陆大道总能看到别人难以发现的问题。

1984 年 9 月 28 日，乌鲁木齐，博格达宾馆，一场关于西部地区大开发问题的讨论会正在进行。10 位报告人围绕"将经济发展重点向西部战略转移"的问题，展开了各式各样的论述，"梯度论""均衡论""跳跃式发展""超越战略"……每场报告结束，台下都是一片掌声。

轮到陆大道了，他眉头微皱，举着近 2 万字的论文手稿，快步

走上台，一字一顿地说："不能转移！"话音落下，100多人的会场里一片寂静。

"受严峻的国际地缘政治影响，我国已经进行了10多年的三线建设，大量军工、民用企业搬迁至川黔渝和'三西'（豫西、鄂西与湘西）地区。企业进沟进洞，有的甚至建在悬崖边上，选址仓促，建设速度快，给国民经济带来了重创。但这是在当时的国情下不得不做的。"陆大道进一步解释道，"而如果现在再次战略转移，沿海地区大量的重点工程、厂房园区、配套基础设施、政策体系将会成为'半拉子'工程，境外投资者和商人将不知所措，甚至大规模撤资。这完全违背国土开发、区域经济发展的客观规律。一旦如此，我国改革开放将陷入困境"。

随即，他提出了一生中最重要的论述——"点-轴"发展理论和"T"字形宏观战略。

"点-轴"发展理论认为，在国家和地区发展过程中，大部分社会经济要素都在点上聚集，点与点之间形成轴。这里的"点"是中心城市和各级居民点，"轴"是由交通、通信、能源、水源等连接起来的基础设施轴。

点就像一扇门上的合页，轴就像门轴。合页带动门轴，整个门板随之转动，从而带动整个区域的经济发展。连接多个中心城市的沿海地带和相当于5条铁路干线运量的长江及沿岸地带，构成"T"字形，是我国最重要的"门轴"。

"现在整个国家工业基础有限，国力也有限，要想得到快速发展，必须集中投资到重点区域。因此，在未来15年乃至更长一个时期，我国国土开发和经济布局，应实施'T'字形战略，不能转移。同时，可以通过轴线延伸与渐进式扩散，逐步实现较为平衡的区域发展。"陆大道在台上侃侃而谈。

很快，演讲时间到，下一位报告人已在候场了。陆大道的这篇论文可能是105篇会议论文中唯一对"将经济发展重点向西部战略转移"表达不同意见的。他的大会发言就像投进湖水中的一枚石子，和水面短暂接触后，迅速沉了下去。

出乎意料的是，这枚石子引起了时任国家计划委员会国家土地管理局局长陈鹄、处长方磊的注意。会后，他们邀请陆大道参加《全国国土规划纲要》（以下简称《纲要》）的编制工作，负责"全国生产力总体布局"的编写。"点－轴"发展理论和"T"字形宏观战略，作为我国生产力总体布局和国土开发的基本框架被写进了《纲要》。

1987 年 3 月，《纲要》以草案形式在全国发布。"点－轴"发展理论如血液一般流进全国各地的城区中，形成了城镇与区域发展的主动脉，同时也牵动着那些处在毛细血管、数以亿计的百姓。他们的生存与发展，构成了几十年来宏大国内生产总值（GDP）背后的生动图景。

20 世纪 90 年代中期，时任国家计划委员会国土地区司司长方磊在证明材料中回忆，全国有 20 多个省区市编制"国土规划"，更多的地市、跨地市的区域、县也编制了"国土规划"，这些规划遵行全国"T"字形宏观战略的同时，都应用"点－轴"概念规划了各自的重点发展轴线。

"10 多年来，我国区域发展的实践已经充分说明，这个理论和观点产生了难以估量的社会经济效果。"方磊评价道。

二、"节约与合理，是我一生的价值观与信仰"

被国家计划委员会选中参与《纲要》编制，对当时资历尚浅的陆大道来说，无疑是莫大的鼓励。

在妻子杨军看来，陆大道有自己的坚持，那种在专业领域工作中的信念，让他始终憋着一股劲儿。到地理所的这些年，去各地考察工矿区、写分析报告、给集体报告做汇总，陆大道都争着干。改革开放后，他的研究伙伴接连离开，有人从政，有人下海。而陆大道选择留下，"我很喜欢我的专业，没有要动一动的想法"。

他仍记得，儿时总有一个疑问：为什么我们的村庄比隔壁村庄小？为什么村庄有大有小？到了中学时期，接触到地理课，他的疑问更多了：在地图上，为什么有的城市是两个圈，有的城市是一个圈？为什么有的城市好几条铁路交叉经过，有的只有一条？他还爱用大张的毛边纸临摹地图，画完再自我欣赏、评鉴一番，以至于后来徒手就能画个八九不离十。

那时，陆大道最大的理想是考上安徽师范大学，而后当老师，挣工资为母亲分忧。父亲早逝，他与母亲相依为命。茅草屋、小脚女人、插秧浇菜、雨雪天光脚去上学……这些记忆刻在他脑子里，不定时地穿插回放。这让他急切地想改变家里的状况。

"母亲常说，一个人就是要'发狠'，要发奋劳动，要吃苦，要'发狠'到不能动为止。"陆大道回忆。这样质朴的教导很有用，他的成绩一直名列前茅。

就这样，他在1958年考入了北京大学地质地理系。在北京大学读书时，他对历史地理学家侯仁之的教导印象深刻："你们以后到什么地方工作，就要研究那个地方，将自己的认识与建议主动向当地政府报告。"而当第一次走进研究生导师、人文地理与经济地理学家吴传钧办公室时，陆大道也被寄予了相似的期望："用学得的经济地理知识为国家经济建设服务。"

陆大道回忆，这样的教导伴随着他的求学时期，经世致用的思想贯穿了他后来的研究生涯。"经济地理学中的'经济'，不仅指一系列经济要素及其生产支撑体系，还指节约与合理。这是我一生的价值观与信仰。"他说。

陆大道牵头起草了29篇中国科学院学部咨询报告，基本格调是"批评"，没有"歌颂"。他认为，由于我国经济管理体制上的优势与特点，各级政府、各个行业乃至企业，会根据高层的新战略，规划一系列要干的事；而缺的是不宜干什

△ 1963年，陆大道从北京大学地质地理系毕业

么，哪些政策需要调整，有何影响与损失。"我们的专业恰恰要弥补这个不足，要在决策咨询研究中勇于说'不'。"他说。

因此，对"经济大转移"的一片赞同声说"不"，在陆大道看来，不是为了唱反调或凸显自己，而是"我的研究和调查告诉了我什么是对的，那就要说出来"。

"对于一些现象，有人看不到，有人看到了不敢说，他是看到了也敢说的人，这是他的学者风范。"时任地理所副所长、研究员刘卫东说。

△ 1999 年陆大道（左）与导师吴传钧院士合影

三、"讲出一两重的话，我的资料至少一斤重"

"站在主流观点的对立面，需要前瞻的眼光、十足的勇气，还要有翔实的调查和研究"，这是 2006 年 24 岁的陈明星刚跟随陆大道读博时，从导师那里学到的第一课。

那年暑假，陆大道一行到山东等地调研。当时，各地都在大力进行城镇化建设，大广场、大马路、大立交桥等层出不穷，他们每调研一地，就被当地政府带到这些"最能代表城市面貌"的地方去参观。

"当时大家普遍认为，城镇化是现代化的重要标志，我国城镇化程度严重滞后，需要尽快赶上西方发达国家水平。"现在已经是地理所区域可持续发展分析与模拟重点实验室副主任、研究员的陈明星说："因此，自然是速度越快越好，城区越大越好，摩天大楼越多越好。"

而陆大道尖锐地指出，当时的城镇化超出了正常发展轨道，呈现冒进态势，空间失控严重。中国应该走符合国情的循序渐进和资源节约型城镇化道路。这让陈明星印象极深，"现在我们觉得理所当然的观点，陆先生那么早就形成了"。

陈明星回忆，他们一行人来到拆迁安置小区，看到不少四五十

△ 2006 年 8 月，陆大道在甘肃河西地区考察　　△ 2006 年，陆大道（右）在青海考察

岁的人在小区聊天喝茶、打牌纳凉，陆大道感慨："这些人正处壮年，原本应该在田间劳作。现在一下子变成了'城里人'，却无法实现价值，这不是正常城镇化的途径。"

然而，这些观察和论断通过常规渠道难以上报。无论在政府部门还是在学术界、社会舆论中，都面临着极大的压力。"这种压力往往是无形的。他是一位院士，很少有人会当面表示不认同，但不乏风言风语，有人甚至借题发挥，这给他造成了困扰。"刘卫东说。

后来，时任中国科学院院长路甬祥看到了陆大道的报告，立即以个人名义报送国家相关部门。最终，报告得到国家领导人的批示，国家发展和改革委员会组织 11 个部委进行了半年多的调查研究，出台了一系列重要政策。

2013 年 8 月 30 日，陆大道去北京中南海，代表中国科学院课题组作城镇化的汇报。原定 18 分钟的报告他讲了半个多小时。"我讲一句话，它有十句话的根据。如果把这句话放在秤上称，讲出一

△ 2016 年 8 月，在第 33 届国际地理大会（北京）上，陆大道（右）接受国际地理联合会的专访

两重的话，我掌握的资料至少一斤重。"陆大道说。

但他讲的话仍有人"不爱听"。"地方上请他当指导专家是作'正面宣传'的，他看到政府大楼建得高大气派、占用大片土地，就忍不住批评一通。后来，那些地方再也不敢请他了。"《地理学报》专职副主编何书金说。

△ 2016 年 9 月，陆大道在中国经济论坛上作报告

2018 年，陆大道撰写了《以SCI 为主导的"论文挂帅"对我国科技发展的负面影响》一文，引发热议。有一天，陆大道出差回家。上楼时，同乘电梯的一位科研人员突然开口道："你不要再说了，我们都很讨厌那篇文章。""科研成果 SCI 评价导向下，确实是有学者仅靠 SCI 成长起来的。陆先生的公开批评，引起了一些人的反思，但也引起了一些人的不满。"何书金感叹。

四、瘫痪突如其来，他却从未将自己当成"残疾人"

敢与大多数人唱反调的陆大道一贯是腰杆挺直的，不料突如其来的意外却让他伤了脊椎。

2011 年 3 月 29 日下午，陆大道照例去健身房游泳。为了缓解长期颈椎病带来的眩晕，医生建议他隔天游一次泳。刚下水不久，陆大道发觉身体不适，便起身走向更衣室，弯腰穿袜子时，听到腰部"咔嗒"一响，瞬间，下半身近乎失去了知觉。缓了一会儿，他挣扎着站起身，慢慢走回家中。得知消息后，学生们从研究所赶来，将他送去医院。最终，诊断结果是脊髓损伤，第十一节胸椎以下瘫痪。

医生认为，脊髓损伤后，他坚持起身，后又被背下楼，这给身体带来了二次伤害。对于病因，专家们看法不一，有人说黄韧带狭窄挤压了神经，有人说是一过性缺血，导致腰部以下神经死亡。

在最初治疗的一年多里，他都心存站起来的希望："病友们都是外伤引起的，没遇见过我这样的，前一天还好好地走着，一下子就瘫痪了。"每天康复训练时，豆大的汗珠顺着脸颊流下，胳膊上满是被器械勒出的一道道红印子，72岁的他不敢落下任何一个动作："我使劲地锻炼，使劲地锻炼。"

那段时间，陈明星每天都睡在医院里，晚上给导师读历史书解闷儿。一天，他告诉陆大道自己即将结婚的消息，希望导师能做证婚人。陆大道很高兴，又为不能到场而遗憾，他问陈明星婚礼能不能推迟一段时间，等自己好一些，哪怕挂着拐杖去也是好的。婚礼最终推迟了半年，可陆大道还是没能站起来。

读大学时陆大道曾是乒乓球二级运动员，早年在中国科学院举办的乒乓球赛上，还拿过名次。后来，那把为他赢得满堂彩的球拍被收在了柜子最深处。他爱拉二胡，生病前常趁早晨没人时在办公室拉上一曲《二泉映月》。如今，放二胡的箱子上早已落满灰尘。

原本他的家中十分讲究，精美的工艺品、成套的餐桌椅，一尘不染的地板还打了蜡。如今，沙发、餐椅被挪到了小卧室，工艺品被堆积在玻璃柜，那间朝南的、最大的屋子留给了锻炼器械和一张办公桌，最大化地方便轮椅来回腾挪。

他被认定为二级残疾，完全丧失劳动能力，可他仍旧每天到研究所上班，春节也不例外。这个总以"残人"自居的老人，工作起来没有一刻把自己当成"残人"。

脊髓损伤后的12年里，他撰写了15篇学术论文，牵头编写完成了5部著作，还发起了"中国国情与发展"论坛，作了几十次学术报告……他起草的12篇咨询报告，内容涉及我国区域可持续发展战略、京津冀协同发展、长江大保护、黄河流域高质量发展、渤海海峡隧道等。他用力对抗着病痛，也继续对抗着那些"不节约""不合理"。

△ 2018 年 12 月 10 日，陆大道在"中国国情与发展"论坛成立时讲话

"老陆满脑子都是工作。聊家常、出去跟人吃饭，在他看来都是浪费时间。他觉得年纪越来越大，又得了这个病，时间不够用，有好多事儿没干完。"杨军说。至于脊髓损伤后的一系列并发症，他极少跟人提起。刘卫东说："陆先生不常讲自己的病痛，即便与他整日相处，我们也只听他偶尔感叹过几次，说自己痛得'生不如死'。"

在一篇名为《关于我一生的学业与人生体会》的文档里，陆大道这样描述自己的感受，"24 小时持续的，麻、胀、刺痛、割痛、裂痛，有时小腿到大腿像是在过电。终生疼痛、生理功能丧失，没有希望缓解"。如今，10 余年过去了，一提到"老陆的病"，杨军的眼泪还是忍不住地掉："他是那么要强的一个人，却偏偏得了这么没有尊严、没有自由的病。"

"我一下子掉进了人生的深渊。回忆起少年时在村子里见过的'瘫子'，被家人放在稻草堆边，蓬头垢面，单手举起饭碗乞讨，过十天半月，又被转送去另外的村子。可以想象，要不了一年半载，必死无疑。"陆大道说，"如今，我也成了'瘫子'。"

即便这样，他仍觉得自己是不幸中的万幸："要是在过去，我这个病会妻离子散、家破人亡的。"他甚至还写了一首诗："若无天椅与我便，许作灰泥堪养花。华夏春潮九万里，命运感激有晚霞。"

五、有雷打不动的"规则"，也有放心不下的"周全"

为方便轮椅行走，陆大道办公室的物品都呈"回"字形排列。他有好几台不同年代的录音机和音响，他爱听巴赫的交响乐，感受那种工整、严谨的美。而他几十年来的生活，也如巴赫的乐曲一般，遵循着秩序与平衡。

他衬衫的第一粒扣子永远系着，哪怕是在炎热的夏天。早年间的论文手稿、老伴儿几十年来的教案，都被他按照年代顺序重新装订，就连抽屉里的药盒，也归置得整整齐齐。

面对规则被打破，陆大道总是毫不犹豫地站出来。

这天中午，护工推着他回家吃饭，穿过路口时，一辆右转的汽车疾驰而来，在距离轮椅两三米远的地方戛然停住。护工愣了一下，陆大道做出"停"的手势，又指指正前方的绿灯，示意司机不该抢行。"街上遇到闯红灯的人，大家见怪不怪，但老陆总会上前说不应该这样做。小区里看到踩踏草坪的，他也要制止。他讲话直接，不看人家脸色。"杨军说，她担心对方嫌老陆多管闲事儿，更怕有人嘲讽他坐轮椅。

2010年地理所组织大家参观世博会，考虑到当时陆大道已有些跛脚，专门向展馆方申请了绿色通道，免于长时间排队。"他想都没想就拒绝了，还指责我'搞特殊'，后来太阳晒得他实在站不住，只好央求管理员让他先到阴凉处等着，我留下继续排队。"杨军说。

日常生活中，他们常为这样的小事拌嘴，杨军希望陆大道能"接地气""近人情"一些。

可另一方面，陆大道又极能为别人考虑。腿脚方便时，他常去买菜。"总把好的差的一起带回来，我说'你怎么不挑一挑'，他说'农民种菜不容易，你把好的挑走了，差的卖给谁呢？'"杨军说。

对于身边的人，他都考虑"周全"。陆大道牵头申请下来的科研课题，总是带着大家一起做。"他从不把持项目经费，自己只留下很小一部分，大多数都分下去了。跟着陆先生做研究能增长真正的学问，也能学到学者的品质，这是中青年学者公认的。"中国地理学会秘书长张国友说。

他在家门上写了几个大大的"火"字，提醒老伴出门注意关火；看到负责财务工作的同事脸有些红，他嘱咐她注意血压；自己工作时，总让护工到隔壁房间休息。

4月的北京乍暖还寒，办公室里的陆大道感到下半身凉飕飕的，赶紧又套了一层棉衣裤。

△ 陆大道的书法作品

从小生长在黄梅戏之乡——安徽桐城，陆大道爱听也爱唱黄梅戏，办公室墙上，贴着他前不久写下的对联，"室有文墨养肌骨，居无客来唱黄梅"。

望着窗外的绵绵春雨，他坐了很久。音响里放着黄梅戏《汉宫秋》里的戏段，"对红烛怕闻夜雨，守幽窗恨日偏西。光阴啊，你也这般不仗义，催人老真恁地意切心急……"

《中国科学报》（2023-04-06 第 4 版 风范）

李薰

（1913 年 11 月 20 日—1983 年 3 月 20 日）

李薰：钢的品格

温才妃

　　一架架喷火式战斗机犹如一道道闪电冲向天空。"愿上帝保佑它给英国带来好运"，人群中佩戴着英国皇家空军机徽的年轻士兵祈祷着。突然，其中一架飞机偏离航道直冲而下，长长的白烟撕开了晴空，巨大的爆炸声响后，地面升起一团大火球。机毁人亡！试驾员是一名英国勋爵的儿子、一位优秀的飞行员。

　　这是 1937 年前后，英国皇家空军试飞喷火式战斗机的一幕。英国政府、军方震惊了，白金汉宫、唐宁街下令一定要查出事故真相。许多钢厂的中心实验室组织起来，寻找事故原因和可避免的方法。"是合金元素在大锻件偏析引起的""是钢中非金属夹杂物在作祟""是热处理产生的残余应力过大"……争论了 3 年多，可一直没有定论。

　　1940 年的英国正处在至暗时刻，敦刻尔克大撤退中约 33.8 万人撤回英伦三岛，重装备和车辆几乎丢失殆尽。德国制订的"海狮计划"打算以战机开路，迅速拿下英伦三岛。如果失去制空权，英国危如累卵。

　　就在此时，这项数年未解的任务交到了英国谢菲尔德大学冶金学院。知名冶金学家、谢菲尔德大学冶金学院教授安德鲁将这项重任交给了一位中国年轻人，这位年轻人刚从谢菲尔德大学博士毕业，此时在科研界寂寂无闻。可正是这位不知名的年轻人，成功破解了飞机失事的奥秘，为英国第二次世界大战空战缔造了传奇。

这位年轻人名叫李薰，2023 年是他 110 周年诞辰。跟着李薰女儿李望平的思绪，我们回到 86 年前，一位兼具"君子"品格和"硬汉"特质的科研新星，就要在大不列颠岛上大放光彩。

一、"钢中氢"奠基人

半纺锤形机头、近似椭圆形的机翼……作为 20 世纪对世界航空发展影响巨大的战机，英国的喷火式战斗机让人一眼难忘，它机身小巧，体积只有现代狂风式喷气式战斗机的一半。可就是它，能追上第二次世界大战中德国笨重的轰炸机，并将其击落。

试飞军机失事事件的影响，不仅在于损失了一架飞机和一位优秀的飞行员，更主要的是让其他飞机都不敢上天作战了。

事故发生那一年，李薰正坐上"热那亚"号轮船，车船换乘抵达英国钢都——谢菲尔德。21 天的海上航行，让他早已习惯了颠簸。但身体上的"颠簸"，怎么也不及心理上的"起伏"。英国这一傲慢的老牌资本主义国家，习惯用肤色度人——看不起黄种人，李薰很不服气。一年后，他以五门专业基础课全优的成绩，一举夺得了谢菲尔德大学研究生最高荣誉——白朗顿（Buranton）奖章和奖金。那时的他没有想到，有一天自己会成为揭开军机失事奥秘的人。

任务交到李薰手中时，他仔细查看了飞机主轴断裂的钢材，众人议论的"发裂"——一缕缕像头发丝一样的裂纹闯入他的视线。一个猜想突然蹦入他的脑海——"这些本不该有的纹路为什么会出现在这里？会不会是大量的氢聚集造成的？"

倘若假设成立，"在元素周期表中，质量最轻的氢原子是怎么钻进金属中的？""究竟需要多少氢才会导致钢中产生发裂？"……在没有实验和数据支撑的情况下，这些问题的答案无从得知。李薰决定动手制作一台定氢仪，一探究竟。

在实验室里，李薰有一项"独门绝技"——吹玻璃。这是他向工人偷师学来的，可以将玻璃吹成椭圆形、方形等各种需要的形状，再将玻璃管子两两连接起来，制成玻璃仪器。世界第一台真空定氢仪就是在他的一双巧手下诞生的。后来很长一段时间，这台真空定氢仪都一直陈列于谢菲尔德大学李薰工作过的实验室，上面悬挂着他的照片——他戴着一副圆圆的眼镜，有些娃娃脸，一身英伦西装打扮，英气十足。

△ 青年时期的李薰

大量的实验结果证实了李薰的猜想：造成飞机主轴断裂的罪魁祸首，正是钢中飘浮不定的氢。这一发现还引发了一个新的研究方向——钢中氢和氢脆的诞生。

无独有偶。20 年后，在中国辽宁某飞机制造厂，老师傅叮叮当当抡锤猛敲钢板，只有李薰看出了端倪，"是不是老师傅比年轻人的废品率更高？"得到肯定回答的同时，他基本上断定是老师傅干活劲儿使得足，造成的晶体缺陷更多，引发了氢脆问题。这一细小的发现让问题及时被解决，也让"我国半数因质量问题不能起飞的作战飞机"迎来了转机。时任中共中央军事委员会副主席叶剑英盛赞李薰："科学家为维护我国空军作战实力作出了贡献。"[1]

不到 30 岁就发现了"钢中氢"的奥秘，这也使李薰的一生与钢结下了不解情缘。

因为破解了喷火式战斗机失事的原因，李薰的名字常常见诸报端，他成了英国人眼中年轻有为的科学家、"钢中氢"研究领域当之无愧的奠基人。英国广播电台还特邀他作关于"钢中氢"的科学讲座，这一殊荣在当时只有英国知名科学家才有。

1951 年 3 月，在鲜花和掌声中，谢菲尔德大学将冶金学博士学位授予李薰。谢菲尔德大学是当时英国唯一能授予冶金学博士学位的学府，这也是对李薰钢中氢研究工作贡献所给予的最高荣誉。

---

① 李望平，冼爱平．李薰传．北京：科学出版社，2013：294．

△ 1946 年，李薰（左二）在英国谢菲尔德大学钢中氢研究实验室与安德鲁
教授和研究生张沛霖等接待专家来访

△ 1950 年，李薰在谢菲尔德大学钢中　　△ 1951 年 3 月 17 日，英国谢菲
氢研究实验室　　　　　　　　　　　　尔德大学授予李薰的冶金学博
　　　　　　　　　　　　　　　　　　士学位证书

李薰是 1923 年该校改革博士制度后第二位获此学位的学者，也是第一位获得该学位的亚洲学者。

很多年后，李薰向家人讲述发现"钢中氢"的过程时说："是我运气好，没有走太多弯路就发现了当中的奥秘。"不过在小女儿李望平看来，"其实这世间本没有什么天才，只不过父亲一辈子从来没有偷过懒。留英期间他从没在晚上 12 点前睡过觉，早上 5 点后起过床"。

二、带一支科研团队回国

风光的背后，潜藏着强烈的自尊心。

"为什么你的英文文章写得可以与英国学文学的学生媲美，而口语却相差甚远？"1937 年，李薰像考状元一样，考取湖南省唯一的冶金专业留学名额，却被初次见面的安德鲁问倒了。

"备考时背熟了英文报纸上精选的几十篇文章，写起来得心应手，但口语就没有这个条件了。""学霸"取巧被拆穿，李薰大窘。为了尽快练好口语，他迅速搬离了中国留学生聚集的住所，来到谢菲尔德园林路 81 号——一户英国人家中。

"钢中氢"一战成名后，园林路 81 号成为当地有名的"中国留学生之家"。房东郝莱特太太很喜欢这名勤奋的中国学生，也顺带着欢迎其他中国学生。王大珩[①] 在李薰那儿住了几个月，两人很投契。王大珩还烧得一手好菜，中国留学生偶尔还会在这里包饺子吃。厨房里，浓郁的辣椒香、肉香不时勾起李薰的思乡之情。

"李，为什么不加入英国籍？入籍后，你的前途无量。"每次安德鲁规劝李薰，李薰的内心都无比苦闷。在他看来，自己永远是中国人，加入外籍，个人的自尊心不允许他这么做。他的钱包里藏着妻女的小照，背面配了一首自己写的小词："望天涯海角回忆处，

---

① 王大珩,光学家,中国科学院院士、中国工程院院士,"两弹一星"功勋奖章获得者。

忽易寒暑，脉脉心情谁诉；秋风时节聊寄语，勤餐饭，念旧居。"彷徨之际，李薰写信给时任中央大学校长吴有训，吴有训回复他说："国内前途光明，万不可在国外落籍。"

1946 年，时任中央研究院总干事兼物理研究所所长萨本栋赴英，两次盛情邀请李薰回国。萨本栋是李薰敬重的科学界前辈之一。李薰有过犹豫，但很快就说服了自己。此前李薰给中国捐款，款项被大使馆贪污，"在一个腐败无能政府的统治下，再聪明的人也毫无用武之地"。

怎样拒绝萨本栋的盛情邀请，李薰想了一个机智的对策。"能否提供 10 万英镑经费，为将来的冶金所购买设备？"再次见到萨本栋，李薰提出了这个要求。他心想，"国民党若是真心搞建设，应该能做到这一点"。萨本栋叹了一口气，不置可否。事实上，他还在为中央研究院四处筹款，根本拿不出这笔钱来。走出萨本栋所住的旅馆，外面一片漆黑，此时已过了深夜 12 点，连公交车都停驶了，但李薰却长舒了一口气。

李薰不了解共产党，但相信王大珩。王大珩回国后，向时任中国科学院计划局局长钱三强举荐了李薰。1950 年，李薰接到时任中国科学院院长郭沫若的邀请信，正式委托他筹建中国科学院冶金研究所（后经李薰建议改名为金属研究所，以下简称金属所）。李薰激动不已，为此四处奔走。

博士毕业后，李薰留在谢菲尔德大学任教，成了实验室里研究生的"小导师"，中国留学生方柄、张沛霖、徐礼章等人很自然地加入了李薰的团队。除此之外，他与利物浦大学的庄育智和伯明翰大学的柯俊等也保持了联系。

园林路 81 号事实上成了金属所的海外发源地。归国日期、程序、研究大楼的设计、须购置的图书和仪器……他们时常聚在李薰住所园林路 81 号商量筹建的细节，直至深夜。方柄负责记录与抄写。后来，这份珍贵的手稿由方柄夫人捐给金属所，保存在中国科学院档案馆。它记录了金属所诞生的"DNA"，很多基本理念至今仍然根植于金属所的主流文化中。

1951 年，《谢菲尔德城市晚报》刊载了一则酸溜溜的新闻，标题是《冶金学家要回红色中国》。由于受到英方的阻挠，李薰辗转取道香港回到了阔别 14 年的祖国。

李薰将中国科学院赠予自己的路费分赠给了团队成员，自己一分钱都没有留下。团队成员先后归国的那一年，我国报纸上还刊登了一则新闻——《李薰等七人回国》。

三、"指兔子"的人

回国后，李薰立刻投入到金属所的建设中。得知东北人民政府愿意鼎力支持，李薰便鼓动王大珩一起去东北创业。很快，李薰在沈阳创立了金属所，王大珩在长春创立了中国科学院仪器馆（今中国科学院长春光学精密机械与物理研究所）。两个热衷于科学的好朋友，终于又在顶峰相见。建所（1953 年）那一年李薰 40 岁，建馆（1952 年）那一年王大珩 37 岁。

"科研选题要做老祖宗（原创性）的工作。""搞科研要'五洋捉鳖'，不要'瓮中捉鳖'。""不要当'波斯猫'，供人玩赏不捉耗子。我们要给国家'捉耗子'。"……很多李薰自编的科研"金句"，用他的湖南口音说出来，幽默感十足。

李薰把科研工作的分工比喻为"指兔子、打兔子、捡兔子"。"指兔子"是指选择课题，确定科研方向；"打兔子"是直接参与科研工作，攻克科学难题；"捡兔子"是指最后获得科研奖励和荣誉等。其中，"指兔子"是科研工作中最重要的一环。在金属所，李薰就是那个被大家公认为"指兔子"的人，沿着他指的方向，你肯定能"打到兔子"。

朝鲜战争初期，苏联飞机不过鸭绿江，毛主席下决心要建一支空军。我国航空工业从"零"做起，研制飞机发动机涡轮叶片的关键材料——高温合金的任务交到了金属所。高温合金的热加工十分困难。"有没有可能用铸造的方法直接生产叶片？"李薰暗暗思忖。

在当时这就是一项"老祖宗工作"，国际上尚未有成功案例。铸造叶片在德国试验失败，英国认为"可靠性不行"，苏联也表示反对，美国正在试验、探索。我国又要求"技术上一切要听苏联老大哥的"。顶不住任何一方压力，寻找新路子的念头都会一溃而散，然而，李薰站出来顶住了。

工厂里迅速分化为两派。"我们看好大胆创新。"部分设计人员成为"支持派"。"这是象牙塔技术，离应用尚早。"苏联专家站在了对立面。

第一批样品在1958年生产出来，驻厂的苏联专家坚决不同意铸造叶片装机试验。在他们眼中，中国连"走"都没学会，谈何"跑"？直到20世纪60年代初苏联专家撤出中国，金属所才重新"夺回"了主导权。遗憾的是，高温合金铸造叶片本可能在1958年至1959年最先在我国试制成功，由于苏联的阻挠，美国抢先一步研制成功，要知道美国1960年才在实验室取得初步成功。

更令人痛心的一幕发生在中印边境两国空军的对峙中。1962年，在中印边界自卫反击战中，印度空军的战斗机可飞越喜马拉雅山，至2万米的高空，而中国的战斗机只能飞至1.8万米高。差别就在于，印度战斗机上装有废气涡轮增压器，系美国用铸造叶轮制造的。

废气涡轮增压器的技术难点正是铸造高温合金。摆脱苏联制约后，李薰组织全所力量进行

△ 20世纪50年代，李薰（右）在实验室工作

科研攻关，具体工作由师昌绪[①]负责，终于在短时间内试制成功，让中国的直升机也飞上了 2 万米高空。

参加高温合金研制的中国工程院院士胡壮麒盛赞道："李薰就是那个'指兔子'的人，就是有本事，我们现在就缺少这样的人。方向一错，全盘皆输。没有李薰，就没有高温合金。"[②]

四、一辈子最短的论文

1955 年，张永刚一如往常在图书馆看杂志。"我发现杂志封面是一台真空感应炉，美国人在搞真空炼钢，还工业化了？"张永刚是李薰归国后招收的第一批研究生之一，此刻他又惊讶又兴奋，马上把这一发现报告给李薰。

真空冶炼是李薰一直关注的国外先进冶金技术，不但可以有效脱除钢水中的氢，而且是冶炼一些特种合金的关键技术。现在有工业设备可以出售，李薰非常高兴："我们搞两台国外的真空感应炉来看看。"他托着下巴坐在旋转椅上，椅子未动，脑子却转了好几圈，生出好几个念头来。

等看到其中一台设备的实物时，李薰忍不住哈哈大笑起来："这台设备外壳很大，重达 15 公斤，样子厚重，就叫它'大乌龟'吧！""大乌龟"成了制造大型真空炼钢炉的蓝本。可是没有图纸怎么办？张永刚看着杂志封面左思右想，"封面上只有一个人，我估计他有 1.8 米的身高，按此比例，炉壳的直径应该是 2.8 米左右"。可机器的内部结构仍不清楚，恰好此时另一台从国外买来的真空感应炉的电极坏了，"正好给了我们拆开测绘的机会"。就这样，所里根据画出的图纸自己研制了一台真空感应炉。炉子做成后，冶金工业部钢铁研究院想要这台设备，李薰很爽快地答应了。后来，真空感应炉

---

① 师昌绪，金属学及材料学家，中国科学院院士、中国工程院院士。
② 李望平，冼爱平.李薰传.北京：科学出版社，2013：233.

的制造规模越来越大，锦州逐渐发展成全国最大的真空感应炉制造基地。

今天大家对"真空冶炼"这个词已不陌生，但这在当时是一项全新的技术，国内缺设备、缺经验、缺人才。李薰 1957 年访苏后，从建真空感应炉开始，开创了真空冶炼的新领域。他将这一模式总结为"任务带设备，设备带学科"。

真空冶炼在很多场合都派上了用场，其中就包括当时金属所的一号科研任务——铀冶金，它是制造原子弹的关键技术之一。在研制过程中，李薰亲自担任铀化学冶金研究室主任。

这段尘封的历史，因一些技术问题至今尚未公开。所里的老同志只知道李薰带着很多人从事铀冶金工作，盛况空前。但由于保密程度之高，细节知之甚少，上百名从全所挑选出来的技术骨干，埋头苦干 10 年，公开发表的只有一篇两页纸的论文，这是李薰一生发表过的最短的论文，只有 4 个作者的名字——李薰、张永刚、戚震中、张淑苓。

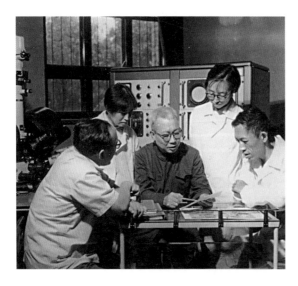

△ 1972 年，李薰（中）与郭可信、王仪康讨论飞机大梁的裂纹问题

后来，中国科学院副院长张劲夫在《请历史记住他们》一文中，对金属所为我国第一颗原子弹的浓缩铀弹芯的铸造、第一艘核潜艇动力堆的研制等方面发挥的关键作用，给予了充分肯定。

"搞科研不能等靠要。"李薰经常鼓励大家自己动手设计、制造科研仪器。"你买别人的设备，说明你的科学研究工作至少比人家落后 10 年。"他们自行设计的"真空高温维氏硬度计""小型真空压蠕变试验机"还获得了 1963 年"国家工业新产品奖"。

1963 年中国科学院召集学科规划会议，会上张劲夫指定钱学森为基础学科规划召集人，李薰为技术学科规划召集人。可是，什么是技术科学、为什么要发展技术科学，众说纷纭。20世纪 80 年代，李薰担任中国科学院副院长兼技术科学部主任时，提出"技术科学是研究生产和技术中基本性、共同性理论的科学。

△ 1972 年，李薰（中）在苏家屯 814 厂

例如，热力学第一、第二定律属于基础科学范畴，而工程热物理这门技术科学则是应用上述定律……解决具体问题"。

"外国卖出的任何技术，让人'知其然而不知其所以然'。只有发展自己的技术科学，才能真正独立自主地发展我国的经济和科学技术。"1981 年，李薰在中国科学院学部会议的工作报告中如是说。

五、一生要强

正因如此，李薰无法平静地安坐在过去的成绩单上。

1973 年，李薰参加在法国巴黎举办的"氢在金属中的作用"的国际学术会议。他的到来让全场气氛一下子达到顶点，大家激动地议论着"我们的开创者来了"。大会主席更是当即"退位让贤"，将李薰列入大会主席团成员，并让其担任大会执行主席。

可就在主席台上，李薰坐不住了。看见当年培养的外国研究生都成为金属学界权威，而中国代表却两手空空，拿不出论文来，李薰面子上有点挂不住，他感到十分遗憾，回国后他为了科学发展，急切奔走于相关部门。

"父亲一生要强，生活中也是如此，几乎都是他在帮助人家。他说，郝莱特太太是真正帮助了他的人。"李望平说。郝莱特太太在中国留学生助学金中断的 3 个月里，让李薰"租金先欠着，等有经济来源再偿还"。就像"韩信报漂母"，郝莱特先生去世后，李薰独自支撑郝莱特太太的生活 10 年之久，离英时还给她留下了一笔可观的生活费。

虽然炼的是冰冷的钢，但有李薰在的地方，就有欢声笑语。李薰经常蹲在金属所的绿荫下与工人下棋。"都是当院长的人，可得注意一下形象。"夫人席玺玉曾多次提醒他。李薰摆了摆手，不以为意。

李薰、葛庭燧、郭可信等所领导还带头给年轻人"补课"。可供选修的课程有"钢铁冶炼""压力加工""金属热处理"等专业课，还有俄语速成班。李薰既当"老师"，又当"学生"，带头参加课程考试，考完后当众公布成绩，从小聪明过人的他常拔得头筹。

"他还用湖南话给我们姐妹三人起绰号，给我们讲《西游记》的故事，让我们闭着眼睛听，听着听着我们就'掉入圈套'睡着了。"李望平回忆道。

时间久了，李望平觉得父亲的自尊心太强，并不是一件好事。有一回，李薰因肺气肿住院，看见李望平来了，他马上扯掉了氧气面罩。他不愿意让人看到自己生病的样子，哪怕是自己的女儿也不行。

他还心急。司机来接他，从不敢准点才到，因为李薰总是早到。

1982 年，宝山钢铁股份有限公司（简称宝钢）挂出一块牌子"今日有事停止接待"。关上大门，负责人神情悲怆地向李薰等前来考察的人吐露了实情。当听到因宝钢缓建中国承受了巨额损失时，所有人都惊讶地张大了嘴，李薰心里更是有说不出的难过。他希望中国钢企早点摆脱技术依赖国外的局面。

1983年2月，李薰因肺炎入院治疗，这是他这辈子第二次住院。两周后炎症基本痊愈，他心里记挂着考察攀钢集团有限公司（简称攀钢）："我要赶在3月底之前回来，4月初还要向方毅副总理汇报。"但医生不同意他马上出院，周围人也劝他"再缓几天"，可李薰认为"自己没有大事，注意点儿就行了"，坚持在3月2日出院。

3月16日，李薰从北京飞往昆明，踏上了攀钢考察之旅。他们打算从昆明转火车去渡口市（现攀枝花市），当天入住毗邻翠湖的云南省委招待所——圆通饭店，三四月是海鸥的告别季，迁徙的水鸟不时飞过窗棂。李薰给席玺玉写了封家书报平安："好在我带了呢大衣，没带大衣的人冻得够呛。"

3日后，吃完晚饭，李薰感到身体不适，20点就上床休息了。向来注重整洁的他，那一天破天荒地没有洗漱。同行的金属所研究员王仪康见他上楼喘得厉害："下次给您带个所里研制的便携式高压氧气瓶。""好哇，你下一次带来吧！"没想到，李薰一反常态地答应了。

可就在那天晚上，李薰在睡梦中悄然离开了人世，享年70岁。

这是他第一次去昆明。昆明海拔2000米左右，含氧量相对较低，对健康人无碍，但对于肺炎初愈的李薰却是致命的。

没有任何告别，谁也不知道那一夜，性格刚强又不愿意麻烦别人的他到底经历了怎样痛苦的挣扎。

刘嘉麒

（1941 年 5 月 29 日— ）

刘嘉麒:"火山爷爷"笑看"地狱之门"

倪思洁

　　82 岁的刘嘉麒,有两个极具反差的身份:一个是做过 60 多年火山研究、受国际同行敬重的中国科学院院士;另一个是坐拥 37.6 万哔哩哔哩(B 站)粉丝、被年轻人奉为"大佬"的 UP 主 ①。

　　他在 B 站更新了 100 多条视频,条条都与火山有关,就连进度条也被设计成喷着烈焰、淌着岩浆的小火山。视频开头,他笑眯眯地冲大家挥手:"哔哩哔哩的小朋友们,你们好!"不少人刚看完开场白就喜欢上了老爷子,在弹幕里叫他"火山爷爷"或直呼"爷爷"。

　　火山爷爷的 B 站视频,大多是课题组里的年轻人帮他录的。录制地点就在他的办公室。录视频时,爷爷坐在书架前面,对面除了摄像机外,还有一幅巨大的照片。照片名为《地狱之门》,拍的是刘嘉麒曾考察过的一处活火山——位于东非大裂谷的艾里塔拉火山(El tower agri volcanoes)。火山口里充满岩浆,冒着青烟,发灰的熔岩外壳龟裂,露出通红的缝隙。刘嘉麒把它挂在办公桌正前方的墙上,抬眼可见。别人眼中的"地狱之门",在他眼里是一道别样的风景。

------

① 网络流行词,即上传者。

一、地狱之门

火山爷爷去过地球上大部分已知的"地狱之门"，见过正在铺天盖地喷发的火山，也亲手给刚喷出的岩浆测过温。

《地狱之门》照片里拍的艾里塔拉火山，是他考察过的第 6 座现场喷发的火山。

那是 2007 年，他和国际同行从埃塞俄比亚首都亚的斯亚贝巴出发，历时 3 天才抵达目的地。大家在山脚下找了一处安全位置，支起帐篷睡了一宿，次日一早便开始爬山。每个人都往双肩包里塞了 4 瓶水，预备上山喝两瓶、下山喝两瓶。

山上没有路，他们爬了近 6 个小时才到达山顶。地表温度高达约 60℃，人像是被架在火上烤。两瓶水很快就见了底，大家身上的每个毛孔都张大"嘴巴"想要喘息。空气里弥漫着刺鼻的臭鸡蛋味，那是致命气体硫化氢存在的信号。浑身是汗的刘嘉麒，在毛巾上倒了些剩下的水，捂住口鼻。湿毛巾大约可以让他安全地在火山毒气里待上一两个小时，以便多观察一些当地的地质现象，采集样品。

考察火山时，除了观察和采样之外，刘嘉麒有时还要给岩浆测温、测压。在留尼汪岛的富尔奈斯火山、西西里岛的埃特纳火山，刘嘉麒都给火山喷出的岩浆测过温。每次，他都要忍受着炙烤，设法把测温仪伸进正在流动的约 1000℃ 的岩浆里。这些数据对于获取火山活动的地质背景和动力条件、监测预报火山活动很有用。

为了接近"地狱之门"，刘嘉麒很多次命悬一线。

△ 1998 年 1 月 6 日，刘嘉麒在留尼汪岛测量富尔奈斯火山正在喷出的岩浆温度

2000 年，刘嘉麒去印度尼西亚考察喀拉喀托火山。当时，火山口正冒着烟、喷着气。因为想看清火山口的状况，他与十几位国际同行一起往山顶爬。就在离火山口不到 200 米时，脚下的路突然开始颤动！大家短暂一惊之后，纷纷转身向山下跑，狼狈跑下山后不久火山就喷发了。

还有一次，刘嘉麒去西昆仑阿什库勒火山群考察，沿着克里雅河谷上山。下午两三点时，山顶冰川的融水顺着河道流下来。刘嘉麒仗着自己还年轻，试图过河，却一不小心被裹进冰冷的河水中。幸亏身后一位赶毛驴的维吾尔族小伙子一把拽住他的裤腿，才让他捡回一条命。

△ 1987 年 7 月，刘嘉麒（左二）在去西昆仑山考察路上遇到山洪

不是所有火山研究者都有死里逃生的运气，刘嘉麒有三位国际同行已以身殉职。尽管如此，在他眼中，火山依然是"星球生命力的象征"，火山喷发依然是"比烟花更壮美的风景"。他至今记得1986 年在夏威夷岛第一次看到火山喷发时的心情。不断向外喷发的气体和岩浆，映红了天，点燃了海，岩浆顺着山体向下流，越流越广，目光所及，是一片火的海洋。他第一次体会到地球热烈而蓬勃的生命力。

△ 1989 年 7 月，刘嘉麒在夏威夷基拉韦厄火山区考察，背后是当天火山喷出的岩浆冷凝形成的熔岩，流入海中的岩浆引起海水沸腾，形成巨大的水蒸气雾

"搞地质研究的人，如果一辈子没有看过火山喷发，是挺遗憾的一件事。"他说。

60多年来，哪里可能有火山，刘嘉麒就去哪里。他无数次登上长白山、七上青藏高原、六闯大小兴安岭、三入北极、两征南极，脚印遍及全球七大洲、五大洋，所到之处大多是无人区。

有人在B站留言问火山爷爷"跑野外很危险，怕不怕死"，爷爷淡定地说："野外考察肯定有危险，要有一点经验和思想准备。"

大自然"翻脸如翻书"，危险总是猝不及防，刘嘉麒只能时刻警惕。跑野外时，他会带条毛巾，除了擦汗外，遇到喷发气体又没有防毒面具时，他就打湿毛巾捂住口鼻。他还向骆驼学习，早晨喝足水、吃饱饭，再背一壶水出门，等到下午才喝，以免没有水时渴坏了。

很多经验，是在"丢人现眼"之后才总结出来的。刘嘉麒说他曾年轻气盛，在青藏高原上追赶驮着物资跑的毛驴，没跑出20米就缺氧晕倒，从此在高原上他再急也不敢跑了。他还曾在爬山时掉了鞋底，只能找根绳子把鞋底绑在脚上继续前行，从此即便装备再差他也要穿双好鞋再出门。

不过，不怕死的火山爷爷，并不是真的什么都不怕。他属蛇，却从小怕蛇，每次在山里遇到蛇，晚上准要做噩梦。他很佩服自己的小外孙女，每次他们一起去动物园，小外孙女都要去爬行动物馆，他却不敢，只能在外面等着。跑野外时，遇到可能有蛇的草甸子，刘嘉麒就抓一把碎石头揣在衣服兜里，觉得前面比较危险，就先扔几块石头过去，如果草比较高，他就拿根棍子"打草惊蛇"。

不怕死的火山爷爷，也不是天生就胆大。他出生在辽宁省北镇市的山沟里，9岁那年，父亲便因病去世。上高中时，学校离家9公里，他要走2个小时才能到学校，冬季天未亮就得上路。离家不远处，有一片坟地，刘嘉麒必须从中穿过去。他心里发怵，就央求母亲每天送他。懂事之后，刘嘉麒突然意识到："那时候我妈是个年轻妇女，她送我过坟地，我走了，她还得再穿过坟地回去，她不害怕吗？"

二、为母亲争气

父亲去世那年，母亲 37 岁。出殡时的情形，刘嘉麒至今记得。作为家里的长子，他打着灵幡走在最前面。走路还不稳的弟弟被大人抱着，小手里捧着烧香用的大盔子。

之后，家族里有人劝母亲把 13 岁的大姐送出去做童养媳，让 9 岁的他辍学放羊以维持生计。但刚强的母亲没有那样做，硬是艰辛地带着 4 个未成年的孩子过日子。

对于一个失去劳动力的农村家庭来说，即便再少的学费也难以承受。小刘嘉麒像一颗落进石缝里的草籽，前途不明。幸运的是，因为书念得不错，他得到了老师的青睐。老师得知刘家的困境后，主动找到村里和学校免除了他的学费。

从石缝里拔出苗的刘嘉麒，胸中憋了一口气："怎么也得好好念、争口气，要不然就对不起我妈、对不起老师。"果然，每次期末发榜，"刘嘉麒"3 个字总是排在最前面。后来，这个"为母亲争气"的小伙子考上高中，又考上大学、研究生……

考大学时，刘嘉麒遇到人生中的第一个抉择：报考哪里？听从母亲的建议，他选择并考上了一所"不要钱"的学校——长春地质学院（现吉林大学地球科学学院），以减轻家里的负担。当时的地质学院不仅不收学费，还包了食宿费、书本费、医疗费。而这个选择，也让刘嘉麒与地质学结下不解之缘。

1968 年，刘嘉麒研究生毕业，被分配到辽宁营口地质队，接受工人阶级再教育。5 年后，他被调到吉林冶金地质勘探公司研究所，担任同位素地质研究室主任，负责建成当时冶金部第二个同位素实验室，开展钾 – 氩年代测定和氧、硫同位素分析，而这在当时的国内是比较领先的。

1978 年，国家恢复研究生招生。37 岁的刘嘉麒虽已成家立业，却背水一战，再度考研，成为我国地球化学奠基人侯德封的研究生。

越往外走，越往高爬，刘嘉麒的视野就越开阔，与国际同行打交道的机会也就越多。他慢慢认识到，另一位"母亲"——祖国，同自己曾困于生计的母亲一样，也处在困窘之中。

有一次，刘嘉麒去美国开会，有人神神秘秘地问他："你是怎么过来的？""坐飞机来的。"刘嘉麒回答。对方愣了一下，又问："我的意思是，你是跑出来的吗？"刘嘉麒这才反应过来："我是正常来开会的，走的是正常手续。"

在国外交流考察时，还有人许诺每个月给他 400 元美金，让他说点中国的"坏话"。刘嘉麒勃然大怒："你知不知道中国人有句俗话，'儿不嫌母丑，狗不嫌家贫！'我们的祖国，不允许别人说三道四！"回想起那段经历，刘嘉麒说："刚出国的时候，我很受刺激，人家知道中国人穷，瞧不起我们。"

让他更"受刺激"的，是中国火山研究被国际同行"瞧不起"。刘嘉麒在国外介绍中国火山的情况时，国际同行根本不信，他们普遍认为中国近代没有火山活动。就连精通中国科技史的学者李约瑟都在《中国科学技术史》中断言"中国境内根本没有火山"[①]。面对质疑，刘嘉麒胸中又憋了一口气："你们既然不了解中国火山，那我就先去了解，我了解完了再教给你们。"

当时，中国的火山研究"零敲碎打，不成体系"，刘嘉麒在中国的两个火山分布区域——东部大陆边缘的火山群和青藏高原及其周边地区的火山群，考察火山的地质特征、形成年代、动力原因。摸清"家底"后，他写出《中国火山》一书，全面论述中国火山的时空分布和地质特征。

在大兴安岭、青藏高原等地，刘嘉麒新发现 20 多处火山并确证了我国有十余处活火山，还证明 1951 年西昆仑阿什库勒火山曾有过喷发活动，推翻了国外一些学者关于"中国近代没有火山活动"的观点。不仅如此，他还通过一系列研究，建立起中国火山与全球

---

① 参见：李约瑟.中国科学技术史.第五卷.地学.第一分册.《中国科学技术史》翻译小组译.北京：科学出版社，1976：299.

△ 刘嘉麒在野外考察，并作记录

△ 刘嘉麒在考察火山

火山活动的联系，证实中国东部新生代火山岩与东亚板块体系密切相关、青藏高原的火山活动与高原隆升密切相关。他还在我国发现、确立了一批玛珥湖[①]，最早在我国应用玛珥湖沉积物开展古气候研究。凭借严谨的数据，他向世界表明，中国玛珥湖在古全球变化研究中具有重要意义。由此，中国玛珥湖被纳入欧亚湖泊钻探计划，刘嘉麒也被选为亚洲湖泊钻探计划科学指导委员会副主席。

如今，国际舞台上的中国声音越来越大，来自 20 多个国家和地区的同行主动向刘嘉麒请教或寻求合作。"以前我们跟着他们做，现在他们跟着我们做；以前我们科研经费少，现在我们的经费比他们多。国家强大了，科研人员才能有尊严。"刘嘉麒说。

这些努力，成就了中国火山学，也成就了刘嘉麒。2003 年，刘嘉麒当选中国科学院院士，成为我国第一位火山研究领域的院士。此外，他还成为太平洋科学协会固体地球科学专业委员会秘书长、国际单成因火山专业委员会联合主席、国际第四纪研究联合会地层学专业委员会副主席、国际第四纪研究联合会火山与火山灰年代学

---

① 地下岩浆遇到地下水，导致局部水蒸气爆炸所形成的湖泊。

△ 1984 年 10 月，刘嘉麒乘坐直升飞机到美国圣海伦斯火山口里考察

专业委员会常务委员，被英国开放大学、日本东北大学等聘为客座教授。

他曾在 B 站上谈起这些"翻身逆袭"的故事。有人问："中国火山研究处于什么水平？"刘嘉麒身子微微向后一仰："不能完全说我们都比他们先进，但至少我们和国际先进水平持平。"接着，他又微微一笑："说得不客气点，英国搞火山研究的同行晋升教授，有我的推荐就好使。"

三、苦味的福

在 B 站上，火山爷爷很少用"为国争光"这样宏大的词对年轻人说教。他更像一位会讲故事的、隔辈亲的老爷爷。坐在镜头前，他的银灰色头发整齐而有型，浓密的眉毛里夹杂着几根长长的银丝。他的脸因为风吹日晒而成了古铜色，一笑，眼睛便眯成两道弯。

被宠溺的"小朋友们"喜欢在弹幕区点评他的外貌举止。刘嘉麒的耳垂大，大家不止一次地在弹幕区惊呼"大耳垂肩啊"，还有人感慨"这耳朵，一看就是有福之人"。

"有福"这个词，刘嘉麒从小听到大。东北农村流行面相之说，刘嘉麒因为耳垂大、学习好，受到过很多青睐。他们村西头有位曹爷爷，一看见他就喊"孩子过来，让爷爷稀罕稀罕"。别人说他"有福"时，刘嘉麒总是歪着头问："什么是福？"他想，如果一辈子能吃喝玩乐算"福"，那他算不上"有福"之人。

小时候，刘嘉麒放学就要去担水、拾柴，他左手有 3 根手指因为拾柴割草而断过；家里用的灯是一个盛着煤油的小碟子，里面放着棉花捻成的灯芯，他趴在炕上，借着油碟里的微光，写完一本又一本作业。

长大后，刘嘉麒在长春念了 5 年大学，挨了 3 年饿。每天早晨，他只能得到一碗玉米面糊糊、几根咸菜条。上完第一节课，肚子就饿得咕咕叫。有些同学挨不住饿，退了学，但刘嘉麒没有退路，他不能让家里多一份负担。

到北京读研究生时，学校要求学生们学英语，否则不予毕业，学生们也无法出国交流。快 40 岁的他从零开始，咬牙拼命地背单词、学语法。

读完博士，他正式走上科研道路，野外考察成为常态。在高原上，他连着一个月只能吃午餐肉、榨菜和用烧不开的水泡出来的方便面；在山林里，他常常背着二三十公斤的石头标本，一天走百八十里路。

到了退休年龄，别人开始享受退休生活，他却出着最密的差、熬着最深的夜，不断摸索怎么利用火山岩储存油气资源，怎么能让火山喷发产生的玄武岩拉成丝，并用于航天、军事、交通、建筑、环保领域……每天晚上九十点以后是他的"夜班"时间，他会冲上一杯咖啡或浓茶，安静地工作到凌晨两点。

最近，他开发的玄武岩拉丝技术用在了空间站上，刘嘉麒高兴得不得了。"什么是福呢？人一辈子能做一点有意义的事，就很幸福了。那什么是'有意义'呢？选择一个方向，占领一个领域，掌握一种方法，解决一个问题。"

就像象征着灾难的火山被刘嘉麒视为"星球生命力"一样，人生中的困境也被刘嘉麒当作馈赠。

对于"苦"，刘嘉麒有着极强的消化能力。B 站视频里，他走过的路、经过的事、吃过的苦，都变成有滋有味的故事。他笑眯眯地讲在西昆仑考察时，瘦到裤腰带都能多勒进去两格，告诉大家"想减肥的可以来学地质，强身健体"。他也乐呵呵地调侃自己去南极考察时，18 天航程从头吐到尾，"就差肠子没吐出来"。刘嘉麒觉得，人的一生应该吃点苦，"我吃过苦，所以生命力比较强"。

可是，唯独有一种苦是他无法消化的。每次提及此处，笑容就会从他的眼角消失。

刘嘉麒一直都是母亲的骄傲，但后来他才发觉，自己最亏欠的人就是母亲。他到北京后，一直想接母亲来看看天安门。但他的住处是一间简陋的木板房，不隔音、没暖气、没厨房、没厕所，苍蝇

△ 1993 年 1 月，刘嘉麒在南极长城站附近的雪地里行走

到处飞、老鼠满屋窜。他把患有脑血栓的母亲接来后发现，母亲连上厕所都发愁。他本想背着母亲去天安门看看，可母亲心疼儿子，坚持要回老家。

1988 年，母亲去世，享年 76 岁。当时，刘嘉麒正在青藏高原考察，到青海格尔木时，他接到家里发来的电报，得知母亲病危。同行的司机一路把他从格尔木送到西安。他从西安坐车赶回北京，再从北京转车回到东北老家。等到他心急如焚地走进家门时，才知道母亲在 3 天前就已离去。

后来，刘嘉麒在北京有了自己的房子，生活条件也好了，母亲却不在了。头发已花白的刘嘉麒常常念叨："我这一辈子最遗憾的一件事，就是没让我妈享福。我对不起我妈。"顿了一会儿之后，他又轻轻地问："所以，你说什么是福呢？"

四、爷爷和他的"小朋友"

刘嘉麒有时想，或许他的"福"来自他遇到过的"贵人"。这些"贵人"大部分是他的老师。

"一辈子能遇上一位好老师，是人生莫大的幸事。"刘嘉麒说。他遇到过很多好老师，其中博士生导师、国家最高科学技术奖获得者刘东生对他的影响最大。

1982 年，刘嘉麒考取刘东生的博士生。在刘东生的举荐下，擅长同位素定年研究的刘嘉麒，赴中国科学院新疆地理研究所，主持建立起新疆的第一个放射性碳定年实验室，并开展了火山灰年代学研究。之后他又回到刘东生所在的中国科学院地质研究所第四纪地质研究室，用同位素定年方法，厘定了中国第四纪地层和地质年表，大大促进了我国第四纪研究的发展。

因为年轻时吃过苦、遇到过"贵人"，刘嘉麒能理解年轻人的难处，也特别愿意拉年轻人一把。

有一年，刘嘉麒带着七八名学生跑野外，车过了西安，他就让司机走走停停。第一次下车后，他指着山体剖面问大家："这是什么东西？"见学生们答不上来，刘嘉麒笑着说："傻眼了吧？你们觉得在家里什么都懂，出来就不行了，带着你们出来，就是要'治'你们一把。"那次跑野外，他带着学生从北京到新疆，行程 1.7 万多公里，历时 40 多天。一路下来，学生们长了不少见识，学到了不少东西。

在地质队工作过的刘嘉麒，年轻时常常一个人跑野外，"没人管你，不被狼吃了就行"。正是因为吃过野外的苦，刘嘉麒给学生们安排野外考察时格外细心，特别是队里有女孩子的时候。

"一个女孩子跑野外，安全系数太低，两个女孩子可能也不够安全，但一男一女也不行，怎么也得有 3 个人，要么两个女孩子、一个男孩子，要么两个男孩子、一个女孩子。如果凑不够 3 个人，我就把自己搭上。"刘嘉麒说。

女生的体能大多不如男生，刘嘉麒就因材施教，让她们各自发挥所长。有名女学生叫贺怀宇，读博时一度对"学什么"感到迷茫，刘嘉麒发现她动手能力很强，于是建议她掌握一门实验技术并做到最好。后来，刘嘉麒还派她去比利时学习深造。回国后，她主持建成国内首个稀有气体实验室，参与月球和火星研究，成为行业里知名的专家。看着学生有出息，刘嘉麒打心眼儿里高兴："学生就应该比老师强才行。"

刘嘉麒对学生就像对自己的孩子一样，学习、工作、生活样样都管，就连谈恋爱也要操心。大家有事也愿意跟老师聊。慢慢地，课题组形成一种"惯例"：哪名学生有相中的对象，就会带来让刘老师看看，老师"考核"通过了，恋爱关系才算正式确立。

有人说刘嘉麒做老师"如师如父"，他耸耸肩说："家长和国家把孩子交给你，你不带好那就是误人、误国。"

平日里，刘嘉麒也给中国科学院大学地学专业的学生开课。他在讲台上站了 40 年，开设过火山学、新生代地质年代学、第四纪地质与环境等课程。学生们很喜欢听，年年把他的课评为优秀。

2021年，他还获得中国科学院大学"李佩教学名师奖"。

刘嘉麒还有一个比大学和研究所更大的讲台。每年，他要给全国各地的机关、学校、工厂、社区等作二三十场科普报告。他还在中国科普作家协会当了多年理事长。"科研是精英科学，本质是创新。科普是大众科学，本质是应用。把科普搞上去，民族素质才能提高，社会才能发展。"刘嘉麒说。

△ 笑容可掬的刘嘉麒

随着科普平台越来越丰富，刘嘉麒投年轻人所好，把科普阵地搬上B站、抖音、视频号……年轻人喜欢的东西变化得太快，刘嘉麒就不停地追。他用了好久才搞懂"UP主"到底是个什么"主"。2021年，第一次录B站视频时，他把"哔哩哔哩"说成"霹雳霹雳"，被当场纠正后，他捂着脸大笑："是吗？不对啊？那重说。"

他不服老："你们年轻人干的这些活儿，我差不多都能干，无非就是笨一点、慢一点。"

年龄，对于37岁考研、40岁学英语、62岁当院士、80多岁还时不时跑野外的他来说，从来都不是一种限制。对于死亡，他的态度很超然："我从来不想我有多大年龄，也从来不想我哪天会死，反正能活到哪天算哪天。"

不过，话音刚落，他继续乐呵呵地说："但是我活一天就得干一天。"

《中国科学报》（2023-08-10 第4版 风范）

柳大纲

（1904 年 2 月 8 日—1991 年 9 月 14 日）

柳大纲：评院士时，他曾两次提出从名单上去掉自己

甘晓

"一生常耻为身谋。"

无机化学和物理化学家柳大纲很喜欢陆游的这句诗，并把它作为躬行一生的座右铭。中国科学院第一次评选学部委员（后改称中国科学院院士）时，柳大纲甚至两次恳求从名单中去掉自己的名字。

但在中国的化学史乃至科学史上，"柳大纲"毫无疑问都是一个值得大写加粗的传奇名字。

柳大纲的人生定格在 1991 年。柳大纲之子柳怀祖向《中国科学报》展示了一张老爷子在生命最后几年里拍摄的照片。照片里的柳大纲满头银发，清瘦的脸庞上舞动着两弯浓黑的长寿眉，露出和善慈祥的眼神，笑意盈盈。熟悉柳大纲的人都会用"儒雅"这个词来形容他，而与他为人处世的温和谦逊形成对比的，是他在科学事业上的坚韧果断和奋不顾身。

他的科研生涯辗转于祖国的南北和东西，横跨了多个研究方向。对于国家的科研需求，他总是毫不犹豫地说"我愿意"，而每一次在研究方向上的转身他也都不辱使命：我国第一支使用无毒荧光材料的日光灯、先进的土壤矽化加固技术、我国西部盐湖矿产资源的开发和应用……

一、学部委员带头深耕盐湖

青海省格尔木市附近的察尔汗湖是我国最大的盐湖，也是世界第二大盐湖。这里蕴含着镁、钠、锂、硼、氯、溴、碘、铷、铯等多种元素，湖水像被不小心打翻的调色盘一样五彩斑斓。游客拍摄的绝美视频中，经常会配上一段浪漫的文字——"想你的风还是吹到了察尔汗湖"。

而在 70 年前，察尔汗湖的风曾经一次次呼啸着吹透柳大纲简陋的帐篷。那时的察尔汗湖还不是景点，没有公路，也没有民宿和酒店，而是一片"天上无飞鸟，地上不长草；一日见冬夏，风吹盐沙跑"的荒芜之地。

从 1956 年到 1966 年的 10 年间，已经入选首批中国科学院学部委员的柳大纲凭着不怕死的勇气，6 次来到这里驻扎研究。在年轻人都难以承受的野外环境中，年过半百的柳大纲先后坚守了 18个月。

柳大纲的盐湖事业缘起于 1956 年 7 月。当时，时任国务院副总理李富春发出号召："中国大西北有丰富的盐湖，需要调查研究。"听到号召，柳大纲按捺不住内心的兴奋。当时钾盐在我国奇缺，严重制约我国工农业的生产。而在化学领域长期的学术积累，让柳大纲相信，在盐湖及地下卤水中能够找到钾矿。"盐湖是无机盐的宝库，是一种活矿，主要开采的是卤水，应当从地球化学和物理化学的角度研究盐湖。"在实验室展开一系列基础工作之后，柳大纲得出这样的结论。

"只要国家有需要，我一定去！"当时，担任中国科学院化学研究所（以下简称化学所）副所长的柳大纲，立刻筹备前往荒无人烟又缺氧的高原，投入到盐湖考察的工作中。很快，柳大纲担任中国科学院自然资源综合考察委员会盐湖科学调查队队长，对大柴旦湖、察尔汗湖、茫崖湖和昆特依湖等进行了我国历史上首次大规模的盐湖资源科学考察。柳大纲也成为对我国青藏高原盐湖进行系统考察的第一位化学家。

初到盐湖的那些日子，柳大纲失眠了。住在透风的帐篷里，高原反应让人无法平躺，他只能斜靠在床上闭目养神。听着帐篷外呼呼的风沙声，好不容易熬到天亮的他，爬起来啃几口干馍、喝几口凉水，就走出帐篷，身影很快消失在远方。

在柳怀祖的记忆里，那段时间，父亲出差时经常带着一身老羊皮工作服和一双大头皮鞋。

有一次，柳大纲不在家时，一位亲戚穿走了这身行头。他回家得知后赶紧让儿子另买衣服赠给亲戚，把老羊皮工作服和大头皮鞋换回来，弄干净收起来。"这是在青海穿的工作服和鞋，不能随便穿，只能去盐湖穿。"柳大纲告诉儿子。在柳大纲心中，老羊皮工作服和大头皮鞋就是他的"战袍"，只有奔赴"战场"盐湖时才能穿。

高原的苦，柳大纲不怕。他的兴趣只集中在挖掘盐湖中的"宝藏"上。鼓励他的正是那句"一生常耻为身谋"——"如果因为个人的困难而退缩，我会感到羞耻"。

"1957年10月间，我们第一次去考察察尔汗湖时，在马路施工现场挖的一个卤水坑中发现了光卤石结晶。沿着这个线索，我们发现了这个大湖的光卤石沉积和大量含钾的卤水。"即使在多年以后，柳大纲对当时的情景仍记忆犹新。

柳大纲带领科研人员探明大柴旦湖有含钠、钾、硼、锂盐的大型硼矿床，察尔汗湖蕴藏着上亿吨氯化钾。同时，他们还发现了柱硼镁石矿、光卤石矿

△ 1958年12月，柳大纲（右一）在青海柴达木盐湖考察

△ 1958 年 12 月，柳大纲（右）与苏联全苏盐类科学研究所教授德鲁斯·利托夫斯基在柴达木盐湖考察

等矿产资源。

1957～1958 年，眼看着大柴旦化工厂、察尔汗钾肥厂的厂房先后在盐湖盖起来，柳大纲内心十分欣慰。"从柴达木盆地的盐湖资源，展望这一地区化学工业的远景，是令人兴奋的。"他在 1959 年发表于《光明日报》的《柴达木盆地盐湖资源丰富》一文中毫不掩饰地表达了内心的喜悦之情。

一系列重要发现不仅开创了我国盐湖化学事业，也为我国利用盐湖资源进行工业生产奠定了基础。在此基础上，柳大纲首次提出"盐湖化学"作为无机化学的一个分支学科的倡议，推动了 1965 年中国科学院青海盐湖化学研究所的成立，并亲自兼任所长。

1976 年，已过古稀之年的柳大纲打算再次前往盐湖，却因为身体原因未能成行。这也成为他终生的遗憾。直到 1984 年，年已八旬的柳大纲卧病在床，仍然关心着盐湖化学的工作。他与矿床地质学家、中国科学院院士袁见齐联名撰文《关于大规模开采察尔汗湖钾盐资源急需进行的科研准备工作建议》，上书党中央、国务院，推动我国盐湖研究得到了进一步发展。

二、从江南到北国的搬迁

"如果因为个人生活条件的困难而放弃国家的需求，我的内心会感到羞耻。"决定从上海北上长春时，柳大纲这样想，也是这样做的。

1952 年 9 月，在柳大纲的全力协助下，来自中国科学院物理化学研究所的近 50 名科研人员由所长吴学周带队，拖着 700 多箱行李从上海"搬家"到长春。

这不是一件小事。中国科学院物理化学研究所有许多在当时比较先进的科研仪器以及珍贵的试剂、危险的药品、大量的图书期刊等要打包整理，必须确保这些东西历经 2000 多公里的长途跋涉仍然完好无损。柳大纲带领吴人洁、徐晓白、张赣南等几位同事，小心翼翼地编制清单、完成装箱。柳大纲详细记录了整理出的物品：300 多箱仪器设备，包括白金、玻璃器皿 50 多箱；昂贵的化学试剂，包括纯稀土化合物、铂族化合物等 100 多箱；图书资料 150 多箱，包括一些比较珍贵的国外过期刊物。

"马后桃花马前雪"，历时 3 个多月，他们小心翼翼从上海炎热的夏天，走到长春寒冷的冬天，才完成这些物品的装运之旅。接下来又在一个半月的时间内完成了这些物品的开箱和整理工作，布置了新的实验室，期待一个新的开始。

"总计破损率不到千分之一。"这个数据为整个"搬家"工作画上了圆满的句号。不善言辞的柳大纲嘴角上扬，露出满意的微笑，心里一块石头总算落了地。

在柳大纲看来，最困难的事不是搬家本身，而是搬家前的动员。事实上，1950 年前后，新中国成立不久，中国科学院已经开始酝酿把位于上海的物理化学研究所迁往东北。当时，从国家建设需求出发，东北工业基地急需得到恢复。1951 年 9 ~ 10 月，柳大纲到东北考察一个月后，对东北的工业和科学的发展有了初步印象，已经做好准备响应中央号召，搬迁研究所。

然而，研究所的同事们心里却打着各自的算盘，有的人为了家庭安定以及江南优越的生活条件，不愿意跟随研究所搬迁到冰天雪地的北国长春。

"科学要为国家建设服务。"柳大纲在对年轻的科技工作者说出这句话时，语气有点激动，甚至有些严厉，与日常工作中的儒雅温和不太一样。柳大纲的这个想法来源于时任上海市市长陈毅的一次讲话。1949 年 6 月 9 日，在新中国成立前夕，中央研究院成立

21 周年纪念大会在上海举行。柳大纲走进会场，抬头便看见悬挂的横幅大标语写着"科学为人民服务"几个大字。

柳大纲和吴有训、顾颉刚、竺可桢等 300 多位学者一起，聆听了陈毅长达 1 小时的讲话，深有感触。陈毅在讲话中号召："上海解放为科学的自由研究开辟了广阔的道路，我们要广泛吸收欧美各国自然科学研究的成果，希望科学家把科学研究和广大人民大众的利益结合起来。"[①] 这句话深深印在柳大纲心里。

柳怀祖清晰地记得，自那以后，父亲的衣着从长袍改成了中山装，对人的称呼也很自然地改成了"同志"。"父亲的古文功底很好，解放前的很多笔记都是半文言体，用吴学周先生的字'化予'来称呼他，后来改称'学周同志'。"他说。

从内到外的变化，赋予了柳大纲更多的力量，也影响了周围的年轻人。作为上海物理化学所的领导，他很清楚动员年轻同事远赴长春，的确存在难度。他和吴学周一起，率先表态，坚决拥护中央决定，并组织研究所的中高级科技人员去东北参观访问。"知识分子如果真正做到与工农结合就有前途，如果不与工农结合便一事无成。"柳大纲这样说服同事。

与此同时，"一生常耻为身谋"的人生信条也助燃了他的赤子之心。

柳大纲说到做到，以身作则，吸引了一大拨"粉丝"，他们愿意跟随"偶像"柳大纲，以实际行动支援东北工业建设。"这种精神将永久铭刻在后继者的心中，载入我国科学技术发展史册。"后来回想起这段不寻常的经历，柳大纲也深受感动。

三、一个个"任务"，一次次"我愿意"

"如果因为不会，就不去学、不去做，我会因此感到羞耻。"

---

① 潘鈜. 陈毅与上海知识分子. http://www.djnb.cn/journal-articles/view/2493.

在柳大纲的科研生涯中，每当一个又一个新的科研领域摆在面前时，他总这样激励自己。

时间回到柳大纲的青年时期，在 1929～1946 年的 10 多年里，他在中央研究院化学研究所全身心沉浸于分子光谱研究。"20 世纪是中国社会不停动荡的时代，那时，能在实验室静心进行如此基础性的研究绝非易事，需要一种理想。"柳大纲的同事、曾任化学所所长的胡亚东评价说。

分子光谱是分子从一种能态改变到另一种能态时吸收或发射的光谱，是科学家了解分子内部信息的重要手段。当时，分子光谱领域研究刚刚在欧洲兴起，是十分前沿的研究方向。

柳大纲对氢氰酸、氯化氰、溴化氰、碘化氰、双氰胺、乙炔等直线型分子以及异氰酸和异氰酸酯等复杂分子的紫外光谱进行了研究。同时，他与吴学周、朱振钧等完成了"丁二炔的紫外吸收带""氰酸和某些异氰酸酯的吸收光谱"等工作。这些研究开创了我国在多原子分子光谱研究领域的先河，我国分子光谱的研究由此登上世界科学舞台。

当时，柳大纲的主要工作还是研究基础科学问题。1946 年，由中央研究院选派，柳大纲远赴美国罗切斯特大学研究生院进修，只用两年时间，就迅速拿下博士学位。

柳怀祖回忆，父亲没有别的爱好，在国外也不出去玩，整天就在实验室里做实验。"许多化学实验用的玻璃仪器都是他自己吹出来的。"在柳怀祖的印象里，父亲赴美时就觉得自己肯定会回国，每月与母亲通信一次，也常提及回来的事。

尤其是在新中国成立前夕，对国民党政府的不满，让柳大纲更加坚定"科学救国"的理想。1948 年 10 月，年轻学者刘铸晋抵达罗切斯特，柳大纲前去接站。"我当时因一连几个月的奔波辛劳，身体显得很虚弱。柳大纲老师说，看把年轻人弄成这个样子！他对当时国民党政府的所作所为大为不满，认为垮台是必然的事。"刘铸晋曾回忆起这段"忘年交"的起点。

取得博士学位后，柳大纲的导师鲍尔曼以及美国的一些朋友都劝他留下来，把夫人和孩子接到美国来。但柳大纲谢绝了大家的挽留，放弃了优厚的工作和生活条件，于1949年初回到了上海。柳大纲曾对儿子柳怀祖表达过内心真实的想法，柳怀祖回忆道："尽管父亲对中国共产党了解甚少，但带着对国民党腐败的深刻不满，看到了祖国大变在即，就决心回国，母亲也赞同父亲的决定。"

回国后，柳大纲领到一个又一个科研任务，他也一再为国家的需要转变研究方向，用一声声"我愿意"回报祖国。

1952年，北迁长春后，柳大纲接到任务，要破解无毒荧光粉的"卡脖子"难题。柳大纲为此中断了分子光谱基础研究方面的工作，开始钻研国产新型无毒卤磷酸钙系荧光材料。当时，我国日光灯生产完全依靠价格昂贵的进口荧光粉，国内生产的荧光粉不仅成本高，且因含有铍而有毒性。

没有犹豫，干就完了！柳大纲把科学研究的目标直接"升级"到批量生产上，这是他在日常生活中极少表露出的豪迈和果敢。他带领攻关小组首先从科学问题出发，系统总结出荧光光谱分布与掺杂锑、锰相关的规律，在此基础上从原料提纯、荧光材料制备、化学分析和荧光光学性能测试等四个方面同时开展工作，齐头并进。

很快，他们定向合成出所需的荧光材料，为南京灯泡厂试制出我国第一支使用无毒荧光材料的日光灯。一系列工作不仅是荧光材料科学上的重要进展，也标志着我国日光灯荧光材料工业达到了当时国际新型荧光材料的水平。

接下来，"柳大纲本来计划将发光材料作为一个研究方向，但因国家其他任务而中断了此项研究"，中国科学院生态环境研究中心研究员胡克源曾在一篇回忆文章中这样记录。作为柳大纲在中国科学院物理化学所工作时期的学生，胡克源了解老师的想法。

胡克源所指的"国家其他任务"就是"土壤矽化加固"。长期从事中国科学院院史编撰工作的中国科学院科技战略咨询研究院研究员杨小林在挖到这段历史时，也对柳大纲的决定感到意外。"虽然都属于无机化学，荧光材料和土壤矽化这两个领域在学科知识上相差太远。"杨小林回忆道，"但面对国家的需求，他还是说了'我愿意'。"

1954 年，原本并非专长于胶体化学，也不懂土建工程的柳大纲欣然领命，接受了国家布置的任务。他毫不犹豫地放下手头正在进行的研究，前去波兰学习了一段时间的土壤硅酸盐化学。

面对转变研究方向上的困难，他心中依然装着国家需求，仍然"以为身谋为耻"。柳大纲组织了跨部门、跨行业、跨学科的土壤电动矽化加固科研组，从无到有建立实验室。与迅速攻克荧光材料类似，他还延续了科学与工程两手抓的思路，在取得实验室试验成果的基础上，又与工程建设单位合作，在佳木斯糖厂、唐山林西矿井、塘沽新港等工地进行现场试验，完成了我国第一次化学灌浆大规模试验，开创了我国化学灌浆试验的先河。柳大纲的一位学生招禄基参与了这项工作，她在回忆录中这样写道："先生以化学学科与技术学科相结合、理论研究与工程实践相结合、实验室试验与现场生产性试验相结合的先进理念推进工作。"

不久后，相关创新技术成功应用于煤矿风井流沙层和工厂厂房地基的加固工程，并逐渐在全国推广应用。

柳大纲还接受了新的任务。1954 年，他结束波兰学习考察的行程回国后立刻奔赴北京，参与中国科学院院务会议秘书处的工作，同时协助曾昭抡和杨石先两位先生筹建化学所。"我在长春接他，他都没有回家，就直接去了北京。"柳怀祖回忆，"只要国家需要，哪怕课题再小、学术层次再低，或者只是行政事务，父亲都心甘情愿地尽力去干。"

四、布局中国化学事业

"他总是以大局为重。"这是中国科学院原院长卢嘉锡对柳大纲的评价。"我没有听到过一句对柳先生不好的评价。"杨小林曾走访过很多中国科学院的老人。在与柳大纲有过直接接触的人当中，对他最多的评价便是"好人"。柳大纲"好"在哪儿？"好"到什么程度？

有人说"从没见过柳先生发脾气，连大声说话的时候都没有"，有人说"他总是讲平等、民主、和谐、宽容"，有人说"他从不追逐名利，不计较个人得失"……

柳怀祖说，1955年，我国评定第一批中国科学院学部委员时，父亲两次提出自己不够资格，恳请从名单上去掉自己的名字。20世纪80年代初，他是中国科学院的院所中第一批要求退居二线的所领导。

对于中国的化学事业而言，柳大纲最大的"好"莫过于他全力推动化学所的发展，又慷慨地让实力雄厚的研究所分家，完成化学事业在全国的布局。

1955～1981年的近30年里，柳大纲先后作为副所长、代所长和所长，筹建和领导化学所的工作。"柳先生总是从全所发展的大局出发，统筹各个学科领域的研究工作，每年的分配经费、人员任用、外事活动安排，从来没有亲疏、好恶之分，从不优待自己的'领地'，对自己的学生一视同仁。"中国科学院原基础研究局局长钱文藻回忆说。

执掌化学所期间，柳大纲确定了"多学科协同发展的综合性研究所"的办所原则。知情人士都知道，这是针对当时历经多次分所、认为化学所要办成高分子专业所的意见所作出的回应。

化学所党委书记、研究员范青华表示，柳大纲担任化学所领导期间，在规划研究领域、开拓科研方向、组建研究室组、延聘优秀人才等方面，付出了大量心血和精力，使得化学所在物理化学、分析化学、有机化学、无机化学、高分子化学、高分子物理学等各个学科领域都得到蓬勃发展。

更值得一提的是，在他的领导和筹划下，化学所孕育并先后分出了几个专业化学研究所和专业组——中国科学院感光化学研究

△ 1983 年 2 月，柳大纲（前排中）在从事化学工作 55 周年会上和部分学生合影

所、中国科学院环境化学研究所、中国科学院青海盐湖研究所、中国科学院上海有机氟研究组以及中国科学院成都有机化学研究所。但柳大纲的这个做法一度让化学所的科研人员心存顾虑：谁都希望自家研究所不断做大做强，谁都希望把人才和设备留下来。

柳大纲的解释是："孩子长大了，如果还绑在父母身边，就很难成才。孩子出去了，如果不给他较好的条件，他也一定'站立'不起来。新的研究所分出去了，化学所才会有更大的空间开拓新的领域。"

他心中装的不只是自己的研究方向，也不只是化学所一家研究所的得失成败，而是整个中国化学事业的发展布局、繁荣昌盛。

《中国科学报》（2023-11-13 第 4 版 风范）

王守武

（1919 年 3 月 15 日—2014 年 7 月 30 日）

王守武：为中国半导体奠基的"大王先生"

计红梅

那个春天，距离 2018 年美国政府对中兴通讯实施制裁还有 28 年，距离 2023 年 10 月苹果开启 3 纳米制程处理器时代还有 33 年。

那是 1990 年，北京中关村，一位 71 岁的老人表情凝重，在给中国人民政治协商会议第七届全国委员会第三次会议所做的提案中一笔一画写下了自己的忧虑：

> "要想发展我国的微电子工业，光靠引进是不行的。"
> "想从西方国家引进先进的微电子技术和装备纯属幻想。"
> "我们必须以自力更生为主来加速发展我国的微电子工业。"
> ……

这位极具前瞻性的老人就是我国半导体微电子和光电子科技事业的奠基人之一、中国科学院院士王守武。他不仅有深谋远虑的头脑，更有灵巧异常的双手。他为我国设计了第一台单晶炉，拉制出了第一根锗单晶、第一根硅单晶，研制成功第一只砷化镓半导体激光器……

在他的背后，是苏州东山莫釐王氏家族"诗书传家久"的熏陶与积淀。包括王守武及其弟弟王守觉这对"兄弟院士"在内，这个家族留下了"一门六院士"的美谈。

一、"什么难，就去学什么"

1950 年 9 月，已在美国普渡大学任教的王守武和夫人葛修怀决意放弃优厚的待遇，回到百废待兴的新中国。至于回国后做什么，王守武并没有设定目标。他只有一个朴素的想法，国家需要什么就干什么。

虽然有美国名牌大学的博士学位加持，但 31 岁的王守武最初找工作并不顺利。从上海到北京，从同济大学到清华大学，他都没有找到合适的位置。最终，经姐夫陆学善介绍，王守武受聘于中国科学院应用物理研究所（1958 年更名为中国科学院物理研究所），开始固体物理方面的研究。不过很快，这位寡言少语却心灵手巧的年轻人就因两项紧急任务初露锋芒。

1950 年底，王守武奉命为抗美援朝前线的志愿军运输队设计车灯和路标。当时前线的运输车晚上不能开灯，普通汽车明亮的灯光很容易被敌机发现。这项任务要求设计出一种特殊的车灯和路标，既让司机在夜里行车时能看清道路，又不致被敌机发现。王守武很快提出了满足"既要又要"的设计方案，成功解决了问题。

1951 年，西藏和平解放后，解决当地生活燃料问题成为当务之急。王守武受命设计西藏地区生活用太阳灶。考虑到加工制造一个大面积抛物面反射镜的困难，王守武改用多个窄条反射面组成的反射系统，用调整每个小反射面倾斜角度的方法，使照射到每个小反射面上的阳光反射汇聚到太阳灶的中心。用这一巧思设计出来的新型高原太阳灶能在 15 分钟内把一壶水烧开。

中国科学院半导体研究所（以下简称半

△ 1949 年，王守武、葛修怀夫妇在美国普渡大学

导体所）研究员余金中是王守武 1965 年招收的研究生，也是我国第一位半导体激光器专业方向的研究生。在他的心目中，王守武是"干实事的"，是"别人说一百句，他只回三句话"的人。余金中对导师的另一个深刻感受是"有学问，而且什么难，就去学什么"。这一点，从他不断转换专业方向上可见一斑。

1936 年，王守武进入同济大学工学院，学的是电工机械专业。1945 年，他赴美国普渡大学攻读工程力学。获得硕士学位后，导师斯特姆鼓励他继续深造，并帮助他申请到普渡研究基金项目的资助，但该项目要求一定要用量子力学解决问题。

从工程力学转到量子力学，有一些物理课必须补上。为了节省时间，王守武先自学，再找机会到物理系插班旁听，最后申请考试。他先后顺利通过了量子力学、电动力学、统计力学等几门课程的考试，很快进入攻读博士学位的阶段。

王守武仅用几个月的时间就完成了别人需要几年才能完成的课业！从机械转力学，又从量子力学转固体物理，乃至半导体，在参与了"老科学家学术成长资料采集工程"王守武院士课题的首都师范大学教授李艳平看来，王守武聪明、好学、喜欢钻研，需要学什么他就能学得特别好。这与他从小被熏陶出的科技报国志向相关，但也离不开家族传承的天赋。

二、"一门六院士"

被誉为"中国居里夫人"的中国科学院院士何泽慧是王守武的表姐。中国原子能科学事业的创始人、中国科学院院士钱三强是何泽慧的丈夫、王守武的表姐夫。著名金属物理学家、中国科学院院士葛庭燧也是王守武的表姐夫。何泽慧、钱三强、葛庭燧，以及王守武和弟弟王守觉、姐夫陆学善这 6 位中国科学院院士，都与中国近代罕见的科技世家——苏州东山莫釐王氏家族有千丝万缕的关系，人称"一门六院士"。

"海内文章第一，山中宰相无双。"这是明朝文学家唐寅对同时代名臣王鏊的评价。明代思想家王守仁则称赞王鏊为"完人"。而王鏊是王守武的先祖。明清时期，苏州人文渊薮，苏州东山莫釐王氏家族就是其中之一。

王守武的祖父王颂蔚是晚清著名历史学家、文学家，是王鏊的第13代孙。王守武的祖母王谢长达在丈夫去世后，携子女返回苏州，由此开启了她成为妇女解放先驱、教育家、社会活动家的历程。她先是在苏州成立放足会，带头并积极推动妇女放足，名重一时，随即又投身女子教育。1905年，王谢长达与地方士人自筹资金，创立振华女校。费孝通、杨绛、何泽慧等都曾是这里的学生，该校后来成为江苏省最负声望的女子学校。王颂蔚和王谢长达是王家后代在科技上取得重大成就的启蒙者。他们对子女言传身教，使他们树立远大志向，接受中西方文化的滋养，走到世界科学技术前沿。

王守武的父亲王季同是王颂蔚的二子，他对子女也影响颇深，6个子女个个是人中翘楚。

长女王淑贞是我国妇产科学奠基人之一，与林巧稚齐名，有"南王北林"之誉。长子王守竞和周培源、吴大猷是中国最早的3位理论物理博士，被吴大猷称赞"绝顶聪明"。抗日战争开始后，他曾参与创办飞机发动机厂。次女王明贞是中国最早的女物理学家之一，也是清华大学第一位女教授。次子王守融是我国精密机械与仪表仪器学科开拓者之一。最小的孩子王守觉和王守武一母同胞，是著名半导体电子学家，与王守武曾是同事。为了和王守武区分，同事和学生亲切地称王守武为"大王先生"，称王守觉为"小王先生"。

王季同的哥哥王季烈的四子王守泰曾对王家子女成才做过这样的分析，"王守竞搞物理、搞机械有两个原因，一个是爱国，一个是家庭影响。最根本的是受我祖母王谢长达的影响"，"受家庭的影响，我们大都搞科技"。

李艳平不仅参与撰写了王守武的传记，还采访过王守觉。她的切身感受是，两兄弟都非常自信。"对王家的孩子来说，跳级、考上著名大学，甚至出国留学，都是普普通通的事情。而父辈和哥哥、姐姐们的经历与成就，也为王守武他们勇于跻身学术前沿、做出独辟蹊径的成就增添了信心和勇气。"

三、"优秀的实验物理学家"

经常有人问王守武："你后悔从美国回国吗？"他的回答总是"不后悔"。

王守武的女婿黄汶说："我岳父一向认为，是祖国给他提供了发挥聪明才智、建功立业的舞台。虽然他在美国也会成为优秀的科学家，但回国后才有机会成为祖国的一位学科奠基人。"

1947 年底，贝尔实验室发明了晶体管，这意味着半导体登上了国际舞台，信息技术革命由此开启。1956 年，我国制定《1956—1967 年科学技术发展远景规划》，半导体科学发展被列为四大紧急措施之一。在专门成立的半导体科学技术发展规划制定小组中，王守武担任副组长。

1956 年，应用物理研究所在电学组基础上成立了半导体研究室，这是我国最早的半导体研究机构，王守武任主任。是年，王守武 37 岁，等待他的是一片全新的领域。

1959 年 5 月，物理研究所依照中国科学院的指示，开启把半导体研究室扩建为研究所的准备工作。1960 年 9 月，中国科学院半导体所在北京正式成立，王守武任业务副所长。从此，在半导体所的院子里，人们总能看到他骑着自行车来来往往的身影。

而在应用物理研究所半导体研究室成立到半导体所成立这短短几年里，在王守武的组织领导下，半导体研究室取得了一系列开创性成果，成就了多个"第一"——研制成功我国第一根锗单晶、研制成功我国第一根硅单晶并实现我国硅单晶的实用化、研制成功我国第一只锗合金扩散高频晶体管、参与研制成功我国第一台大型晶体管计算机……

其间，王守武亲自参与了这些研究工作，并破解了很多技术难题，如"跳硅"问题。硅是制备晶体管和集成电路芯片最重要的材料。1957年，王守武亲手设计了我国第一台拉制半导体锗材料的单晶炉，并于11月领导拉制成功我国首根锗单晶。后来成为中国科学院院士的林兰英，在当时提出研制硅单晶，并决定用拉制锗单晶的炉子拉制硅单晶。硅的熔点为1420℃，对设备的要求相对较高，但当时只有这么一台单晶炉可以用。因为没有经验和急于求成，出现过几次"跳硅"和籽晶熔化现象。

硅加热熔化后，有气体从石英坩埚底部冒出把熔硅也一起带出来，这种现象被称为"跳硅"。王守武细心观察，发现熔硅所处位置的温度过高，与石英坩埚发生剧烈的化学反应，产生大量气态反应物，在炉内的真空状态下溢出，引起熔硅喷溅。他随即提出具体意见，建议改进加热器设计。加热器改进后，再进行实验时，王守武一动不动站在炉前，看到硅慢慢地熔化了。这一次，熔硅安安静静地"待"在旋转的石英坩埚中，不再"跳"了。

"王院士动手能力特别强。"与王守武熟悉的同事都这么说。余金中说，半导体所很多设备都是王守武亲自画图加工的。"他事必躬亲，像这样从设备到战略都能'一把抓'的院士是很少有的。"

王守武的动手能力强和他父亲不无关系。王守武曾给女儿王义格讲过一个自己小时候的故事。当年家里刚装上电灯时，王守武和二哥都很感兴趣。一次，他们发现灯泡中的丝烧断后，把丝搭上，开灯后会很亮，但旋即就又烧断了。那把两根灯丝连在一起会怎样呢？两人说干就干，立马把一个坏灯泡的玻璃敲掉，将两根灯丝捏在一起。但开灯后不仅这个灯泡没亮，其他灯也不亮了。就在这时，王守武的父亲回来了，听了二人讲述后，没有责怪他们，而是告诉他们这是因为保险丝烧断了。"这是我们头一次知道有保险丝。"王守武回忆说。

1934年，当王季同带全家从上海搬回苏州老家时，他把在家中安装电路系统的工作交给了15岁的王守武和9岁的王守觉。在这位电气工程学家的指导下，从设计、布线到装灯都是两个小"电工"完成的。

勤于动手实践，这一习惯贯穿了王守武一生，成为他生活和科研中的显著特点之一，也在半导体技术和应用的研究工作中发挥出明显优势。20 世纪 80 年代，在计算机还很贵的时候，王守武就自己买零件攒了一台计算机，而且玩得很"溜"。当时，很多年轻人还要向 60 多岁的他请教计算机的使用技巧。

正因如此，"'大王先生'不仅在半导体理论上有扎实的基础，而且还成了一位优秀的实验物理学家"。余金中说。

四、"选择的学术方向都是对的"

余金中特别佩服王守武的是，"在学术上，'大王先生'选择的学术方向都是对的"。一个典型的例子是，在半导体热电效应和电子学方向之间，他选择了电子学方向。

1956 年底，中国科学院派出赴苏考察团。参加半导体方面考察的有王守武等人。当时，苏联比较重视热电效应，认为其是半导体研究的主要方向。而王守武等人则认为，半导体电子学才是当时最有应用前景的领域，是我国最应该着力发展的方向。"鉴于当时的国际环境，作出这种和苏联科学家不同的判断，是要顶着一定压力的。"余金中说。

后来，事实证明王守武的判断是对的：半导体电子学迅速发展，成为信息技术革命的基础。20 世纪 60 年代后，随着半导体激光器和光导纤维技术的出现，半导体光电子信息技术得到广泛应用。而半导体热电技术虽一直有所进展，影响却远不及前两个方向。

1960 年，世界第一台激光器诞生。1962 年，美国和苏联相继研制成功半导体激光器。王守武得知这一消息后，看准这是一个重大的研究方向，很快便组织半导体所开展这一课题的探索。自 1963 年起，王守武先后领导并参与了中国第一只半导体激光器的研制、半导体激光器件的连续激射、半导体负阻激光器及激光应用的研究工作。

后来，半导体激光器逐渐成为最实用、最重要的一类激光器。与其他激光器相比，半导体激光器具有体积小、效率高、寿命长等优点，可广泛应用于激光通信、光存储及雷达等方面。王守武领导开展的半导体激光器的早期研究工作，为我国在这个技术领域的发展奠定了基础。

"当时，发达国家的技术资料传到国内的时候，往往都是半年以后了。而在技术前沿方面，'大王先生'却一直跟得很紧，敢为人先。"余金中说。

直到 20 世纪 60 年代中期，半导体所在研究半导体材料、电子和光电子器件方面，仍处于国内领先地位。

1977 年 8 月，分管科教工作的邓小平邀请了 30 位老中青科教工作者在人民大会堂举行座谈会。王守武作为中国科学院的代表参加了会议，并发言汇报了我国半导体工业发展的情况。"全国共有 600 多家半导体生产工厂，其一年生产的集成电路总量，只等于日本一家 2000 人的工厂月产量的十分之一。这种分散而低效率的生产方式应该尽快改变。"对此，他提出两点建议："一是抓要害，解决提高大规模集成电路成品率的问题；二是集中力量，把几百家工厂的人力物力集中使用到两三家重点厂去，使重点厂的设备条件能够赶上国际水平。"

他不仅这样想，还身体力行这样做。半导体所建所时，所内除了设 5 个研究室外，还有一个附属工厂——109 厂（中国科学院微电子研究所前身）。1980 年，刚过完春节，王守武被派到 109 厂兼任厂长职务，开展 4 kB 大规模集成电路的推广工作，从事提高成品率、低成本的集成电路大生产实验。

此前，1958 年，美国仙童半导体公司宣布制成单块集成电路。"文化大革命"结束后，在王守武领导下，1979 年我国完成了 4 kB 和 16 kB 动态随机存储器等大规模集成电路的研制。

集成电路的结构非常复杂，元器件越小，工艺技术控制的精度要求就越高，构成器件的线宽也就越小，因此集成电路的制造面临一系列问题。尤其是大规模集成电路的制造需要数十道工序，每道工序都有它的合格率，这使得大规模集成电路的成品率随集成度的增加呈指数级下降趋势。

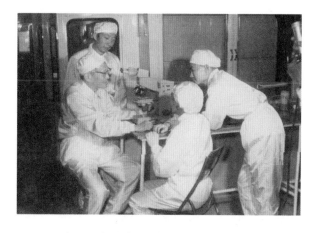

△ 1979 年，王守武（左一）与研究人员在超净线工作

王守武分析国际集成电路产业的发展趋势及我国集成电路产业的现状后认为，我国的集成电路产业，只有把手工作坊的生产方式转变为现代工业化的生产方式才有出路。

王守武一到 109 厂，就修改了厂房扩建工程的设计方案，决意高标准建设大通间、高净化级别、适合大规模集成电路生产的现代化厂房。在进行原有生产线的技术改造时，他不只是听负责人的汇报，还和项目负责人一起亲临现场，实地考察，以选择最佳、最节省的方案。

原来厂房的每层楼道上方和楼下地道里都有一些送风、回风用的管道，在环境净化改造中，如果要把它们加以改造和利用，就必须弄清它们的走向和结构。当时，底下的回风沟只有五六十厘米见方，是砖砌的，人在里面无法转身，只能向前爬进去，再退着爬出来。回风沟里积满了黑灰，还有电缆、破砖头。年过花甲的王守武每次都带头爬进去，等退出来时就成了看不清面目的"黑人"。

在王守武的带领下，109 厂用近两年时间按预定目标完成了老线一台台设备的技术改造、一项项工艺的技术实验，形成了一整套规范化的工艺文件和操作规程，并对每个单项工艺和每位操作人员进行了严格考核，未通过的再试验、再考核，直到通过为止。

△ 1979 年，王守武在调试探针台

在这个基础上，以一个中等规模偏上的电视机用集成电路品种进行前工艺流片试生产，一次就取得了芯片成品率达 50% 以上的可喜成果。

五、"回中关村啊"

2014 年 7 月 30 日，王守武在美国逝世，享年 95 岁。同年 12 月，王守武的儿子王义向遵照王守武的遗愿，作为家人代表，与中国科学院大学教育基金会签约，捐赠 150 万元人民币和 60 万美元，设立王守武奖励基金，专门奖励中国科学院微电子研究所和半导体所优秀的研究生。

2020 年，王守武家人继续捐赠，设立王守武科教发展基金，总金额为 600 万元，主要用于支持中国科学院大学集成电路学院科教融合事业发展。

这些基金中，有王守武夫妇的毕生积蓄 300 万元，还有其子女家庭的投入。王守武的女婿说，岳父王守武生前几乎把毕生的精力都投入到了祖国的半导体事业中，晚年仍时刻关注国内外的进展，特别是人才教育和培养。"这是我们最后唯一可以为国家作贡献的机会，也衷心希望岳父开创的事业能够兴旺发达。"和王守武夫妇一样，在他的女儿、女婿等人看来，与精神的富足相比，物质并非那么重要。"坐公交、坐飞机经济舱，没什么不可以的。"

王守武一生与人为善，淡泊名利。在余金中的印象中，操着一口带点苏州口音普通话的"大王先生"，总是笑眯眯地和气待人。在面对科研成果的归属时，也总是不争不抢，更不会为了建立学术人脉而为自己的学生发展谋求利益。"包括我在内，'大王先生'只招收了 8 位研究生。他的原则就是'少而精''宁缺毋滥'。"余金中说。这些学生后来都在半导体领域从事研究工作，也都事业有成。

王守武有一个幸福、温馨的家庭。夫人葛修怀与他是普渡大学的同学。在 60 多年的婚姻生活中，他们始终志趣相投，在工作上认真努力，对物质非常淡泊。余金中回忆，1992 年，他在美国硅谷工作过一段时间。当时，王守武的女儿、儿子都在美国留学、工作，因此王

△ 2009 年 12 月，葛修怀 90 岁生日时夫妇合影

守武夫妇也恰好在美国停留。当时，他们住的地方离余金中工作的地方还有一段距离。但和余金中通电话时，这两位 70 多岁的老人家主动表示要前来看他。来的时候，导师和师母还特意带了一个多层保温饭盒，里面不仅有米饭，还有肉有菜，是一顿丰盛的午餐。"这辈子我吃过各种美食，也吃过高规格的宴席，但这餐饭让我始终难忘。"余金中说。

退休后，每次去美国探亲，葛修怀留住儿女家的时间都要更长一些，王守武则心挂国内，希望能发挥余热，经常一人返回北京。只要回到北京，他就每天到所里上班，一天去半导体所，一天去微电子所。

随着他年事渐高，王守武的儿女们不放心他独自一人留在北京，劝说他去美国和他们一起生活。王守武答应了。2007 年，王守武 88 岁时，最后一次从中国飞往美国。"当时，海关人员对我岳父说，您是我见过的年龄最大的乘客。"他的女婿回忆。

最后的时光里，王守武身体不太好，经常出入医院。有一次，女婿接他出院，对他说："我们回家吧。"王守武喃喃自语："回哪儿？回中关村啊。"

《中国科学报》（2023-11-16 第 4 版 风范）

陈清泉

（1937 年 1 月 14 日— ）

陈清泉：爱拼才会赢

韩扬眉

2023 年 6 月，第 36 届世界电动汽车大会时隔 3 年在美国加利福尼亚重启，86 岁的大会联席主席陈清泉站在主席台上，向全球业界精英发表最新观点。他声音洪亮，激情恰似少年。

陈清泉被誉为"亚洲电动汽车之父"。汽车曾经改变世界，而陈清泉改变了汽车。30 多年前，他推动成立世界电动汽车协会，其间让某汽车大国放下技术保密顾虑加入的事，传为美谈。

出生于印度尼西亚，成长于中国内地，成名于中国香港。陈清泉一生坎坷，却一生乐观、炽热与纯粹。如今，耄耋之年的他依然经常"一日三地"，辗转全球，链接科技和政商企，为的是尽早看到中国制造的电动汽车跑遍中国大街小巷、跑遍世界各地，推动中国成为世界电动汽车王国。而这一梦想正在实现——2022 年，中国汽车出口量世界第二；2023 年，中国新能源汽车产销量均为世界第一。

一、造一辆不冒烟的汽车

在一间不大的工厂里，汽车发动时冒出滚滚浓烟、噪声轰鸣，

　　陈清泉的父亲和工人在车底修理汽车，被呛得直咳嗽。"呛死了，天天修也修不好。"小陈清泉边喊边帮父亲拿工具，"什么时候汽车能够不冒烟就好了。""你要是有本事，将来就发明一种不冒烟的车。"父亲边说边坐到驾驶室内启动汽车进行测试，一脚油门踩下去，一股浓烟尾气随之而出，汽车、父亲和工人身上、脸上被油烟熏得黢黑，陈清泉也被呛得逃离了修理厂。

　　这个情景，几乎出现在陈清泉儿时的每一天里。

　　陈清泉的父亲是印度尼西亚马吉朗市的华侨企业家，做出租车和公交车生意。因此，陈清泉从小就喜欢汽车，每当买来一辆漂亮的新车后，陈清泉都会非常兴奋，要求试乘，看看有什么新功能。然而，他进入修理车间时，就变得非常"沮丧"。"造一辆不冒烟的汽车"，是儿时与父亲"对赌"般的约定，这成了陈清泉的梦想。

　　梦想仿佛近在咫尺，可现实总是给少年郎致命一击。这梦想扎根在陈清泉心中40年，才有实现的机会。

　　陈清泉是"第三代华侨小子"，出生于1937年。从小父亲就要求陈清泉说中文，因为"你是中国人"。陈清泉的中文是由荷兰人教的，带着浓浓的爪哇口音。

　　抗日战争让陈清泉理解了"讲中文"的深意。作为当地富商，他们首先成为侵略者入室抢劫的对象，年少的陈清泉却无能为力。他所上的华侨学校也停办了。路上遇见日本宪兵时，必须立即停下向他们鞠躬，否则就会挨上一巴掌。

　　回国，让国家变得强大，让中国侨民有强大后盾，这个信念陈清泉一刻没有忘记。从1949年新中国成立，到1950年中国与印度尼西亚建交，陈清泉多次想踏上回国之路，可惜都被阻挠，就连父亲也阻拦过他。父亲不是不想让他回国，当时新中国虽然有新希望，但百废待兴，他担心儿子回国会受苦，因此要求他前往英国剑桥大学深造。

△ 少年陈清泉

当时，有同学先回家悄悄拿了钱，留下一封信，便离家回国。陈清泉一度想要效仿，却始终没有那么做，他不断征求父亲同意。一位爱国老师劝导他：虽然不能立即回国，但留在印度尼西亚也可以做对国家有意义的事情。于是，陈清泉和同学一起组成新中国宣讲团，趁暑假到当时还很偏僻的巴厘岛举办新中国图片展览、放映新中国影片、表演新中国舞蹈、宣讲新中国事迹，取得了很好的效果。

直到 1953 年 6 月，陈清泉才如愿回国。他参加了当年的全国联考。有一天，陈清泉告诉父亲，他收到了北京矿业学院（中国矿业大学前身）机械电子工程系的录取通知书。父亲红了眼眶，为儿子感到高兴。而这段时间印度尼西亚政府颁布了针对华侨的新条例，家里苦心经营的产业遭受打击。

"一个人的命运是跟祖国的命运紧密相连的，没有强大的国家，就没有个人的自尊。"这次父亲不再阻挠，而是笑着说："终于可以回家了。"

二、50 元港币"闯"香港

在北京矿业学院，陈清泉师从后来当选中国工程院院士、曾留学德国的著名矿山机电专家汤德全。汤德全将机电一体化、智能化等技术应用于煤炭工业，是煤炭工业综采机械化、电气化、自动智能化的开拓者。陈清泉在汤德全的指导下，在矿井提升机自动化所需的低频发电机研发领域取得了优异的成绩。

汽车＋工业，为祖国的工业化作出贡献，陈清泉找到了人生新的"锚点"，儿时的梦想与新中国建设有了新的连接。然而，一腔热血的陈清泉再次受到现实的重创。"文化大革命"来了，作为华侨的陈清泉受到了冲击。"人一生中总会遇到这样或那样的困难，只要摆正心态，总会有自己发挥才智的时机。"在当时的情况下，陈清泉做不了自己能干、想干的事，但他始终有个不变的信念——

既然你来到这个世界，就要让这个世界因你而有所不同。

机缘巧合下，1976 年，陈清泉决定移居香港。那时，香港还未回归祖国，受"外汇管理"，陈清泉只身一人携带 50 元港币进港。毫无根基的他，吃穿住行都成问题。香港一碗面一块钱，他不吃早饭，每天吃一碗面或两碗面。晚上，他与其他十几个华侨挤在一间 40 平方米的屋子里。

那时，与他同时期从内地到香港的人通常的谋生手段是在码头扛麻袋，扛一个麻袋给一个筹，晚上下班时拿着筹结算工钱。身体瘦弱的陈清泉以此并不能养活自己。"身上的钱最多 50 天就花完了，接下来该怎么办？生存是第一位的。"陈清泉每天跑到免费的图书馆看报纸、看电视，观察这个社会需要什么、自己的优势能在这里发挥什么作用。"到香港前，我曾在清华大学深造过一段时间，清华大学的校训'自强不息'是帮助我克服困难的精神支撑。"

自 20 世纪 70 年代起，韩国、新加坡和中国的台湾与香港——亚洲四大经济体迅速崛起。"香港经济高速发展的时期，必然需要大量的工程技术人才。"陈清泉清楚自己的优势。他给许多机构、工厂发求职信。最终，亚洲最早的电力公司之一——香港电灯有限公司（以下简称港灯公司）给了他面试机会。

但在第一轮面试时，陈清泉就遭到了"盘问"。当时，在内地受教育获得的学历不被认可。陈清泉有一位故友宁愿拿着国外的高中文凭求职，也不拿内地的本科和研究生文凭求职。就是在这位故友的"作证"下，陈清泉有机会进入到最后的面试，最终被聘为研究工程

△ 1982 年，陈清泉（中）获香港大学博士学位

师。被港灯公司录用后，陈清泉很快回到了中产收入水平，衣食无忧，把妻儿也接到了香港。

但不久，他收到了急需教工的香港理工学院（现香港理工大学）的聘任回复。陈清泉回忆说，那个年代在香港发展，如果没有香港承认的本地学历，发展将举步维艰。经过一番思考，他决定接受香港理工学院的聘任，去那里做讲师，同时寻找读博的机会。得到在香港大学教授梁维新门下读博士生的机会后，陈清泉的人生有了新的转变。他开始安定下来，追寻儿时的梦想。

三、浪潮中的坚守

陈清泉读博时，能源和环境污染问题已成为国际环境领域的热议话题。"不冒烟的汽车"，或许可以转变能源使用方式，实现可持续发展。

在北京矿业学院学习时，陈清泉的毕业设计是矿井下行走的矿井电机车，用电力作为驱动。他查阅资料时惊讶地发现，世界上第一辆机动车就是电动汽车（1834 年），比世界上第一辆内燃机型汽车（1886 年）早了整整半个世纪，只是后来因其续航问题差点"死掉"。

在香港大学，陈清泉开始重新考虑这个问题。他进入电动汽车领域时，正值电动汽车的发展期。

20 世纪 70 年代，一场席卷全球的石油危机使电动汽车快速发展。这场石油危机让油价飞涨，很多普通民众无油可加。在美国，人们在街头排队加油的画面随处可见，政府开始思考新的能源方式，电动汽车再次进入了他们的视野。1976 年，美国颁布了关于电动汽车研究、开发和应用的示范法律，并资助了研发项目。

陈清泉坚信，未来的汽车时代必将是属于电动汽车的。他加紧研究，设计电动汽车的电动机，探索设计电动汽车的电机规律。他在美国电机电子工程师学会年会上公布文章后，收到美国夏威夷大学教授的合作邀请。在美国能源部的支持下，陈清泉在香港组建了国际电动汽车研发中心。

"要有好奇心、有欲望和追求，这样遇到机会的时候才能够抓住。"陈清泉说。

然而，电动汽车还没有全面商业化，陈清泉的事业刚刚起步，石油危机就缓解了，油价开始下降，成本高、续航里程短的电动汽车又"冷"了。研究的人少了、投资的人少了，电动汽车像是热潮退去后留下的一座孤岛。

"科学家的使命是摸清自然界的规律，一定要先知先觉，尤其是低潮来临时一定要有恒心。"陈清泉还在坚持。面对困境，陈清泉总会问自己3个问题：为什么来到这个世界？这个世界有你有什么不一样？你跟人家不一样在什么地方？陈清泉的观念是：我不随大流，并且不怕困难。

自20世纪90年代以来，在能源和环境的双重压力下，电动汽车研发再次活跃起来，陈清泉先从电机方面的研究慢慢转方向，逐渐转到整个驱动系统的研发工作上。

在陈清泉香港大学的办公室里，一幅电动汽车设计图悬挂在墙面一侧，车牌号为"U2001"。"U表示联合，2001表示展望21世纪。"这是1993年陈清泉原创设计的第一款电动汽车。

"U2001"设计完成之后，陈清泉积极将电动汽车理论与实际相结合。先后领导或指导完成了20多辆不同类型电动汽车的设计和研制，其性能达到国际先进水平。此外，他在香港组建了电动汽车研究团队，掀起了一股研究电动汽车的热潮。

1997年，香港回归祖国，陈清泉当选香港地区第一位中国工程院院士。他深感自己肩负更大的使命，电动汽车属于工业，而工业最重要的是实现产业化落地，造福全人类。陈清泉以香港为桥梁，为中国内地与世界先进国家的沟通交流奔走，不遗余力地推动电动汽车产业化发展。

"我这一生最大的愿望，就是在离开这个世界之前，能够看到

△ 陈清泉（中）在香港大学的办公室

电动汽车逐渐代替燃油汽车跑遍祖国的大街小巷。"陈清泉说。现在，这个梦想基本实现了。

四、"科技界的一团火球"

60岁，陈清泉从香港大学退休，这让他突然感到迷茫。

"我开始关注我的生死了，总是想我还能活多久。我感觉这样不行。"陈清泉想继续为祖国作贡献。他开始主动与企业、高校、政府部门交流。从此，陈清泉成了联通科技界、政府部门、企业家的"桥梁"。陈清泉一直认为，科研活动的终极目标是推动社会文化和经济的发展，在科研中必须坚持产、学、研结合的思想。不同国家、政产学界的目标和利益各不相同，但陈清泉穿梭其间，游刃有余。

2023 年 6 月，3 年未召开的世界电动汽车大会在美国召开，作为轮值主席的陈清泉在演讲结束后，被世界各地的科学家"围堵"。"陈老师有非常强大的个人魅力，他的魅力不只体现在学术上。"在陈清泉身边工作了 10 余年的助手岳媛看来，陈清泉为人友善，在政界、学界和企业界都有号召力和影响力。

陈清泉热情、开放。年轻时，陈清泉有次患上了腮腺炎，学校安排他在亚非学生疗养院疗养，里面住着印度、朝鲜、缅甸等国家的学生，陈清泉有会说英语、印度尼西亚语的优势，便主动同各国学生交流，积极向各国学生宣传新中国的建设成就，在中印边界问题上，让印度学生了解并理解中国的立场。在联欢活动上，他表演

△ 陈清泉（左四）出席第 36 届世界电动汽车大会

了流行于东南亚的蜡烛舞。后来很长一段时间，陈清泉一直与疗养院的学生保持联络。

所有熟悉陈清泉的人都知道他有 5 条准则：不当众批评人、记住每一个人的贡献、耐心对待不成熟的想法、24 小时内答复、报告前准备三个层次的报告（1 分钟、10 分钟和 100 分钟）。陈清泉打字速度不快，每封邮件他都是看着键盘，用食指一个字母一个字母地敲出来，回头再检查一遍。

△ 陈清泉（后）在联欢活动上表演蜡烛舞

陈清泉对任何人、任何一次活动都非常尊重。有一次他在外地出差，另外一个会议陈清泉无法参加，便答应视频参会。当天活动结束时已经晚上 8 点了，陈清泉叫来学生江朝强，帮忙找到酒店内一处安静的场地，架设好灯和摄影机，他自己打理好西装、保持好仪态，开始录制视频。"陈老师做事总是尽可能达到最优，再累也要整理好仪表。"江朝强说。

"必须要广交朋友，电动汽车是一个产业链、生态链。"陈清泉说，这也是他得以发挥"桥梁"作用的关键。为了认识更多的朋友，更全面地了解各个国家的风俗习惯和特点，陈清泉掌握了英语、荷兰语、德语等多国语言。如今，86 岁的陈清泉正在自学法语，每周两次请法语老师教学。"有一次深夜我到陈老师家里沟通工作，听到他说话，我以为他在与人交谈就没打扰，差不多半个小时才停下来，我很奇怪这么久的谈话却没听到另外一个人说话，原来是他在非常投入地练习法语。"陈清泉的助理瓮青松说。

陈清泉的很多朋友都去过他家，家中的饺子、糕点、各式菜肴令他们记忆犹新。很多外国朋友多年后仍夸赞，"陈先生家的菜美味又漂亮"。

《亚洲新闻周刊》杂志将陈清泉喻为"科技界的一团火球",走到哪里,他的热情和执着就燃烧到哪里。有很多学者是受陈清泉的一场报告的启发开始从事电动汽车研究的。有学生评价他作报告时,"如同一位将军在鼓舞即将踏上战场的士兵那样铿锵有力、饱含热情,在场的听众无不被深深感染"。

如今,他有三分之一的时间在香港、三分之一的时间在内地,剩下的时间在国外。已经退休的陈清泉仍在飞往世界各地,讲学,作报告,参加会议,考察大学、研究所、工厂。

"科学家没有退休一说。"这是陈清泉常说的一句话。袁隆平先生是他的榜样,"他对科研很执着,在北京领完'共和国勋章',很快就下田了,我向他学习"。

陈清泉相信电动汽车是中国汽车工业赶超国际先进水平的大好机会。退休后,他筹建国际高等研究院,担任哈尔滨工业大学、武汉大学、华南理工大学的教授,在国内外多家汽车企业和组织担任顾问。陈清泉每年都会到他担任荣誉教授或访问教授的学校作讲座,指导学生以及学校的学科建设。

他还是英国剑桥大学、美国麻省理工学院、美国加州大学伯克利分校、德国柏林工业大学、日本东京大学的客座教授。在中外交流并不频繁的时候,陈清泉邀请世界知名大学的校长、国际组织领导人、"诺贝尔奖"得主以及美国、德国、日本著名企业的专家来到中国,召开国际会议,推动中国电气工程和电动汽车研究发展和人才培养。

"桥梁"在于促进彼此的相互了解和信任,"枢纽"在于融通不同界别。

陈清泉有使命感,"作为一名归国华侨,我得以体验不同社会制度的特点,接受和融合中西文化,打开眼界,拓展视野,既发扬祖国文化的好传统,又吸收各国文化的优点、取长补短,这也是我搞科研的有利因素和成功之道"。

五、"你和祖国，正在超车"

"汽车曾经改变世界，而你要改变汽车。中国制造，今天车辙遍布世界，你是先行者，你是领航员。在新能源的赛道上，驰骋了四十多年，如今，你和祖国，正在超车。"这是 2023 年 3 月陈清泉荣获"感动中国 2022 年度人物"时的颁奖词。

"汽车革命"进入下半场，陈清泉已实现了儿时造一辆"不冒烟的汽车"的梦想，现在，他希望给电动汽车安上"智慧大脑"。在陈清泉看来，未来，汽车不再是单一的汽车产品，而是由传统代步工具转变为智能移动出行空间，实现交通网、能源网、信息网和人文网的融合。这就是他一直倡导的电动汽车未来发展的方向——"四网四流"，即通过能源网、信息网、交通网、人文网，融合能源流、信息流、物质流、价值流，将人的主观能动性和能源革命、

△ 陈清泉出席 2023 中国 5G+ 工业互联网大会

信息革命、交通革命联动起来，产生更大的经济效益和环保效益。其核心是人和自然的和谐共生，为人类命运共同体、全球可持续发展、为子孙后代谋幸福作贡献。

"四网四流"框架，是陈清泉几年前访问德国波茨坦高等可持续能源研究院，在附近的湖边散步时想到的。他特别提到了"人文网"和"价值流"。在他看来，我们应该进一步拥有颠覆性思维，将物理世界、信息世界和人文世界深度融合，有效地将数据转化为信息、知识和智能，解决复杂问题。基于"四网四流"，陈清泉推动在全球建立国际院士科创中心，以多国院士连接架设更大的"桥梁"，从科学创新到研发技术、从研发技术到产业发展，走突破阻力和壁垒的实践之路。自 2017 年起，土耳其、韩国、德国、以色列、加拿大等地相继成立了多个国际科创中心。

在陈清泉看来，科学是发现、是知识、是真理，科学家的使命是找出自然界规律，造福人类。科学要解答的问题是"为何"，工程则将科学、技术、管理集成，解决实际问题，使世界更美好。因此，工程要解答的问题是"如何"。

"人类文明历史和经济发展的发动机有三个要素：科学发现、科技革命、产业革命。科学家的发现要进行产业化才能造福人类，因此要有很好的生态链，将科学变成技术，再变成产品和商品。"交谈中，陈清泉始终处于"亢奋"状态，尤其在谈及科学发展和电动汽车的未来时。

"我总结了三个空前未有——国家对科技的迫切需求空前未有，国家对我们科学家的爱护和期望空前未有，作为科学家为国家、为世界贡献的机遇空前未有。"陈清泉说。

2017 年 6 月，包括陈清泉在内的 24 位在港中国科学院院士、中国工程院院士给中共中央总书记、国家主席、中央军委主席习近平写信，表达报效祖国的迫切愿望和发展创新科技的巨大热情。习近平总书记对此高度重视，作出重要指示并迅速部署相关工作，强调促进香港同内地加强科技合作，支持香港成为国际创新科技中心，支持香港科技界为建设科技强国、为实现中华民族伟大复兴贡献力量。[①]

"我感到，香港迎来了科学的春天。"陈清泉很激动。

"直到今天，他仍每天工作到晚上 12 点。"陈清泉的夫人俞汝维说，她过去担心过，但说不动丈夫。儿子告诉她："工作就是父亲的娱乐，事业是父亲的追求，工作是他的兴趣爱好，他只有工作才能更长寿。"

在陈清泉香港大学的办公室里，悬挂着两幅书法作品——"吾志所向，一往无前，百折不挠，愈挫愈奋""人的一生，全靠奋斗，唯有奋斗，才能成功"。这俨然是他的人生写照。

《中国科学报》（2023-11-23 第 4 版 风范）

---

① 新华社. 香港科学家陈清泉：中国电动汽车"领航员". http://www.xinhuanet. com/2023-05/14/c_1129613095.htm.

任继周

（1924 年 11 月 7 日—　）

任继周：100 岁的他，"卷"出了草业的"黄埔军校"

田瑞颖　徐可莹

　　清晨 5 点 15 分，来北京出差的林慧龙被急促的电话铃声吵醒，看到是 99 岁的老师任继周来电，他的心中生出一股不踏实感。"今天的会都有谁参加？你把名字报给我。"听到老师的声音，林慧龙悬着的心放了下来。

　　让任继周一大早就牵挂不已的，是他主编的《草业大辞典》的第二版修订编务会，这是林慧龙等几十位草业学者 2023 年 6 月相聚北京的目的。无法到现场的任继周还是想跟大家聊一聊。3 个小时后，敲完上千字的书面致辞稿，任继周如往常一般，开始了一天的工作。2022 年生病过后，他的听力受损严重，却唯独对从房间各处传来的钟表嘀嗒声特别敏感。

　　2024 年 11 月 7 日，这位我国草业科学领域的首位中国工程院院士，将正式步入百岁。他的百年人生，一半谓"卷"，另一半则名为"无我"——

　　身为中国现代草业科学奠基人、开拓者的他，"卷"出了中国草业科学的四梁八柱，"卷"出了中国第一个高山草原定位试验站和我国高等院校的第一个草原系，"卷"出了中国草业科学的"黄埔军校"……

但他的一生又全然"无我",看淡名利生死、活得舒展通透:他将七十余载的年华献给西北,于茫茫戈壁筑起现代草业科学的躯干与血肉;他一件尼龙外套穿了数十年,却累计捐款600多万元设立奖学金;他经历了苦难和动荡,却一股脑儿当垃圾清除;他步入期颐之年,却不惧生死、渴望"路倒"。

一、"卷"

7月的北京蝉鸣躁动、绿意盎然。离上地西里公交站不远的一个小区,就是任继周现在生活的地方。若逢访客到来,他腿脚利索时,总会提前下楼迎接。比起半年前,他的身体和精神都明显好了许多,手心更温暖,走路也轻巧了些。他端坐在沙发上,身体前倾,一手搭在拐杖上,白色亚麻短袖配上浅咖色的长裤,深棕色的皮鞋擦得锃亮。

可就在2022年底,一向硬朗的任继周因病走了两趟"鬼门关"。自那以后,他的听力急剧下降,走路也只能靠拄拐挪动。每隔一会儿,保姆就提醒他该吃药了。2023年初,身体刚有所恢复的任继周又开启了每天5个小时的工作模式。他总担心"来不及"。

写不动长篇论文,他干脆开设了微信公众号"草人说话"。他不怕听到生死二字,为社会贡献一生的他,最怕与社会脱节。最近,他还在思考如何把5G和ChatGPT应用于草业领域。

任继周工作时,最离不开的是一副带链子的眼镜、两台电脑,还有一个随身携带的尿袋。他在93岁时检查出膀胱尿潴留,装上了瘘管。学生胡自治怀疑,老师是在翻译教材的那几年落下了病根。

1956年,苏联的草原学教材更新。为了尽快让学生用上新教材,刚把甘肃农业大学天祝高山草原生态系统试验站建起来的任继周决定联合胡自治等一起翻译教材。每天天未亮,任继周就在草原上开始工作,结束后立即赶回办公室翻译教材。所谓办公室,不过是两顶帐篷。高山上寒风凛冽,做实验的蒸馏水瓶在晚上常常被冻裂。

为了少上厕所，任继周很少喝水，一坐就是 4 个小时。遗憾的是，写了几年的珍贵手稿还没来得及出版问世，便因特殊时期无人看管，被老鼠吃掉了一大半。

"任先生倒没有难过，他只是劝我，以后千万不要憋尿。"作为任继周的第一批研究生之一，88 岁的甘肃农业大学教授胡自治谈起过往，历历在目。

那些年，30 岁出头的任继周还是西北畜牧兽医学院的一名讲师。为了兼顾草原站的试验和教学工作，他每周至少两趟往返于甘肃的武威和兰州。几年下来，连火车站售票员都熟知这位常披着雨衣、戴着帽子、提着包、湿漉漉的年轻人，甚至还为忘记带钱的他垫付过车票。

80 岁时，任继周仍习惯于小步快跑。他曾经的学术秘书、兰州大学教授林慧龙回忆说，即使出差时候机，任继周也会忙着在电脑上写文章，哪怕是起飞前的 15 分钟，他都要读报纸、读杂志。

近 20 年，任继周一心扑在中国农业伦理学的建立上。他认为，这是从根本上解决"三农"问题的核心。为此，他 90 岁时在兰州大学开设了全国第一门农业伦理学选修课，每节课一站就是一个小时。93 岁后，他每两年给自己订一次计划，先后完成了《中国农业系统发展史》《中国农业伦理学导论》《中国农业伦理学概论》《中国农业伦理学》等著作。

2023 年 5 月，对草业一线工作放心不下的任继周，又派团队成员、兰州大学高级工程师胥刚前往云南的院士工作站开展工作。"我这大半辈子一半在西北，一半在西南，现在西南的工作还是短板。"任继周说。

在任继周的家中，钟表随处可见，书桌、餐桌、隔断、柜子、各个房间的墙上……加上手上的腕表，都在提醒他珍惜这"借来的三竿又三竿"。任继周说，他长寿的秘诀就是"学术养生"——"大脑指挥着身体，脑子好使，身体各部分才运作得好"。

二、"亏欠"

"顺天时、量地利、行有度、法自然"，任继周"四维结构"的农业伦理学蕴含着丰富的哲学思想，"我喜欢思考，是受我二哥的启发"。任继周的二哥任继愈是我国著名哲学家，其学术成就被毛泽东称为"凤毛麟角"。任继周的成长、学术思想的发展，都与任继愈有重要关系。

1924年，任继周出生于山东平原。1937年，家乡沦陷为日占区，他随家人"流浪"在长江一带。1938年，在重庆江津一所中学读初三时，他不幸患上了致死率极高的细菌性痢疾。当时我国还没有专治此病的特效药，他只得卧床静养，发病时只能喝米汤、吃稀饭，再加1包木炭粉。

患病期间，他读完了学校阅览室里所有的书籍，从代数、英语到希腊神话和流行小说，连《圣经》和"四书五经"也不放过。当时的任继愈是北京大学第一届哲学硕士生，毕业后去看望弟弟时，看到弟弟的作业和连续多年的日记时大为感动，便写信给父亲，说任继周是"可造之才"。在国立西南联合大学工作后，任继愈下定决心要把弟弟送到重庆南开中学读书。

重庆南开中学是西南地区最好的私立学校，一年的学费就要花掉任继愈10个月的工资。为了节省学费，任继周立志要提前一年考上大学，"争分夺秒"也在那时刻进了骨子里。

1944年，任继周果然提前一年考入当时的最高学府——国立中央大学农学院（现南京农业大学）。新生入学面试时，农学院院长冯泽芳问任继周："你入学分数很好，为什么第一志愿却选了'畜牧兽医'？""为了改善国人的营养结构。"任继周有些腼腆地说。这个回答，让冯泽芳含笑赞许道："你口气不小！"

的确，任继周的选择与差点儿病死的经历有关。

△ 大学时期的任继周

　　任继周的父亲是毕业于保定军校的军官。任继周年少时的记忆里，满是民族之殇，尤其是随父亲在长江沿线不断转移生活的那些年。他忘不了在校园养病的伤残战士，离去后留下满地血渍；他忘不了站在长江边上，仿佛看见鲜血顺流而下……"我的心里难过极了，这些悲惨的记忆，无法忘记。"每当提及这些，这位老人都眼含热泪。

　　"我的命，是那么多老百姓保卫得来的。"这种"亏欠"感，几乎伴随了任继周的一生。

　　大学时期，任继周师从我国草原学科奠基人王栋。毕业后，在王栋的引荐下，任继周前往刚在兰州成立不久的国立兽医学院（甘肃农业大学前身）工作。在这里，他在学院的创办者、我国现代兽医学奠基人之一盛彤笙的引领下走进了广阔的草原。

　　盛彤笙是我国首位留德医学博士，为了"改变国民食物结构之梦"，转而学习兽医。盛彤笙创立了国立兽医学院，但他很快便意识到，光研究畜牧还不够，还要研究草原。

　　任继周至今记得，从西安前往兰州 600 多公里的路途，他们一家人颠簸了 21 天。一辆美式旧卡车载着他们，那蜿蜒崎岖的路，一路的黄土和时不时的"抛锚"，都预示着未来的不易。这一来，一家人就扎根西北 70 余年。甘肃有全世界 70% 的草地类型，还有

△ 20 世纪 50 年代，任继周（右四）带领学生在草原实习

△ 2003 年 8 月，任继周考察内蒙古羊草草原

帮他在这儿安家并待他如家人的盛彤笙。

20 世纪 80 年代，一家美国公司想要挖角把中国草业从无到有发展起来的任继周，开出比当时工资高几十倍的薪资。任继周果断回绝了："我是在这土地上长的，离开了土地，没有前途，必须在中国，而且就在兰州。"

近些年，任继周被儿子接到北京居住，但他的户口仍在兰州，"户口从兰州迁出来，就意味着动摇人心。"他说。

三、"我做我的事，走到前头就好了！"

任继周书柜里的书满满当当，其中鲁迅的《狂人日记》是他的最爱。为了改变中国的"贫瘠"，他们都竭尽一生。

在传统观念中，草地不如耕地，甚至相互冲突。为了给草"正名"，初到西北的任继周几乎走遍了甘肃、青海一带的草原，翻毛皮靴都踏破了好几双。任继周并不觉得苦，他胸前挂着盛彤笙不舍得用但慷慨借给他的德国相机，意气风发。连夜晚被野狼围住帐篷他都没怕过，反倒大笔一挥，写下"薄帐一顶雪地居，饥寒无惧伴熊狼"。

1954 年，任继周出版了我国第一部草原调查专著《皇城滩、大马营草原调查报告》。后来，他在天祝县试行全面的划区轮牧获得巨大成功，并得到时任国家领导人的表彰。同期，他还研制出我国第一代草原划破机——燕尾犁。

20 世纪 70 年代，任继周在国内提出大力发展草地农业，但在"以粮为纲"主导思想的长期影响下，反对声四起："饭都吃不饱了，还给你种草？"起初，他据理力争。后来，他沉默了，转而用实际效果带动转变："我做我的事，走到前头就好了！"

1981 年，任继周正式创立甘肃草原生态研究所。最初，研究所租赁了一座体育馆椭圆形看台的 1/4，实验室、杂志编辑室、办公室都挤在这里。自此，他带着队伍一头扎进草地进行农业试验，还不忘叮嘱跟过来的队伍把甘肃农业大学的工作也做好。胡自治当时就是"两头跑"，他说："任先生对甘肃农业大学的感情很深。"

试验地的成功，逐渐让草业的价值得到认可。在西北，他在甘肃庆阳草地农业生态系统国家野外科学观测研究站使用 18% 的耕地面积建立草田轮作的人工草地，使谷物单产提高 60%，总产提高 40%，畜牧业产值翻了一番。在西南，贵州威宁和晴隆的试验站也取得了成功，比如威宁灼圃试验站，1 年产草量就增加了 11.5 倍，农民人均收入增加了 8 倍。

1984 年和 1985 年，国家相继颁布了《中华人民共和国森林法》和《中华人民共和国草原法》，大力提倡种草种树，草业"科学的春天"随之来临。

1984 年，钱学森从工程系统论角度提出了"草产业"，但他担心自己只是"冒叫一声"，便写信请教任继周。次年在一场草业问题研讨会上，两位"笔友"一见如故。钱学森谈到"草产业"时说："他（任继周）这样一位科学家的鼓励，才使我增强了信心。"

借着这股势头，任继周迅速搭建起了草业科学的框架，从"草原"到"草业"，一字之差打破了农牧边界。他说"钱学森是中国草业科学的创始人"，而钱学森也称任继周是"真正有学问的人"。

20 世纪 80 年代，任继周意识到，蓬勃发展的中国体育需要具备国际水准的草坪。草坪是草业的前植物生产层，为此，他很快组建了我国最早的草坪研发团队，还从国际竞争中突围，为 1990 年第十一届亚运会打造了中国自己的草

△ 1978 年，任继周在法国巴黎参加联合国国际生物圈大会并发言

坪主场地。

1995 年，任继周当选为中国工程院院士，甘肃草原生态研究所的发展也蒸蒸日上，不少一线城市的重点高校随之投来橄榄枝。任继周知道研究所并入高校会发展得更好，但他坚决不同意离开甘肃："我在甘肃几十年，甘肃待我不薄，对我有很多帮助。"2002年，甘肃草原生态研究所最终并入兰州大学。自此，甘肃省再添一支草业强军，从甘肃农业大学到兰州大学，大西北点燃的星星之火，逐渐在全中国"燎原"。

当选了院士，任继周的事务随之变得多起来。任继愈特地写了一副对联赠予他："涵养动中静，虚怀有若无。""我二哥告诉我，干任何事情都要静下心来好好做，不要东张西望。不要考虑人家做什么火、生活好、地位高、赚钱多，专心干我自己的事。"任继周指着挂在书房的对联说。

四、草业的"黄埔军校"

很多人说，任继周建立了中国草业科学的"黄埔军校"。

从甘肃草原生态研究所走出的人才后辈遍布于全国各地的高校院所、政府部门、草业产业，只要听到"集结号"，哪怕很多工作属于"义务劳动"，对评职称、晋升并无实际用处，大家也会拧成一股绳往前冲。

就像 6 年前，任继周决定编写农业伦理学专著时，只是给几位学生拨去了电话，大家便积极响应。"任先生的思想超前，我们知道这条路是对的，也愿意配合他完成他的愿望。"北京林业大学草业与草原学院院长董世魁说。

后辈们愿意聚集在任继周身边，不仅因为他是我国草业科学的一面旗帜，更因为自己的人生曾被他"照亮"。

胡自治研究生毕业时，恰逢 20 世纪 60 年代的大饥荒。他说："哪里能吃饱，任先生就把我们往哪里送。"十年浩劫期间，任继周一手创办的草学专业差点被撤掉，是胡自治等学生顶住压力，将其保留下来的。

直到现在，任继周还总惦记着晚辈们的"肚子"。有次林慧龙带着一行人汇报完工作刚要走时，就被叫住了。任继周拿出一张银行卡说："这是你们几个人的稿费，你和他们几个分了吧。""他是怕我带的几位老师没有吃饭，怕大家饿肚子，但他说话总会给对方留台阶。"谈及往事，林慧龙鼻子一酸。

兰州大学青年教师赵安一直在协助任继周开展农业伦理学工作。在北京读博士时，赵安的生活有些困难，有时会做兼职。任继周知道后，总以各种理由给予赵安经济上的帮助，并勉励他要立大志、好好读书，"不要出去折腾"。"任先生对我们青年人的成长非常关心，有信必回、有问必答。"赵安说，哪怕是上万字的文章，他都会逐字逐句地看，从早看到晚。

任继周在学术上的严谨，对林慧龙产生了重要影响。2004 年，林慧龙随 80 岁的任继周去贵州考察后，写了一份报告发给他。次日清晨 4 点，任继周不仅回了邮件，连文章中的标点符号都一一改过。从那以后，林慧龙发每一封邮件前都会反复斟酌："任先生是所有人的坐标系。尽管我们偶尔摇摆、沉浮，但永远知道，正确的方向就在那里。"

除了亲自带出来的队伍，围绕在任继周身边"义务劳动"的，还有受其帮助的学者，以及慕名而来的年轻人。2015 年，中国农业科学院研究员辛晓平找到任继周，请他为自己即将出版的专著作序。90 多岁的任继周没有使用她准备的初稿，而是亲自敲了 1000 多字，还在序言结尾写道："展翅雏鹰多珍重，青青诸子胜于蓝。"

任继周知道，所有的热爱都是未来的希望。

通辽市林业和草原科学研究所青年学者韩永增在兰州大学读本科时，在一次实习中随任继周调研草原。韩永增的记忆中出现的是一座高山、一段陡峭的悬崖，一位 80 多岁的老人，佝偻着背却又精神抖擞地走在高处："他总是走在第一个"。

因为韩永增的妻子是任继周的研究生，韩永增申请参与了《草业大辞典》第一版的修订工作。13年后修订第二版时，任继周主动找到了这位年轻人。"任先生一直记得有这么个'小孩'在干活。"韩永增说，这让他备受鼓舞。

五、"无我"

为草业奉献一生的任继周，不仅从未想过改行，还将毕生积蓄也捐献给了中国的草业。

妻子李慧敏在世时，家中一切均由她打理，任继周甚至不知道家中有多少钱。2019年妻子去世后，他把妻子攒的养老钱全捐了，先后在6家单位设立了草业科学奖学金，累计捐款超过600万元。"我早已'非我'，所有的东西都是社会的。"任继周说。

他看淡名利，也看得透生死。但在目送一个个至亲"离场"时，他也只是一位白发苍苍的普通老人。

2009年7月，任继愈生病住院，80多岁的任继周每天坚持往医院跑。病榻前，满头银丝的兄弟俩手拉着手，回忆着儿时在院子里疯玩、追着别的孩子"打仗"……楼道里时常传来欢笑声。临终之时，任继愈放弃抢救："不要强求，太痛苦了。"

任继愈去世后，任继周每年都会去陵园献花祭奠，有时候还会从公墓卖花处买上一束菊花带回家，插在花瓶里。同行的学生担心"不吉利"，任继周却不在乎。

10年后，李慧敏也因病去世。很多人说，她是任继周的"开心果"。她爱跟晚辈开玩笑，也爱让他们带自己"偷吃"好吃的——尤其是红烧肉，因为任继周对她吃什么一直看得很紧。得知"李奶奶"去世，林慧龙连夜从兰州赶到北京。凌晨1点的院子格外安静，没有灵堂，没有送别的人群，似乎连悲伤都藏了起来。任继周的儿子任海告诉林慧龙，父亲不让"办事儿"，让大家明早再来。次日一早，一行人赶到家中后发现，没有遗像，没有上香处，甚至找不到一处可以祭拜的地方。几位难掩悲痛的年轻学生直接冲进屋里，在师母的床前跪下，重重地磕头。任继周没有落泪，反倒安慰大家："人都有这一步，都会走的。"那段时间，来拜访的学生们小心翼翼。反倒是任继周，一见面就谈自己最近又把农业伦理学推到了哪一步。但他每天要把床头上妻子的骨灰盒擦得干干净净。

△ 任继周与妻子李慧敏

他的很多学生也步入了高龄，任继周每个月都跟他们通电话。若是学生打来，任继周总会挂断后再拨过去，以节省学生的电话费。一聊一个小时是常有的，他们谈学术如何发展，也聊谁"走了"，任继周总会惦记着给逝者的家属寄点钱。

当被问及希望给老师捎句什么话时，作为任继周目前年龄最大的学生，年近 90 岁的甘肃农业大学教授陈宝书放下手中的杯子，笑着说："希望任先生再来一次兰州，他来我一定陪着！"任继周听到记者捎来的话，大笑着点头说："好好好。"但听到大家准备为他庆祝百岁生日时，他却摆摆手说："我就是个普通老人。"

2023 年 10 月底，在兰州大学举办的"任继周草地农业学术思想研讨会"上，偌大的会议厅坐满来自全国各地的草业学科带头人、承载学科希望的年轻人，此外，直播间里还有近 3 万人。他们用学术之声，代替了那句"生日快乐"。任继周并没有到现场，但似乎他就坐在场地中央。

期颐之年，任继周又订了新的"两年计划"："我这年龄只计划两年比较稳妥。我想回顾一下优缺点，看看哪些工作做得还不够。生态文明的转变是一个大关，我这辈子解决不了了，要交给后面的人了……"

《中国科学报》（2023-11-30 第 4 版 风范）

郭光灿

（1942 年 12 月 9 日—　）

郭光灿：量子科研"化缘" 18 年，"板凳"焐热后把机会留给年轻人

赵广立

"统统都是假的！完全是商业炒作！大家不要上当！"为打假所谓的"量子产品"，郭光灿已经记不清有多少次在科普演讲中这样澄清了。

近些年，量子科技太"火"了。最火那阵儿，市场上冒出各种奇怪的东西——量子水、量子鞋垫、量子眼镜、量子速读、量子医学……仿佛"一切皆可量子"。如此啼笑皆非的现象，总让这位 81 岁的中国科学院院士恍若隔世——中国量子科学曾经有多"冷"，他是有切身感受的。

20 世纪 80 年代到 2000 年的这 20 年，是中国量子科学发展的"冰期"。那时，郭光灿先后投身量子光学和量子信息研究，是学术圈里妥妥的"少数派"。懂量子的人实在太少了，郭光灿申请研究经费经常碰壁；而每个铩羽而归的夜晚，他连个倾诉和商量的人都没有。

但郭光灿觉得量子研究太重要了，也坚信"国家早晚会大力发展"。因此，尽管一连 18 年苦坐"冷板凳"，他也从没打过退堂鼓。

一、罗切斯特的约定

迄今，郭光灿的人生刚好可以分成两段，41岁前和41岁后——命运的齿轮，在他41岁那年开始转动。

1983年，郭光灿41岁。这一年，他参加了在美国罗切斯特大学召开的第五届国际量子光学会议。一切都像是命运女神的安排。原本做激光器件研究的他，在1981年出国留学加拿大之前，和量子光学结了缘。他摸索出一条理论研究的新路——因为"没钱搞实验"，他想到用量子力学去研究光学。但彼时国内由于经典和半经典激光的理论研究已经相对完备，他转做量子光学，听到的几乎都是反对声和质疑声。

尽管如此，他对量子光学的好奇心反而更强了："其中的奥妙，我就是想要弄清楚！"

在加拿大多伦多大学留学期间，郭光灿才发现，在国内不被认可的量子光学研究已经落后国外20年了。

第五届国际量子光学会议只有8名中国人参加。除郭光灿之外，还有当时正在罗切斯特大学攻读博士学位的邓质方、在美国得克萨斯大学进修的彭堃墀和谢常德夫妇，以及在得克萨斯大学奥斯汀分校物理系读博的吴令安等。

同在异乡为异客。联想到国内量子光学研究的落后，大家分外感慨。当晚，邓质方邀请他们到家中叙谈。赶上妻子不在家，家里冰箱里有什么，

△ 1983年6月在罗切斯特大学参加国际量子光学会议的中国人合影（左一为郭光灿、左二为邓质方、右三为彭堃墀、右四为吴令安）

邓质方就招待什么。大家切西瓜做果盘、拿冰激凌当甜点，边吃边聊，直到凌晨两点。畅聊的主题只有一个：国内量子光学研究无人问津，跟国外热闹景象反差太大。8个年轻人意气风发，决心回国之后共同推进中国量子光学学科的发展，并约定谁先回国谁就先组织队伍。两个月后，郭光灿成为8人中第一个回国的人。

二、"寄生"召开的第一次全国量子光学学术会议

回到中国科学技术大学（以下简称中国科大），郭光灿感到使命在肩。第二年，他就想通过举办学术会议的方式扩大影响。但是，要举办学术会议，首先要有组织会议的资质，还要有钱、有人。

他一个副教授，只有一腔热情。

郭光灿在激光学术圈里还是有人脉的。他听说，中国光学学会激光专业委员会要在安徽滁州开会——机会来了！他找到激光专业委员会主任邓锡铭说："我们想开一个量子光学会议，但没资质，能不能'寄生'在你们的会议中间，开一个'小会'？"邓锡铭勉

△ 首届全国量子光学讨论会参会人员合影

强同意："会可以开，但我没有多余的经费给你。"

郭光灿又找到时任中国科大教务长尹鸿钧。这次运气不错，物理专业出身的尹鸿钧十分支持他，特批 2000 元会议费。会议总算可以开了，但邀请谁参会呢？当时国内几乎没人研究量子光学。

郭光灿干脆广发"英雄帖"：只要感兴趣，都可以来！这还真吸引了一批人，也有一些参加激光会议的人抱着好奇心留了下来。那天，他特意数了数，参会人数居然超过半百——尽管大多是来瞧新鲜的。"总算有人知道量子光学了。"郭光灿挺满意。

这个会议自 1984 年起被延续下来。也是从那年开始，郭光灿开始在研究生课程中开设"量子光学"，并自己动手编撰教材。所谓教材，不过是几十页油印的讲义。有了教材，郭光灿便开始抓住一切时机讲课、作报告，让"量子光学好不容易燃起的火苗不致熄灭"。慢慢地，对量子光学感兴趣的人越来越多。这份简陋的讲义在 1990 年 6 月由高等教育出版社以《量子光学》为书名出版，成为国内量子光学的"扫盲课本"。2022 年，科学出版社再版《量子光学》。历经 38 年教学实践，简陋的几页油印的讲义最终"进化"成了一本高质量教科书。

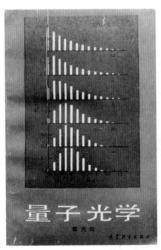

△ 1990 年 6 月，高等教育出版社出版《量子光学》

△ 2022 年，科学出版社再版《量子光学》

在此期间，"罗切斯特约定"的其他人也陆续回国。彭堃墀、谢常德夫妇回国后得到山西省的重视，在山西大学建立了国内第一个量子光学实验平台，后来又建立了国内第一个量子光学重点实验室。吴令安回国后加入中国科学院物理研究所，从事压缩态和量子密码的实验研究。

三、"绝不能让历史重演"

1988 年、1989 年，郭光灿接连获得教授职称、成为博士生导师。如果郭光灿安于在学校教书、上课，做点理论研究，"教授"头衔足够他这个在渔村长大、不善交际的人安稳过完一生。但人生没有如果，他的性格、眼光和视野，决定了他"无福消受"这种人生。

20 世纪 90 年代初，作为一门已相对完善的基础学科，量子光学的理论研究已经不能满足郭光灿了。他不断想：量子光学下一步该往哪儿走？一次阅读文献，"量子信息"一词让他眼前一亮。

这是一个国际学术界刚提出不久的研究领域，研究者并不多，是彻头彻尾的冷门领域。但郭光灿的直觉告诉他：这是一个非常有竞争力的领域，恐怕会对国家未来发展产生深远影响，值得"大搞"。

量子密码、量子测量、量子通信乃至量子计算机，都是量子信息的范畴。他想，如果其他国家搞成了，中国没跟上，后果将会是灾难性的。想到量子光学的落后，郭光灿下定决心转攻量子信息学：绝不能让历史重演！

可他和团队连"经典信息"是什么都不清楚，谈何"量子信息"？从头开始啃！他请来中国科大信息学院教授朱世康——比他低一年级、来自无线电电子学系的师弟，给团队开"信息论补习班"，从"0101"开始讲解编码等信息理论。

郭光灿不仅上课仔细听讲、认真做笔记，下课后还追着朱世康问东问西。实在没法儿一下子全搞懂，他就让朱世康给团队留下一本教材，团队每人研读一章，然后再集中讨论。这本教材整个团队"啃"了 3 个多月。功夫不负有心人，结合"量子"和"信息"，他们很快找到题目——量子编码。

四、"没钱？那就去找"

郭光灿把这个题目布置给了段路明——这是他在给本科学生讲

授光学课上发掘的苗子，收在自己课题组读研。段路明在2023年当选为中国科学院院士。

一开始，量子编码感觉已经被前人做"到头儿"了，段路明有点士气不振。但郭光灿不这样看："这个领域才刚刚开始，遍地是黄金，仔细找，肯定能找到。"当时所做的编码，其量子比特是独立的消相干。"我们来一个集体消相干会怎样？"

还真做出了名堂。"集体消相干"更省事：郭光灿及其团队把不会消相干的特殊量子态称为"无消相干子空间"，只在需要的时候再把会消相干的量子编码到这个态上，以避免出错，称之为"量子避错编码"。"量子避错编码"成为世界上3种不同编码原理之一。

1997年，郭光灿和段路明把这一成果发表在《物理评论快报》（*Physical Review Letters*）上，这是中国科学家最早在量子信息领域的显著成果。论文发表后让一些"老外"很惊诧：中国居然也能有这样的进展。

一次，郭光灿在组会上分享最近的前沿动态时，介绍了量子克隆。一个量子信息不能克隆出两个一模一样的量子信息，叫作量子不可克隆。克隆不成功也可以，一个克隆成两个，跟原来的相似程度叫保真度。保真度小于1，就不一样；保真度等于1，就完全一样。"我们就提出一个新的克隆原理。克隆机成功克隆一个信息，留下来；不成功的丢掉，成功的最大效率是多少？"

段路明和郭光灿算出来了这个极限，并命名为"段-郭界限"。这个界限不可逾越，否则违背量子力学，被称为"段-郭界限不可逾越"。这是他们发表在《物理评论快报》的第二篇高水平文章。"量子概率克隆"的一位审稿人惊讶于郭光灿研究组如此高的突破性，感慨道："我们怎么就没想到？"

就这样，郭光灿在领域内开始小有名气。在美国马里兰大学巴尔的摩分校担任物理系终身教授的中国学者史砚华，在一次量子信息的学术会议上几次被国际同行追着问："你认不认得G. C. Guo？"史砚华后来见到郭光灿时跟他说："这真让人骄傲。"郭光灿倒很淡然："中国人是能够超过他们的。"

尽管郭光灿研究组在国际量子信息领域逐渐崭露头角，但毕竟圈子太小、影响力有限，在国内也很难引发关注和重视。他想赶紧做出一些"动静大一些"的成果来，好让人们"尽快见识量子信息的厉害"。

这期间，郭光灿研究组还只是在理论层面"查漏补缺"，要做出更重要、更领先的成果，还得捡起实验研究这个法宝。做实验要仪器、设备、耗材，说白了必须得有钱。当年郭光灿就是苦于缺钱才转做理论研究的，现在的他依旧是个"穷光蛋"。但是，这一次他知道，不能继续躺在理论研究的舒适区。

"没钱？那就去找。"

五、"一个人在无尽的祈愿里承受风雨"

话虽豪气，但转攻实验研究需要的经费，跟他做量子理论研究时四处"化缘"拿到的，完全不是一个量级。那时候，课题组能申请到的经费非常有限，无外乎国家自然科学基金的几万元，一个项目结题后还要隔一年才能再申请。

而郭光灿"找钱"还面临一个现实难题。量子相关研究过于超前，国内对"量子信息"的争议很大，很多人对诸如"薛定谔的猫"、量子的"叠加态""纠缠态"等概念不理解，觉得"不靠谱"，甚至认为是"伪科学"。面对质疑，郭光灿嘴上忙着解释，心里也跟着着急：这个领域方兴未艾，眼见国外相关研究越来越红火，国内这样下去可不行。

当 1997 年面向国家重大战略需求的基础研究重大项目计划——"973"计划被提出时，郭光灿立刻感觉机会又来了。入选的项目不仅能拿到"大手笔"的资助，更代表着是国家支持的方向。

"'973'计划就是为量子信息这样前沿、重要的研究而设的！"说干就干，郭光灿立即填表申报。他像小学生做作业一样认真准备，一笔一画地绘制着心中中国量子信息学大厦的草图。那些日子，他按捺不住内心的憧憬，整个人都乐呵呵的。

然而，连续3年，他乘兴而来、铩羽而归——

第一年，申报表提交之后石沉大海；第二年、第三年，他获得了第一轮答辩的机会。但关于答辩的场景，他的记忆已经模糊，只记得他一个人背着厚厚的电脑去汇报，到处碰壁。郭光灿苦笑着回忆说："我在台上讲半天，人家还是投来怀疑的眼光。"

但郭光灿不肯放弃任何可能的机会。他清楚地记得，1998年的大年二十九，他应中国科学院院士郑厚植之约，从合肥赶赴北京开研讨会。从事半导体低维量子结构物理研究的郑厚植听说他也在申报量子方面的"973"项目，想看看他们几队人马能不能"合兵一处"，提高申报成功率。

待到开完会要返回时，郭光灿才发现已经买不到回家的车票了。更惨的是，招待所的服务员都回家过年了，饭都没得吃。那应该是他在为量子信息"化缘"经历中最狼狈的一次：春节期间的北京城，家家户户张灯结彩、鞭炮阵阵，但郭光灿听得最清楚的是肚子饿的"咕咕"声。

郭光灿是一个过惯了苦日子的人。3岁时父亲被日本人抓去做壮丁客死他乡，不向生活低头的母亲，把他和两个哥哥拉扯大，坚持送他们去上学。邻居挖苦她："饭都吃不饱，还让孩子读那么多书，是想当大官吗？"

在这样的条件下长大，郭光灿什么苦都吃得下。但屡战屡败，还是让他感到前所未有的孤独。郭光灿投身科研时就"无门无派"，此时更没导师指路、没师兄弟开解。回忆起那些品尝孤独的夜晚，他喜欢戴上耳机听那首《孤独的牧羊人》。"一个人在苍茫的大地飘来飘去／一个人在无尽的祈愿里承受风雨／……等阳光融化了冰霜／融化了寒冬就温暖了牧场……"

难得的是，郭光灿回望所有这些经历，即便是三次折戟"973"，即便自己的研究被说成"伪科学"，也从没觉得委屈："那时候得不到理解、得不到支持很正常——人们对量子信息太过陌生。"

对此，他的学生、中国科大物理学院研究员张永生说："很多人说郭老师当年一直在'赌'，其实不是，他从来没有'赌'，而是一直相信量子科学、相信国家。"在他心中，郭光灿是一个"遇到困难比别人更坚持一些，遇到事情比别人更乐观一些"的人。

六、给钱学森和路甬祥写信

连续申报"973"计划不中，郭光灿想，得把量子信息学研究的火再烧旺一些，让更多人理解。他变得愈加主动：在科普杂志上开设"量子信息讲座"专栏、给期刊投稿综述文章、抓住机会开讲座作报告。

机会总是垂青于有准备的人。很快，属于郭光灿的机遇来了，而且一来就是两个。

第一个是，1998 年，郭光灿有机会牵头组织一次有关量子信息科学的香山科学会议。

1993 年由中国科学院和科学技术部共同发起创办的香山科学会议是一个很重要的学术交流平台。筹办之初，有人提醒郭光灿，会议要有影响力，得找一位大人物"镇场子"。郭光灿不认识什么大人物。思来想去，"病急乱投医"的他，给大名鼎鼎的钱学森写信，请他担任会议主席。"也没想钱老能不能收到信、看后是什么反应，当时就想找全国最牛的人物。"郭光灿后来对记者说。没想到，钱学森不仅读了来信，还很快给郭光灿回信："我很同意您说的我国应统一组织全国力量攻克量子信息系统的技术问题……但我现在已行动不便，已不能参加任何会议了。"是年，钱老已离不开轮椅，郭光灿当然也是后知后觉。不过，能收到回信已让他喜出望外。后来，他又去找两院院士王大珩。王大珩专于经典光学，但他触类旁通，马上意识到量子信息研究的意义，欣然同意参会。他说："我们中国人必须在新的领域有自己的声音。"这话正落在郭光灿

△ 钱学森先生给郭光灿的回信

心窝里，他眼眶一热。

郭光灿等到的第二个机会，最初只是个"小道消息"。这个"小道消息"说：1997 年，华裔物理学家朱棣文获得"诺贝尔物理学奖"，时任中国科学院院长路甬祥作为嘉宾参加颁奖典礼。朱棣文在发言中提到，自己的相关成果能用于研制量子计算机。路甬祥听后记在了心里，回国后打听：国内有谁在研究量子计算机？有人说是郭光灿。

机不可失。郭光灿听说后当即给路甬祥写信，说明研究量子计算机的重要性，提到了他发表在《物理评论快报》上的两个有一定国际影响的工作，最后开始"哭穷"："希望中国科学院给我一些支持。"这封信引起了路甬祥的重视，他把这封信转给时任中国科学院高技术研究与发展局局长桂文庄。

桂文庄是个雷厉风行的人。他当晚就带人来到合肥，刚住下就给郭光灿打电话："我是桂文庄，中国科学院的。你能不能来一下？"

当时郭光灿正在香港讲学，接完电话，立刻买票返程。听了郭光灿详细的介绍，桂文庄马上意识到这是一个极具生命力的新兴领域，并在回京后作了汇报。

没过多久，郭光灿真就"揭不开锅"了：他的两个基金项目都到期结题，按照当时的规则，要停一年才能申请新的基金。他给桂文庄写信"求援"。桂文庄跟他推心置腹："我现在最大的'权力'，只能给你 5 万元的资助。"后来郭光灿才知道，这是一笔罕见的以局长基金名义支出的经费。

5 万元也好啊，雪中送炭能解燃眉之急。但他"得寸进尺"："可不可以再给我们立个项目？"桂文庄考虑得更周全："立个项目，做完就完了。"他建议郭光灿建立一个实验室，这样能有望得到长期的支持。

于是，1998 年 12 月，郭光灿再一次给路甬祥写信，就"开展量子通信和量子计算研究"作了汇报。在中国科学院的一系列支持下，郭光灿在中国科大筹建了量子信息实验室，现为中国科学院量子信息重点实验室。1999 年，桂文庄向中国科学院党组举荐，破格让郭光灿的校级实验室参加中国科学院重点实验室的评估考核——好的评估结果意味着能得到更多经费。

谁都没想到，量子信息实验室居然获评信息领域第一名。这意味着，接下来的 3 年，实验室每年都能得到 350 万元的经费支持。评审结束后，郭光灿握住桂文庄的手说："桂局长，我没给你丢人。"

△ 郭光灿在实验室

七、燃星星之火，成燎原之势

"973"计划的项目申报也传来好消息。

2000年，郭光灿第四次申请，拿到了中国量子信息领域第一个"973"项目。这一年，郭光灿58岁，已经在量子研究的冷板凳上坐了18年。当时的评审组组长是我国著名的理论物理和粒子物理学家周光召，他对郭光灿的答辩内容十分认可。这次答辩，评委对量子信息项目一致通过。

在历次申请"973"计划项目的过程中，郭光灿都是"一个人在战斗"。他痛感这个领域太需要开拓。"973"计划项目有2500万元研究经费。拿到"巨款"后，郭光灿没去想怎么把自己的"地盘"做大，而是想着"要在国内把整个领域带起来"。

该资助谁？郭光灿考虑，一要确保量子信息学布局合理，二要确保各个重要方向后继有人。基于这两条原则，他把国内"想做的、有可能做的"主要团队都聚拢起来。

1个"973"项目，8个课题，十几家单位，50多位研究人员，包含中国科大、清华大学、北京大学以及中国科学院的物理研究所、半导体研究所、上海光学精密机械研究所、武汉物理与数学研究所……他全都拉进了队伍。

5年后项目结题，成绩斐然。该项目不仅产出一批研究成果，更在国内建立了若干量子信息科研阵地，尤其是培养了一支具有开拓创新能力的科研队伍。该项目中的若干名课题组组长和项目骨干后来都成为中国科学院院士，其后成为"973"计划项目首席科学家的也有十几人。

这是中国量子信息实现由"从0到1"向"1到100"发展的一个出发点。郭光灿说，现如今中国能够在量子信息领域处于第一梯队，跟国家在2001年就开始予以支持密不可分。

"有钱"之后，郭光灿逐渐将重点放在培养学生上。很多人说他眼光很"毒"，"发掘一个培养一个，培养一个成一个"。不仅有成为中国科学院院士的段路明，还有韩正甫、郑仕标、郭国平、周正威、张永生、史保森、李科、周宗权、孙方稳、黄运锋、董春华……很多能够独当一面的后起之秀，在成长中都得到了郭光灿不计回报的支持。

他苦过自己，也苦过家人，但他敢拍着胸脯说，自己从没苦过团队里的年轻人。

郭光灿带研究团队还有个不成文的规定：组内学生经他指导发表的论文，可以写上他的名字，以便让外人知道这项研究来自哪个团队，但他从不署名第一作者或通讯作者。20多年来，他一直坚持如此行事。

"郭老师团队的人不会被轻易挖走，因为郭老师给学生创造了最适合他们发展的环境。"学术秘书段开敏说。郭光灿也有自己的小九九：想快速地把本土的青年科研人才培养起来。他说，看到量子信息科研在国内蓬勃发展、许多年轻人在不同的方向冲锋陷阵，特别有成就感。

"这是我80岁以后，一想到就会很开心的事。我有幸抓住了这样一个新兴学科，让它在中国后继有人，我完成了历史使命。"郭光灿半开玩笑地对记者说，"我现在已经是老头子了，可以'在丛中笑'了，对不对？"

《中国科学报》（2023-12-07 第4版 风范）

李振声

（1931 年 2 月 25 日—   ）

李振声：挨过饿的他，
只想让中国人家中装满粮

冯丽妃

1948 年的一天，济南街头，一个高挑瘦削的少年四处张望、步履缓慢地走着。他希望在这座城市找到一份工作。高中二年级的他刚刚辍学，贫寒的家境已无力再支撑他读书。突然，一则山东农学院的招生启事映入眼帘，其中一条分明写着"免费食宿"！这让他非常惊讶，决定试一试。

这一试改变了他的人生，少年从此踏上农业研究道路。

春耕秋收，夏耘冬藏，59 年过去了。2007 年 2 月 27 日，庄严的人民大会堂，璀璨灯光下，如簇鲜花中，一位戴着金框眼镜，身着深蓝色西装，打着大红色领带，发丝染雪、身姿却依旧挺拔的老人步履稳健地走到主席台中央，从国家领导人手中接过烫着金色国徽的红色获奖证书。现场掌声雷动。

曾经的少年成为中国第十位国家最高科学技术奖获得者。

他的名字叫李振声。

一、饥饿困顿中，点亮小麦育种梦

饥饿，是李振声童年时期挥之不去的阴影。李振声于 1931 年出生于山东淄博农村，十岁左右正是长身体能吃的年纪，却碰上1940～1942年连续三年大旱。他记得当时地里不长庄稼不长草，村里人把榆树叶和树皮都吃光了，最后开始啃葱根和蒜皮。

因为饥饿，李振声的父亲患了严重的胃病。他每天放学后的第一件事，就是去中药店给父亲拎回一包药。13岁时，父亲撒手而去。父亲的饥饿也刻在了他的记忆里。

为了撑起这个家，哥哥退学到济南一家店铺当伙计，排行老二的李振声也想退学，却遭到母亲和哥哥的坚决反对，他们坚持家里一定要有个读书人。父亲离去之前留下两副对联，一副是"知足者常乐，能忍者自安"；另一副是"聚钱财莫如为善，振家声还是读书"。

这是家训，也是父母的期望。

但令少年李振声难堪的是，每个学期开学前他都要向别人借钱，有时在人家门口站了半小时，也迈不进门槛。到了高中二年级，为了减轻家里的负担，李振声决定辍学，到济南寻找工作。那则山东农学院的招生启事，如同罅隙中透出的一道光芒，照亮了他的人生。

"又有饭吃，又能上大学，这是我从来都不敢想的事情。"李振声后来回忆说。

在山东农学院，李振声的专业是研究小麦育种与栽培。两位伯乐——沈寿铨教授和余松烈教授的课深入浅出，让他对小麦育种技术产生了浓厚兴趣。在知识里遨游，在试验田里验证，李振声的育种知识就像田里的麦苗一样，"噌噌"往上长。

当时，学校农场种植了在山东推广的几个优良品种，李振声将它们引种在自家地里，果然当年的产量比乡亲们的都高，惹得种地的"老把式"都来向他这个小青年请教，想要跟他换种。这让李振声切身感受到，科学技术对提高粮食产量的重要作用。用小麦育种让中国老百姓吃饱饭的梦想也从此种在心田。

二、坚守麦田，二十三载培育一粒种

1951 年，从山东农学院毕业后，20 岁的李振声被分配到中国科学院北京遗传选种实验馆（中国科学院遗传与发育生物学研究所前身）工作。进入中国科学的最高殿堂，是意料之外的惊喜，但惊喜之余也有一丝遗憾。李振声想做遗传育种研究，却偏偏被分到了栽培组，与各种牧草打起了交道。那时的他不会想到，这个看似与小麦育种无关的工作，会让他开辟出一个小麦遗传育种的新领域。5 年后，响应中央支援西北建设的号召，李振声被调往陕西杨陵中国科学院西北农业生物研究所工作。

20 世纪 50 年代，新中国百废待兴，首先要解决的就是吃饱饭的问题。彼时，我国粮食年产量 2000 多亿斤，北方冬小麦产区受条锈病肆虐的影响，一年就损失 120 多亿斤。

条锈病有"小麦癌症"之称，小麦一旦染病，就会减产30% ~ 50%，甚至绝产；而且条锈病病菌变异速度很快，平均 5 年半就能产生一个新的生理小种，而培育一个优良抗病麦种至少需要8 年。小麦条锈病是当时一个世界性难题。

到了杨陵，李振声真正体会到这种病的可怕：穿条黑裤子在麦地里走一趟，裤子就会变成黄色。看见不少农民在地头抱头痛哭，李振声的心被狠狠刺痛了。

这时，5 年的牧草研究派上了用场，师从土壤学家冯兆林研究种植牧草改良土壤期间，李振声已经收集、整理、研究了 800 多种牧草，熟悉各种牧草的习性。"农民种了几千年的小麦，但小麦还是这么体弱多病；野草没人管，却生长得很好。"对比之下，李振声产生了一个大胆的想法：能不能通过将牧草与小麦杂交，培育出一种抗病性强的小麦品种呢？

这个设想得到了当时的权威植物学家闻洪汉和植物病理学家李振岐的支持。

但自然界的一粒小麦演化成今天的小麦经历了近万年时间，

△ 李振声在田里观察小麦的生长情况

人工育种成功的可能性有多大？多长时间才能成功？李振声心里没有底。有三道难关挡在他面前：第一，杂交不亲和，很难实现杂交；第二，杂种不育，后代像马和驴的后代骡子一样没有生育能力；第三，后代"疯狂分离"，抗病性状在后代中很难保持。但他下定决心要把事情干到底。

李振声选了 12 种牧草与小麦杂交，成功了 3 种，其中长穗偃麦草的后代长得最好。偃麦草和小麦花期不同，他就用人工补光促进偃麦草提早开花。杂交种不能发芽，他就蹲在田里对一株株小苗逐一排查。有时一代杂交种看着很好，下一代却面目全非，他就一次次鉴定、筛选。每个夏天，他身上都被晒得脱层皮。

8 年过去了，那粒理想的麦种还是没有出现。1964 年，李振声也因此受到"研究脱离实际"的批判。幸好，远缘杂交开始时，心里没底的李振声同时开展了"有底的"常规小麦品种间杂交育种，选育的两个品种已在生产上推广应用，远缘杂交研究才得以继续。

可能老天也愿意帮助执着勤奋的人。1964 年夏天，小麦成熟前连续 40 天阴雨，6 月 14 日天气突然暴晴，1000 多份小麦杂种后代一日之间几乎全青干了，但有一株仍保持着金黄颜色。李振声如获至宝。1979 年，他在这株麦子的基础上将偃麦草的抗病和抗逆基因成功转移到小麦上，育成了小麦新品种——"小偃 6 号"。

远缘杂交前后花费了 23 年的时间，李振声已年近半百。但他收获了陕西农民给他的最高评价："要吃面，种小偃！"

"小偃 6 号"能同时抗 8 个条锈病生理小种，且产量高、品质好，做出来的馒头白、面条筋道。这些品质让它成为中国小麦育种的重要骨干亲本，其衍生品种有 80 多个，截至 2003 年，全国累计推广 3 亿多亩，增产小麦逾 150 亿斤。"小偃 6 号"的出现甚至让我国小麦的增产速度一度超越了水稻。

"在远缘杂交研究最初的 20 年里，振声先生面临的不仅仅是没有成果的寂寞，更有险遭批判的厄运。现在的年轻人总想着快出文章、快出成果，缺的就是这种对科研的执着。归根结底，我想也许是他们想自己想得太多，没有像振声先生一样以国计民生为己任，始终围绕国家需要开展研究工作。"中国科学院院士陈宜瑜曾这样说。

小麦远缘杂交成功后，李振声并未就此止步。他深感 20 多年的育种过程过于漫长，于是另辟蹊径，创建了蓝粒小麦和染色体工程育种新系统。这种方法可让一根麦穗上长出深蓝、中蓝、浅蓝和白粒 4 种颜色的种子。根据种子颜色可以知道染色体的数目，白粒只有 40 条染色体，称作缺体。将它与远缘植物杂交，仅用 3 年半，李振声就育成了小麦－黑麦异代换系新品种，为小麦远缘杂交的实用化开辟了一条新路。

△ 李振声（左一）在小麦试验田里指导学生

△ 李振声在观察小麦籽粒

麦田里的研究让李振声声名鹊起，各种荣誉接踵而至。他先后获得全国科学大会奖、国家技术发明奖一等奖、陈嘉庚科学奖农业科学奖等。人们亲切地将他与科学家袁隆平并称为"南袁北李"。

1983 年，李振声担任中国科学院西安分院院长、陕西省科学院院长。陕西省科学院给他在西安分了房子，他没去住，他觉得在杨陵做学问是非常好的选择。在杨陵的 20 多年，李振声吃过 120 多户农民家里的饭，知道农民想什么、要什么。比如，在稳产与增产问题上，农民总是把稳产放在第一位。因为只有稳产了，才能填饱肚子。"科学研究的主流应该是从生产中来、到生产中去。"他说。

三、"三场战役"，向盐碱地要粮

李振声不仅是麦田里亲力亲为的耕耘者，更是运筹帷幄的中国麦田谋划者、拓荒者。他先后提出向盐碱地要粮的"三场战役"——农业科技"黄淮海战役"、"渤海粮仓科技示范工程"、"滨海草带"战略构想。

1987 年 6 月，李振声出任中国科学院副院长，上任两个月，他就提出一个影响至深的建议——黄淮海地区中低产田治理。

当时，我国粮食生产连续 3 年徘徊在 8000 亿斤左右，但人口增长接近 5000 万，这一紧张局面引起了中央领导的高度重视。1987 年夏，时任国家科委主任宋健主持召开会议，讨论如何打破粮食生产的徘徊局面。李振声代表中国科学院参加了此次会议，接受了这项任务。

那时，李振声跑遍黄淮海地区做调研，时间紧、任务重，他和随行的专家就夜里坐车、白天调研，他们的足迹遍及河南封丘，河北栾城、南皮，山东禹城，安徽蒙城……"在推动什么事情时，我们常说，'手中无典型，说话没人听'。"李振声说。

一次次实地调研中，李振声得到了许多鲜活的典型案例。例如，封丘原来每年吃国家返销粮 7000 万斤，而推广中低产田治理措施后，1987 年给国家贡献了 1.3 亿斤粮食，这让他实实在在看到了中低产田治理的潜力。在甘肃沙河洼、安徽蒙城，他看到中低产田的治理成本都得到回报，更加成竹在胸。

1988 年 2 月，在中国科学院时任院长周光召的大力支持下，中国科学院组织 25 个研究所 400 多名科技人员深入黄淮海地区，与地方科技人员合作开展了大面积中低产田治理工作。

经过 6 年治理，我国粮食产量从 8000 亿斤增长到 9000 亿斤，仅黄淮海地区就增产 504.8 亿斤。

从科研创新到策略实施，李振声的成绩让更多的荣誉接踵而至。1991 年，他当选中国科学院院士。2006 年，他获得国家最高科学技术奖。

△ 李振声（左一）与同事一起参与黄淮海地区大面积中低产田治理工作

人生已经熠熠生辉，但李振声依然没有止步。2013 年，中国科学院和科学技术部联合河北、山东、辽宁和天津启动实施了国家科技支撑计划项目"渤海粮仓科技示范工程"。82 岁的李振声正是这个项目的倡导者，为了让"在盐碱地上淘金"的想法付诸实施，他筹谋已久。

中国科学院遗传与发育生物学研究所农业资源研究中心研究员、渤海粮仓科技示范工程首席科学家刘小京介绍说，早在 2008 年，李振声就指导团队成员在河北沧州南皮县的盐碱地上种"小偃 81"冬小麦，并希望他们在南皮站做好盐碱地小麦种植试验示范工作，为中低产田粮食增产增效提供样板。2010 年春节期间，刘小京到李振声家中拜访，谈论起环渤海地区盐碱地科技攻关的一些问题。李振声提出，这个地区有可能大幅增加产量，可以叫"渤海粮仓"。这让刘小京心里一亮。

随后，"渤海粮仓"示范工作在河北南皮、海兴，山东无棣、禹城等地进行了部署；2013 年，"渤海粮仓科技示范工程"最终立项。

2013～2017 年，"渤海粮仓科技示范工程"5 年累计示范推广 8016.7 万亩，累计增粮 209.5 亿斤，节本增效 186.5 亿元，节水

△ 2016 年 6 月，李振声（左七）和学生在麦田里

43.5 亿立方米。[①]

2020 年，年近 90 岁的李振声仍在思考。根据团队成员在曹妃甸、海兴、南皮、东营等地盐碱地多年的长穗偃麦草种植试验经验，他提出建设"滨海草带"的构想——通过种草养畜，实现我国环渤海地区难治理的 1000 万亩滨海盐碱地的高效利用，以期解决我国盐碱荒地利用与当前我国严重依赖进口饲料粮问题。

今天，在山东东营距离黄河口约 10 公里的千余亩土地上，中国科学院遗传与发育生物学研究所集中所内 10 多个育种和养殖团队的优势科研力量展开攻关，选育兼

△ 李振声与长穗偃麦草

具耐盐和耐涝特征的牧草资源。攻关团队选育的长穗偃麦草在含盐量 3‰ ～ 5‰ 的中重度盐碱地上亩产可达 2000 公斤以上，在含盐量 10‰ 以下的重度盐碱地上也能成活；选育的田菁亩产可达 2.5 ～ 3.5 吨，已在黑龙江、山东、北京、海南等多地进行繁种、育种。

"滨海草带"是李振声数十年日积月累提出的战略构想。为此，他曾多次深入草原调研。

中国科学院遗传与发育生物学研究所研究员童依平记得，20 世纪 90 年代，从北京经河北坝上到内蒙古赤峰全程几乎都是没有硬化的土路，三四百公里的路程，开车要开整整一天。他们乘坐的双排座厢式货车很破旧，经常抛锚，密封性能也不好。春天农作物播种时节风沙非常大，前方数百米远的山包经常看不清楚，到了目的地，眼镜上都是一层沙子。尽管如此，已过花甲之年的李振声依然坚持到一线调研考察。

---

① 中华人民共和国中央人民政府 ."渤海粮仓科技示范工程" 5 年推动区域增粮 209.5 亿斤 . https://www.gov.cn/xinwen/2018-07/02/content_5302762.htm[2018-07-02].

在反复调研中，李振声形成了一个观点：我国北方农牧交错带和草原地区发展草食畜牧业潜力很大。在他的点拨下，中国科学院植物研究所青年科学家刘公社开辟了新的研究领域——种植羊草，解决草原家畜"吃饭"问题，同时解决草地沙化、盐渍化问题。后来，刘公社研发的"中科羊草"系列品种在内蒙古、新疆、陕西、甘肃等地得到大力推广。

不只如此，李振声还是我国粮食战略安全的"吹哨人"，在我国粮食产量多次出现徘徊时，及时敲响警钟，提出增产对策。针对国际上有关"谁来养活中国"的说法，他果敢地提出"中国人自己养活自己"的思路。

这一切，他是如何做到的？"他知行合一，会用90%的精力做调查研究，用10%的精力制定决策。""他总是把生产实践与战略构想相结合，对生产中看到的问题进行调研后，再将其逐渐上升到国家战略层面。"中国科学院遗传与发育生物学研究所研究员陈化榜与童依平这样说。

在李振声的论文集首页，他用工整的小楷写下的白居易的诗或许体现了他的"方法论"："千里始足下，高山起微尘。吾道亦如此，行之贵日新。"

△ 李振声写的书法

四、亦师亦父，各方面都是榜样

在躬耕、守望麦田的过程中，李振声培养了一批中国农业科技领域的骨干人才。

作为李振声的博士生"开山弟子"，陈化榜对李振声的关怀和教导记忆犹新。1990年陈化榜考取博士生时，李振声仍担任中国科学院副院长，那时还没有互联网，为了确保有效的科研指导，无论是在办公室、实验室还是在试验田，李振声每个星期都会面见陈化榜 3 次。"有时，老师星期五下了班到实验室指导完毕，就让我坐他的车到家里吃饭。"令陈化榜印象深刻的还有板栗红烧肉，这是去他家里吃饭经常加的菜。

陈化榜上大学时父亲就去世了，他眼里的李振声"亦师亦父"。时至今日，他依然记得李振声时常对他说的话："做人要有自信，'人不自信，谁人信之'；要'严以律己，宽以待人'；做科研要有自己的'金刚钻'，干任何一项工作都要有不可替代性。""对于指导学生，李先生更多是从大方向上把关。"陈化榜说，其中的一个指导原则就是"科研创新要接地气，要跟着国家的需求选择自己要做的事情"。

实际上，这也是李振声一生科研工作的写照。1992 年，年过六旬的李振声卸任中国科学院副院长后，在北京昌平平西府村建立了一个新的育种基地。没有卫生间、没有围墙，连路都不通，他就戴个草帽、带上饭盒，在田里一待就是一整天。就在这个基地，李振声开创了小麦磷、氮营养高效利用的育种新方向，发现了一批"磷高效"和"氮高效"小麦种质资源，推动了我国农业的持续发展，成为"第二次绿色革命"育种的开端。

75 岁之后，李振声在给自己晚年确立的三个任务中，把继续着力培养青年一代放在首位。当看到组内很多研究人员侧重于热门的基因功能克隆和分子机理研究，追求发文章时，他提出重启小麦远缘杂交，并布局了两个接地气的着力点——规模化创制优异种质资源小偃麦种

△ 李振声在检查小麦杂交效果

质库和选育支撑饲料粮安全的耐盐碱偃麦草品系，为的是让青年科学家"把论文写在祖国的大地上"。

中国科学院遗传与发育生物学研究所副研究员郑琪是小偃麦种质库的践行者。李振声提出创制 1000 份独立、稳定的小偃麦新种质的目标，她已带领学生完成了 800 多份。作为李振声的博士生，郑琪对李振声"润物无声"的育人方式深有感触。她记得，一次在育种基地，李振声指着两株相邻的麦子问她："你觉得这两株哪个好？"一路研究分子生物学、没有农学经验的郑琪迟疑了。李振声道："这两株的穗子都差不多大，但这一株的叶子多，它产生同等的粮食需要消耗更多资源。"

后来，郑琪才知道，老师的话中渗透了育种中经济系数的概念，其中籽粒产量与生物量的比值，即收获指数，是重要的育种参考指标。作为一名研究育种出身的科学家，对于试验田的指导，李振声事必躬亲。每年入冬前，他都要带学生去田里看小麦的苗期繁茂性，早春去调查小麦的抗寒性，五六月在田里指导选种。"哪一块地有好材料，他都记得很清楚，要求学生也尽量做到这一点。"郑琪说。

中国科学院遗传与发育生物学研究所副研究员李宏伟则是耐盐碱偃麦草品系的践行者。和很多李门师兄弟一样，他眼里的李振声是一位永远追赶时代潮流的"时髦"科学家，他 40 岁学英语、50 岁学电脑、80 多岁学用微信交流，样样不落。90 岁后，他不能亲自到田间地头去，就用微信了解"滨海草带"等工作的落地情况。"有时，他一天会发几十条微信询问我在

△ 李振声在小麦育苗大棚里

东营的工作。"李宏伟笑言，"我们工作进行到什么程度、遇到了哪些难题，他都十分挂心。"

"滨海草带"项目启动之初资金缺乏，李振声拿出 20 余万元奖金支持团队购置拖拉机、收割机等农机和农具；偃麦草种子过轻，不易机器播种，他就在家用面粉把偃麦草种子包裹成"像小药丸一样的丸粒"，尝试解决这一问题；他还像过去在家中阳台上种小麦一样，种了一盆盆偃麦草。

尽管思想很"新潮"，李振声的生活却十分简单质朴。除了读书、看报，他最大的爱好就是写书法、画国画。他对名利十分淡泊。在小麦远缘杂交选育成功后，陕西省委多次请李振声出任陕西省副省长，他毫不犹豫地推辞了。获得国家最高科学技术奖后，他认为荣誉首先应该归集体，他把奖金全都捐给中国科学院遗传与发育生物学研究所，作为学生的"助学基金"。晚年，一些课题组聘请他做顾问，给他发工资时，他都谢绝了。他觉得"不愁吃、不愁喝，钱够花就可以了"。

无论是忍饥挨饿的少年，还是后来"不愁吃喝"的农业科学家，对于粮食，李振声一如既往地珍爱与敬畏，他从不浪费一点粮食。中午在实验室开完组会，订饭时他就只点一碗牛肉面，因为"多了吃不了"。在北京昌平育种基地农场的食堂吃饭时，如果觉得饭吃不完，李振声会先让学生拨走一些再吃，他的餐盘里从不剩一粒米。

翻看李振声的照片，但凡笑得灿烂的，大多是在麦田里拍摄的。那金色的麦田和饱满的麦穗，让他无比幸福。

《中国科学报》（2023-12-21 第 4 版 风范）

郑守仪

（1931 年 5 月 20 日—　）

郑守仪：她忘了这个世界却不会被世界忘记

倪思洁　廖洋

厨房里，一位身形瘦小的老太太坐在餐桌旁，皱着眉头，若有所思地盯着拼图上的空缺。她拿起一块紫色的数字积木"10"，似乎不太确定是不是该把它放进空缺里。在这之前，她用了将近 5 分钟才从"1"拼到"9"。

这位 93 岁高龄的老太太名叫郑守仪，中国科学院院士，开创了中国现代有孔虫分类与生态学。

此刻，女儿傅新红正在厨房里做家务。她回头看了看母亲，便掏出手机定格了这个瞬间。照片里，郑守仪银色的短发看起来是那么柔软光滑，蓝色的花布衬衫没有一丝褶皱。

在女儿眼中，母亲和年轻时一样美，岁月慢慢地带走她的记忆，却带不走她对待生活的那份认真与热忱。

一、手："她如果不搞生物研究，应该会是不错的画家或者雕刻家"

白天，郑守仪的室内活动就是看猫、玩拼图、翻相册。她家里有 6 只猫，"多"得让她数不清，她用手指指着猫一只一只地数，却总在数到"4"时就卡壳。拼图是女儿买的,希望益智类玩具可以延缓她的阿尔茨海默病发展速度。93岁的郑守仪已经很难驾驭3岁以上小孩的玩具,常常把玩具捏在手里琢磨半天。大相册也是女儿用A4纸打印的,里面有郑守仪的各种照片。比起看照片,郑守仪更享受在相册的每一页下面叠个角的快乐。

她的手闲不下来。没有事做的时候,她就用手指敲桌子,不停地敲。那是一双布满皱纹的手,血管像蚯蚓一样趴在手背上。过去的半个多世纪里,她正是用这双手,做出了令世界惊艳的物件。女儿感慨:"她如果不搞生物研究,应该会是个不错的画家或者雕刻家。"

可恰恰因为搞了生物研究,郑守仪的作品才如此特别。她的作品里,主角只有一个——有孔虫。有孔虫,是一类古老的单细胞生物,因外壳带孔而得名,被誉为"大海中的小巨人"。它们平均只有约1毫米、针尖儿大小,不借助显微镜很难看得清。

△ 2005年,郑守仪在办公室,桌面上放着她亲手雕刻的原模

　　单凭一个细胞，有孔虫在地球上生存了 5 亿多年，见证、记录着海洋生态和地球演化的过去、现在和将来，也因此成为人类开展生物地层学、古海洋学、古气候学研究和石油勘探工作的"向导"。

　　20 世纪 50 年代时，国外开展有孔虫研究已有一个半世纪的历史，但在我国该领域尚属空白。从 1956 年起，郑守仪凭着一双手、一双眼、一台显微镜，详尽描记了 1500 余种新的有孔虫，约占世界已知现生有孔虫种类的 1/4。不仅如此，她还绘制出 3 万多张有孔虫种类形态图，为有孔虫建立了一整套准确可靠的"户口簿"；制作出 250 多个有孔虫放大模型，让有孔虫的美从显微镜中"释放"出来；撰写了 320 余万字的学术文章与论著，推动中国迈入有孔虫分类研究领域的国际前列……有朋友到实验室参观时，她会把大家带到显微镜前，兴奋且自豪地说："你们看，我今天又找到了一只很漂亮的有孔虫。"

　　中国科学院海洋研究所原党委副书记李乃胜最近一次在郑守仪的办公室里看有孔虫，是 3 年前。他与郑守仪相差 26 岁，算是忘年交。郑守仪 90 岁时，还会时不时地去办公室工作一会儿。李乃胜记得，当时，郑守仪办公桌正中央放着显微镜，各种有孔虫的壳像细沙一样在玻璃器皿里铺了薄薄一层。郑守仪把显微镜对准其中一只，让李乃胜看，"灰白色，像个小球，上面有花纹"。

　　郑守仪常常感叹："这么美的东西，一个人看可惜了。"所以，她要把它们放大，用笔，用石膏。

　　2001 年 11 月，郑守仪作为中国现代有孔虫分类和生态研究的开创者，当选中国科学院院士。2003 年，郑守仪被授予世界有孔虫学界的最高荣誉——美国"库什曼有孔虫研究杰出人才奖"。美国著名海洋微体古生物学家和海洋地质学家比拉尔·哈克（Bilal Haq）博士如是评价郑守仪的学术贡献："把微小的有孔虫放大几十倍至几百倍，制作成形象逼真的看得见摸得着的模型，不仅可作为教具和科普展示物，促进有孔虫教育事业，也将是对世界有孔虫

研究和应用的真正贡献。"①

郑守仪研究有孔虫的热情，大多数人无法感同身受，包括她的女儿。

小时候，傅新红每年寒暑假都在实验室里给母亲当助手，她6岁时便会用英文打字机帮忙打卡片、打文件。科考船送回的泥样要先冲洗、过滤，然后把样本放在培养皿里烘干，干透之后再装进试管瓶，贴标签、称重、登记。

傅新红的流程完成之后，郑守仪就可以在显微镜下挑标本、计数了。挑标本是用非常小号的毛笔把漂亮的有孔虫粘出来，放到旁边的器皿里，工作量很大。傅新红很少干这个活儿，她不懂得专业门道，而且"显微镜看久了会头晕"。

对于这些工作，女儿觉得枯燥乏味，母亲却乐此不疲。郑守仪一直将有孔虫视为自己的"宠物"。有一次，在接受媒体访谈时，郑守仪指着一只有孔虫模型说："我认人很差，见过一次或几次的人，再次见面有时都不认识，但有孔虫我一看就知道是暖水性的还是冷水性的，是南方的还是北方的。比如这个，这只西沙群岛有，是暖水性的。"

傅新红很难像母亲那样爱有孔虫，但母亲的动手能力总是让她惊艳。决定要做有孔虫立体模型后，从没学过雕刻的郑守仪拿起雕刻刀就干。"先用滑石，太硬，错了没法改；改用雕塑泥，太软，不好成型；最后用石膏，石膏好，错了还可以补。"她一边看着显

---

① 中国科学院. 郑守仪院士获美国库什曼有孔虫研究杰出人才奖. https://www.cas.cn/ky/kyjz/200212/t20021227_1026082.shtml[2002-12-27].

△ 郑守仪在雕刻有孔虫模型

微镜，一边雕刻，好几天才能刻出一个掌心大小的有孔虫模型，丈夫傅钊先形容那是"蚂蚁啃骨头"。

"一块石膏到了她手里，就能变出漂亮的有孔虫来。"傅新红说。郑守仪的一双巧手，就像是她传递爱的通道。郑守仪把她的"巧"给了她爱的有孔虫，也给了女儿。小时候，傅新红总是班上最时髦的孩子，她的花裙子是母亲买来花布后自己设计，再用家里的蝴蝶牌缝纫机做出来的。从小学到初中，每年春节，母亲都会亲手为她缝制新毛衣、新棉袄。20世纪90年代中期，母亲亲自制作草莓黄油冰淇淋，招待傅新红的同事，大家至今感慨"你妈妈当年做的冰淇淋，绝了"。

"很多事她都愿意自己动手，就是个一辈子闲不下来的人。"傅新红说。

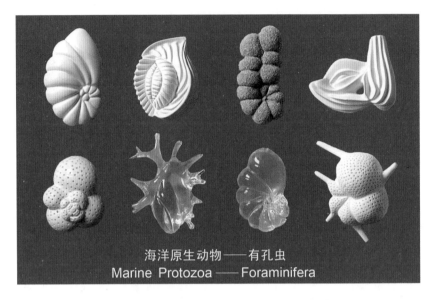

海洋原生动物——有孔虫
Marine Protozoa——Foraminifera

△ 郑守仪最喜欢的 8 个有孔虫雕塑模型

二、海："到了海里，她就像一条鱼"

天气好的时候，女儿会带母亲出去转一转，去楼下的院子或是去海边。郑守仪很喜欢在海边散步，腿脚也还算灵便。2023 年秋天，92 岁的她在女儿和保姆的陪伴下，沿着海边木栈道走走停停一个多小时。

"我妈体力很好。"傅新红尤其佩服母亲的游泳实力，"她游泳可太厉害了！天暖的时候，她早晨 5 点多就起来去海里游泳；天冷的时候，她就中午去游。每年从 5 月开始，一直游到 10 月底，有一次我穿毛衣都觉得冷了，她还去。"傅新红和母亲上一次一起游泳大约是在 10 年前。当时水很凉，傅新红还在岸边慢慢热身，一抬眼，母亲已经游完一圈回来了。傅新红笑着说："到了海里，她就像一条鱼。"

郑守仪与大海的缘分远比旁人感觉到的要深。她的生活、事业无一不与"海"有关。

1931 年，郑守仪出生在菲律宾一个华侨家中，祖籍为广东省中山市三乡镇。她有三个哥哥、两个弟弟，一家八口和睦温馨。郑守仪的父亲是一位十分爱国的老人，虽身在海外却时刻关注着祖国的动态，不仅爱收集报道国内新闻的报纸，还爱写爱国诗，每周组织"诗友会"。郑守仪从懂事那天起，就知道自己是中国人。

新中国成立那年，郑守仪 18 岁，中学毕业后进入菲律宾商科学校（夜校）念书。遥望着焕发生机的祖国，郑守仪的父亲意识到，女儿连一句中文都不会说，便建议她去一所华侨小学学中文。于是，郑守仪白天和小学生们一起学中文，晚上和大学生们一起读书。

1955 年，郑守仪以优异的成绩免试进入菲律宾大学念研究生，同时，她还在马尼拉华侨中学找到了一份英语教师的工作。没承想，做兼职教师的第一天，她就被辞退了，原因是她在向学生们做自我介绍时，说了句"我是中国人"。"很抱歉，你不能在这儿工作了。我们不知道你是中国人。"校长用英文对她说，"政府有规定，外国人是不能在公立学校任教的。"之后的几天里，郑守仪想了很多，最终她得出结论："我有自己的祖国，我要回到祖国去，为祖国的人民服务。"

当时，郑守仪弟弟就读的华侨学校里，有一位爱国华侨 C 先生。与郑守仪结识后没多久，C 先生就回国了。回国后，他写信告诉郑守仪："祖国正着手大搞建设，迫切需要人才，欢迎海外学子归来。"郑守仪终于盼来了机会，她决定放弃硕士学位回国。C 先生不仅帮助她与祖国有关部门取得联系，还写信委托他在菲律宾的华侨朋友帮助郑守仪办理离开菲律宾的手续。

1956 年 6 月的最后一天，郑守仪和家人像往常一样坐在一起吃早饭，她强装笑颜，心中暗暗道别。送走上工的父亲、哥哥，送走上学的弟弟，又送走去菜市场的母亲之后，郑守仪默默地留下一封信，带着准备好的简单行装，只身登上从菲律宾飞往香港的航班。从香港到深圳，再从深圳到北京，几经辗转，郑守仪到中国科学院报到，并很快被分配到位于青岛的中国科学院海洋研究所，成为一

△ 1956 年，刚回国的郑守仪在海边留影

名海洋生物学研究者。

在郑守仪回国前的 4 个月，我国第一个科学发展规划 ——《1956—1967 年科学技术发展远景规划纲要》出炉，其中提到了海洋地质学研究和海洋资源综合调查研究等，这些都与现代有孔虫研究有关。面对这项国内几乎未曾被开垦过的领域，郑守仪自告奋勇，与海洋生物学家郑执中先生联手，开始了我国有孔虫分类学和生态学研究，并在 1961 年创建了我国第一个现代有孔虫实验室。此后，郑守仪对渤海、黄海、东海、南海北部的浮游有孔虫，西沙群岛、中沙群岛部分地区的现代有孔虫做了大量研究。

郑守仪的相册里，有一张她刚回国时拍的老照片，身高只有一米五的她，坐在岸边的礁石上，眼神里透着勇敢和坚定。这一刻，她仿佛和有孔虫一样，也成了"大海中的小巨人"。

郑守仪的爱情，也与海有关。她与丈夫傅钊先因海结缘。傅钊先比郑守仪小 8 岁，不善言谈，初中学历，原先是中国科学院海洋研究所的一名临时助理工，跟船出海科考过很多次，他采回来的样本有一部分进入了郑守仪的实验室，而他本人后来也成了郑守仪的助手。

郑守仪觉得，自己"嫁的是爱情，而不是世俗的条条框框"。从丈夫那里，她学会了骑自行车、识简谱、弹秦琴、游泳、理发。郑守仪做有孔虫雕塑时，丈夫成了她最得力的助手。她说："我这一辈子做得最正确的两个决定，一是研究有孔虫，报效祖国；二是找到世界上我最喜欢的人——傅钊先。"

在郑守仪那里，大海似乎拥有强大的治愈力。每当烦闷时，她就去海里游泳："游了以后好像那些烦闷的东西都沉入海底了，很清醒。"但是，从2016年起，郑守仪不再游泳了。"她的腿抽了一次筋，感觉记忆也不太好，之后就没有再游过。"傅新红说。

2023年春节，老伴傅钊先突发疾病离开了她。已患阿尔茨海默病多年的郑守仪没有太大的反应，只是有些焦虑地在家里来回地找，推开一扇又一扇门，打开一个又一个橱柜。直到半个多月后的一天，她突然问女儿："老傅呢？"得知老伴去世，郑守仪黯然地"哦"了一声。从此，便没再提起过，仿佛一切都从她的记忆中消失了。

三、心："单纯到心里头没有一粒尘埃"

郑守仪非常喜欢小孩子。

没生病时，她经常到中小学给学生们做科普，给他们讲有孔虫的故事。生病后，她喜欢和院子里两三岁的孩子一起玩。或许郑守仪的心里本来就藏着一个孩子。很多人对她的评价就是"像孩子一样单纯"。

李乃胜说："她不搞复杂的人际关系，她对事物的理解、对人的理解，都非常单纯，单纯到心里头没有一粒尘埃、没有一丝瑕疵。"正因如此，在郑守仪被推选为青岛市副市长、青岛市人大常委会副主任时，她自己都半信半疑。

不过，有了行政职务后，她还是全力以赴地完成自己的职责使命。为了兼顾科研与行政，她每周六在市政府办公一天，其余时间待在实验室。由于她总是像老大姐一样事无巨细地帮群众解决问题，她的实验室很快就变成了接待室，登门来访者络绎不绝，各方面的事务、会议、活动应接不暇，她的家里甚至曾经短暂地收留过一位遭受家庭暴力的妇女。

必要的科研时间被挤占，正常的科研计划被打乱，郑守仪斟酌

△ 2006 年，郑守仪在有孔虫科普基地给中小学生做科普

再三，向上级递交了辞职报告："有孔虫研究任务繁重，别人不能代替，而政府工作，比我更能胜任的大有人在。"1983 年，上级同意她辞去青岛市副市长和青岛市人大常委会副主任职务。但此后，她又先后当选中国致公党中央副主席、全国政协常委、山东省政协副主席，并一直兼任中国致公党山东省委主委职务。

在政务工作中，郑守仪从来都不是一个容易被糊弄的人。她的单纯与执着，反倒像一根随时会扬起的鞭子。一次，她偶然看到一家电视台利用转播中央电视台《新闻联播》前的 5 秒钟，播放某香烟品牌的广告，广告中虽未出现"香烟"二字，却用英文把商标名写得很大。

郑守仪很气愤："这不是明目张胆地违反《广告法》吗？"她随即写了份建议递交给管理部门。不久，有关单位以该广告得到工商部门批准为由予以反馈。郑守仪再度上书陈述 7 条理由加以批驳，最终迫使该广告停播。

从 1983 年到 1998 年，郑守仪在历届全国政协会议上提交的书面提案和反映的社情民意达数百件，内容涉及科技、教育、侨务、政治法律、政协统战、人事福利等。郑守仪曾笑着说："他们大概要恨我这个多管闲事的老太太了。"

郑守仪的单纯、不世故，是李乃胜与她成为忘年交的重要原因。2001 年，郑守仪已经 70 岁，李乃胜也已经从中国科学院海洋研究所调到青岛市政府工作。那年，李乃胜邀请郑守仪等专家学者参加市里的规划论证评审会。郑守仪很爽快地答应了，自己坐着公交车就去了市政府大楼。散会后，李乃胜张罗："我们派车送你回去吧。"郑守仪一口回绝："你们市政府大门口就是公交车站，到那头下车就是海洋所，干嘛要派司机送？要花钱，司机还要来回跑两趟，耽误时间。我就坐公交车回去。"

之后，李乃胜想以朋友身份请郑守仪吃便饭。这次郑守仪虽然没回绝，却坚持说："吃饭可以，但不上饭店，太浪费了。你来我家，我给你做。"李乃胜当真就跟着郑守仪回了家。到了家里，郑守仪的丈夫陪他聊天，郑守仪独自下厨。不一会儿，她就做好了一桌子饭菜。"好多都是南国特色的小吃，我基本都没吃过。"李乃胜说。

她的单纯、较真、热情，鞭策了很多人，滋润了很多人，却也使她时常不能保护自己。

2005 年，她将有孔虫模型知识产权无偿提供给故乡中山市三乡镇，并开始筹建世界上首个以有孔虫为主题的雕塑公园——小琅环有孔虫雕塑园。在雕塑公园的雕塑制作过程中，她几乎每个月要去中山一两趟，排查雕塑上纹路不够科学、不够精确之处并指导工人修改。

就在郑守仪干得热火朝天之时，一位青岛当地高校的雕塑工作者向郑守仪寻求合作。由于对方提出要对有孔虫进行"美化"，郑守仪拒绝了合作，但还是被对方以"让学生看，为让海洋生物雕塑落户社区，向房地产商介绍"为由，借走了 20 多个模型。令她没想到的是，2008 年夏天，她发现，在自己毫不知情的情况下，

△ 2009 年，中山雕塑园开幕时郑守仪与小学生们合影

烟台市滨海中路上出现了 10 座与她借出的有孔虫模型极为相似却失真走形的有孔虫雕塑。从那时起，已步入耄耋之年的她，踏上了漫漫维权之路。

2011 年，法院一审判决要求侵权方公开道歉并作出相应赔偿，同时，要求当地政府移除 9 座构成侵权雕塑底座上的相关介绍，并在显著位置注明"根据中国科学院海洋研究所郑守仪的有孔虫模型，对局部进行变形处理制作而成"。次年，山东省高级人民法院经二审审理，驳回被告上诉，维持一审判决。

很多人都觉得郑守仪已经胜诉，但郑守仪不这么想："我坚持拆除雕塑，为的是不给科学抹黑，这是我对科学的忠诚。"她无法容忍有孔虫被"变形处理"，所以在接下来的 10 年里反复写信呼吁拆除雕塑，身心俱疲。"如果不是因为打这场官司，她的学术著作还会更多。"李乃胜遗憾地说。

时至今日，这些烦恼已不再困扰她。郑守仪的生活比以往简单得多，来访的客人少了，纷扰也少了。老伴去世后，正好退休了的女儿照顾她。为了让郑守仪的生活稍微丰富一些，女儿在母亲的床头装了投影仪，每天睡前，娘儿俩一起看一会儿动物纪录片或搞笑综艺。郑守仪一如既往地喜欢小孩、喜欢动物。在节目里看到光头，她会笑得很大声。"完全就跟小孩一样了。"傅新红感慨。

生病之后，郑守仪忘记了很多事、很多人，忘记了她曾热爱且每天都要去的办公室，也不能再在海里畅游。不过，历史不会忘记她，在搜索引擎里输入"有孔虫"时，还是能看到许多与郑守仪相关的信息。她依然爱着大海，走在海边，她时而会停下来，静静地望一望被风吹动的海面。

海风还是像她刚回国时那样咸湿，海水还是不停地拍打着礁石，浪花还是会飞向空中，再落下来，回到大海。

《中国科学报》（2024-01-25 第 4 版 风范）

夏培肃

（1923 年 7 月 28 日—2014 年 8 月 27 日）

夏培肃：被刻在国产芯片上的"计算机女神"

赵广立

许多人恐怕不知道，出身教育世家、一生恬静淡然的"中国计算机之母"夏培肃，年轻时是如何的血气方刚。

1947年夏天的一个夜里，国民党的骑兵队包围了当时的国立交通大学（时在重庆九龙坡），到校内各处抓人。特务们搜查到女生宿舍，蛮横叫门。此时，国立交通大学电信研究所唯一的女研究生夏培肃就在门后。她很气愤，故意不给开门。一个特务从气窗爬了进来打开门，房内立即拥进来一群人。他们穿着黑对襟褂子，手里拿着写着人名的折子，气势汹汹。夏培肃很生气，大骂他们。对方威胁着要把她带走。但那时她正在办出国留学手续，不在"黑名单"上，这群人才作罢。

出国前，对时局失望透顶的夏培肃对妹妹夏培静说："现在你们搞革命，以后我们回来建设新中国。"

在英国读博期间，夏培肃看到房东小女儿的地理教科书上写有"中国男人抽鸦片、女人缠小脚""中国人睡得早是因为太穷"等描述后，很是生气，拿起书就去找房东太太理论。但对方坚持认为如此，还说自己曾捐过衣物给中国人，问她是否收到过。

在异国他乡亲身感受到国家落后所蒙受的屈辱，夏培肃心中暗想："宁愿中国让别人恨、让别人怕，也不能被人瞧不起！"

她心中那颗科技报国的种子，就在那个年岁生了根、发了芽。

一、被华罗庚"转折"的命运

在与我国数学大师华罗庚先生结识之前，夏培肃就有一次人生的重大决定与他相关。

那是 1950 年，夏培肃在爱丁堡大学获得博士学位后，与丈夫杨立铭犹豫着何时回国。杨立铭此时正在著名的量子力学创始人之一马克斯·玻恩（Max Born）身边任研究助手；夏培肃的一位老同学则建议他们去"急需人才"的美国寻找"更美好的前途"。就在这时，他们看到了华罗庚在归国途中通过新华社播发的《致中国全体留美学生的公开信》。

△ 1946 年，夏培肃在国立交通大学留影

△ 1950 年，夏培肃在英国爱丁堡与丈夫杨立铭合影

　　"梁园虽好，非久居之乡，归去来兮！"华罗庚的话，拨动了夏培肃和杨立铭的心弦，他们当下决定尽快回国。

　　夏培肃彻底迎来"人生的转折"则发生在 1952 年。

　　1945 年，美国宾夕法尼亚大学研制成功世界上第一台电子计算机"ENIAC"[①]。这台电子计算机于 1946 年 2 月公布后，在国际科技界轰动一时——它将一个崭新的、有前景的科技领域展现在人们面前。

　　曾经常与"现代计算机之父"冯·诺依曼讨论学术问题的华罗庚，回国后认识到必须要研制和发展计算机。当时他正在中国科学院数学研究所主持工作，于是打算从清华大学调人到数学研究所研究电子计算机。

　　当时夏培肃已计划在清华大学电机系任教。但有着深厚数学和电路理论基础的她，对研究计算机很感兴趣——她在英国已经看到计算机发展的广阔前景。所以当被闵乃大教授告知华罗庚有此想法后，夏培肃非常兴奋。

　　1952 年秋天的一个傍晚，闵乃大、夏培肃、王传英（闵乃大刚毕业不久的助手）三人登门谒见了华罗庚。后来，三人在华罗庚的支持下，组成了我国第一个计算机研究小组。这次拜访，夏培肃在后来的回忆文章中称之为"改变命运的重要转折点"。从那之后，夏培肃这个名字，就与中国计算机事业的开拓与发展紧紧地绑定在一起。

　　当时，国内没有一本叙述电子计算机原理的书，他们就从英文期刊中一点点查找，并一个字、一个字地抄录下来，制定了开发思路。后来，闵乃大、王传英接连于 1958 年前后因故不再进行计算机的研究工作，夏培肃是三人小组中自始至终投身中国计算机事业的人。

---

① ENIAC 的全称为 electronic numerical integrator and computer，即电子数字积分计算机。

二、"中国人有能力、有志气研制自己的计算机"

1959 年，中苏关系达到冰点。苏联撤回了对中国的所有援助，包括科学家和科研设备。当时，世界上其他国家都在猜测，中国计算机科学领域的发展将就此停滞。

但是，中国没有。

彼时，年仅三十出头的夏培肃已经作为华罗庚在计算机技术方面的助手，在 1956 年参与制定了我国科学技术史上十分重要的"十二年科学远景规划"——《1956—1967 年科学技术发展远景规划》，其中计算技术被列为"四项紧急措施"之首，之后，中国科学院计算技术研究所（筹）建立。

这年，由夏培肃实际领导的电子计算机小组，先后试验成功了示波管存储器（具体由吴几康负责）和运算器（具体由夏培肃负责）。而再往前一年，夏培肃在广泛阅读文献资料和研究计算机的基础上，编写了《电子计算机原理》讲义，该书的精要内容一直沿用至今。也就是说，在苏联悍然撕破友好协议之时，我国在华罗庚、夏培肃等科学家的努力下，已在自主研制计算机方面打下了一些基础。

1960 年，即中苏关系破裂的第二年，夏培肃主持设计研制的"107 机"调试成功。"107 机"是中国人自行研制的第一台通用计算机，该机水平与英国和美国分别在 1949 年和 1951 年完成的"EDSAC"和"EDVAC"的水平相当。但"107 机"的稳定性更好，开机运行后，连续稳定工作达 20.5 小时——当时根据苏联图纸仿制的"103 机"的平均连续稳定工作时间只有半小时。而且"107 机"可以随时启停，仿制机则做不到这一点。

2020 年 2 月 20 日，英国广播公司（BBC）在纪念夏培肃的文章中写道：这是中国迈向计算机技术自立的第一步 [1]。

---

[1] Leila McNeill. The computer pioneer who built modern China. https://acsa.ustc.edu.cn/ics/download/107/The%20computer%20pioneer%20who%20built%20modern%20China%20-%20BBC%20Future.pdf.

△ "107 机"全景图

夏培肃后来说，"107 机"能够研制出来，表明"中国人有能力、有志气设计和研制自己的计算机！"事实上，在制定《1956—1967年科学技术发展远景规划》之初，规划组就讨论了"中国研制计算机是依靠苏联还是靠自己"的大原则问题。在讨论中，夏培肃一直站在"靠自己"这边。后来规划组达成一致意见：派一小部分人去苏联学习，同时在国内培养人才以发展自己的计算机。

夏培肃一直强调自主创新在科研工作中的重要性，"坚持做中国自己的计算机"。在她看来，作为中国科学院的研究所，不能去搞仿制——她一辈子都反对仿制，认为自主创新才有希望。她说："我们和美国的差距是很大的，中国的计算机技术必须坚持走自主创新而不是跟踪仿制的道路，才有可能迎头赶上。"她还多次以书面形式向有关部门建议："我国应开展高性能处理器芯片的自主设计，建议国家大力支持通用 CPU 芯片及其产业的发展，否则我国在高性能计算技术领域将永远受制于人。"

她这样说，也这样做。

那时中国科学技术大学还坐落于北京玉泉路，"107 机"被搬到了中国科学技术大学连专门通风系统都没有的机房内。而在这样的环境下，"107 机"竟也能正常工作，这也显示出它的性能稳定性高。夏培肃还为"107 机"设计了触发器，并写成文章发表。中国科学院沈阳计算技术研究所根据其原理，也成功设计研发出了触

△ "107机"主机

发器，为后来成功研发出计算机打下了基础。

在"107机"之后，夏培肃一直致力于提高计算机的处理速度，在诸如高速信号传输、高速阵列处理机、最大时间差流水线设计等方面进行了一系列探索和研究，有相当一部分研究走在世界前列。例如，1968年，她提出最大时间差流水线设计原则，并于1986年利用该原则研制成功一台中央处理机。后来，美国科学家利用该原则，设计并研制了他们的高速专用芯片。

三、"当老师的就是人梯"

如果把中国科学院计算技术研究所比作中国计算技术事业的摇篮，那么夏培肃就是抚育中国计算技术人才于襁褓的"摇篮人"。

前文提及，按照"先集中、后分散"原则，计算技术研究所（筹）计划同时派人到苏联学习计算机和在国内培养计算技术人才。作为贯彻人才战略的负责人，夏培肃先后组织实施了超过700人的人才培养计划，倾注了全部心血。

从1956年到1962年，夏培肃等人牵头在计算技术研究所举办了四届为期一到两年的训练班，700余人先后在这里获得了"具有当时大学本科毕业水平"的计算技术专业知识。他们后来分布在全国各地，成为发展我国计算机事业极其重要的力量。得益于夏培肃组织实施的人才培养计划，计算技术这个人才辈出的行业，涌现出无数领军人物，并分散在全国各行各业，成了创始人、奠基人、学科带头人。是以，计算技术研究所成为名副其实的计算技术人才培养的摇篮。

曾主导了"神威"系列超级计算机研制、获得 2002 年度"国家最高科学技术奖"的中国工程院院士金怡濂，自计算技术研究所筹建之初就与夏培肃共同参与中国计算机事业，并长期保持着联系。"夏先生是我十分敬重的师长。"2013 年 3 月，金怡濂为《夏培肃传：恬淡人生》作序，序言中金怡濂深情回忆夏培肃："夏先生勇敢承担了在国内举办训练班的重任，从确定培养目标到制订教学计划，无不亲力亲为；她还直接承担了繁重的教学任务，可谓殚精竭虑、夙夜辛劳。"

后人评价夏培肃：她在培养我国第一支计算技术专业队伍方面，特别是在教学组织和计算机知识的传授方面功不可没。她桃李满天下，其影响远远超过研制"107 机"。

我国计算机领域的战略科学家、中国工程院院士李国杰就是她的"桃李"之一。1979 年，李国杰在中国科学技术大学完成了基础课后，来到计算技术研究所，成为夏培肃代培的硕士研究生。正是与夏培肃先生的缘分，改变了他的一生。

1981 年，夏培肃从到北京讲学的美国普渡大学教授黄铠处了解到，普渡大学有一个奖学金名额，就打算推荐李国杰去那里读博士。"当时我还没有特别急迫地想出国，所以就问夏老师出国要几年，我想我那时候年纪也不小了，如果是两年左右就去，要是四年就不去了。"李国杰回忆。

夏培肃听了他的想法后笑着说："这是一个难得的好机会，你还讲条件？"在她的说服下，李国杰最终去了美国。那时，李国杰去美国的名义是"自费公派"，为此夏培肃特地与中国科学技术大学联系，让学校帮助解决他去美国的路费和置装费。

李国杰至今感慨，这次出国留学成了他人生的重要转折。在美国学习期间，李国杰发表了多篇高水平学术论文，在国际上被广泛引用。回国后，他又和夏培肃一起工作，后来又承担了国家 863 任务，负责研制"曙光"系列高性能计算机，担任了国家智能计算机

△ 1999 年，国庆 50 周年，夏培肃（右一）与学生李国杰院士在天安门观礼台

研究开发中心主任、中国科学院计算技术研究所所长，领导计算技术研究所和曙光公司发展我国高性能计算机产业、研制"龙芯"通用 CPU 芯片，并于 1995 年当选为中国工程院院士。

中国科学院计算技术研究所研究员胡伟武，现任龙芯中科技术股份有限公司董事长，他也是夏培肃培养的 60 多位研究生中的一员。2002 年，胡伟武团队设计完成了我国第一款通用 CPU 芯片——"龙芯 1 号"。"龙芯 1 号"的每个硅片上都刻有"夏 50"的字样，这是为了向夏培肃先生致敬。2002 年，正是夏培肃回国从事计算机事业的第五十个年头。2013 年，胡伟武团队设计完成了"龙芯 1C"芯片，他们又在这款芯片的每个硅片上都刻上"XPS90"字样，以纪念恩师九十岁诞辰。是以，夏培肃成为被刻在国产芯片上的"计算机女神"。

胡伟武多次在公开场合说："夏先生是我的人生引路人。"据胡伟武讲述，他的博士学习生涯很"挣扎"，有近两年时间在"担心毕不了业"的焦虑中度过。夏先生事无巨细，为帮助他倾注了大量心血。"我的博士学位论文，夏先生花了 8 个月，改了 26 稿。"到答辩时，胡伟武的论文与初稿相比已是脱胎换骨，"是夏先生手把手地教会了我如何做学问"。每念及此，胡伟武都很动容："后来我自己也成为了导师，但是我自问真的是做不到。"

胡伟武还记得，在他刚入师门时，夏培肃主持的一项自然科学基金重大项目"并行计算机及并行算法"已近尾声，他只参加了部分"扫尾"工作，在项目主要完成人名单上排名靠后。该项目斩获了中国科学院科技进步奖二等奖，按规定有 9 人可以获奖，但胡伟武意外地收到了获奖证书。后来师兄告诉他："夏老师把获奖名额让了出来。"

"一个项目获了奖，项目主持人却不在其中，这在学术界恐怕是罕见的。"胡伟武说，在他开始独立带学生承担项目时，他有一次看望夏培肃，谈起研究生培养，导师的一句话让胡伟武一生难忘："我们当老师的就是人梯。给别人当梯子，太低了没人愿意爬；自己要不断长高，别人才能攀着你往上爬。"

胡伟武说，夏培肃先生就是这样一架"人梯"。

周知予是夏培肃指导的最后一位博士生。当时，她有一篇论文要投稿，正赶上那段时间夏先生身体

△ 夏培肃（左）和研究生胡伟武讨论问题

不太好，每天去医务室输液。"我们就在医务室见面，她会把稿子带上，把需要修改的地方，详细地给我讲清楚。"后来论文在《计算机学报》上发表，夏培肃坚持把周知予列为第一作者。

"一位师兄常说起夏先生给他们讲课是多么细心认真，可以让听众完全理解。那时，我总很羡慕他们，感叹自己怎么没有早生几年，这样就可以听到夏先生讲课了。"周知予在对恩师的纪念文章中这样写道，"我现在回想起来，却很感激在那样的时间和情况下遇到夏先生……这对于我来说是非常宝贵的财富。"

在一次访谈中，夏培肃谈到，中国计算机事业要发展，需要"人梯"。

"中国的计算机，要达到世界先进水平、世界领先的话，一定要经过好多代人的努力。不是说一个人、两个人就可以完成的，而

△ 2013 年，时任计算技术研究所所长孙凝晖（右二）、人事处处长王晓虹（左一）与中国计算机学会秘书长杜子德（右一）到夏培肃（左二）家中慰问

是要一个集体、一架人梯，让年轻的站在下面人的肩上，一层层往上搭，人梯才能通天。"她说，"我自己即使不能达到世界最高的顶峰，可是我希望我的学生能够。我给他们做人梯、给他们铺路，让他们踩着我过去。"

四、伟大的女性光辉

夏培肃先生生于 1923 年，成长于风雨飘摇的中国。在南开中学读书时，自小瘦弱又生过病的夏培肃最害怕体育课。因为力气小，她在排球课上排球发不过网，篮球投篮抛不到篮筐。谁也不会想到，这样一位文弱女生，竟能在男多女少的计算机领域取得如此成就。同时，她还是一位"成功男人背后的成功女人"，丈夫杨立铭在科研上也有巨大成就，二人于1991年双双成为中国科学院学部委员（院士），被称为"科苑双星"，一时传作佳话。

斯坦福大学教授、《中国计算机纪年》（*The Chinese Computer——A Global History of the Information Age*）[①] 一书作者汤姆·马拉尼曾惊叹于夏培肃对中国计算机事业的贡献："我从未见过那个时代的其他女性能够像她一样，具有如此重要的地位，并在自己的领域中担任核心的领导角色。"

△ 夏培肃大学毕业照

但是，作为母亲、妻子这些女性身份，她也面对过早年丧子、丈夫患病的打击，两个儿子需要抚养和照顾的艰辛。

让我们从女性视角再看一看夏培肃先生。上大学时，目睹了家国贫弱的夏培肃怀揣"工业报国"理想，报考了国立中央大学电机系。电机系的女生很少，老师也不欢迎女同学。夏培肃回忆当时的情景："到沙坪坝（战时该校从南京搬迁至重庆沙坪坝）后，去电机系报到时，系主任皱眉：'又来了一个女的。'他认为女的不应该学工程。"

她不以为意：谁规定女生不能学工程？

夏培肃也确实吃过学工程的苦头。电机系的基础课"电工原理"非常重要，但上这门课的基本都是男生，女生宿舍距离上课教室很远。夏培肃吃过早饭再赶来，经常占不到座位，每每只好站在后排"听课"。这样听下来效果当然会打折扣，到期末考试时，只勉强得了个"及格"。"这可不行！"她决心重学"电工原理"。每到这门课，她就不吃早饭，饿着肚子跑去教室"占据有利地形"。这

---

① Thomas S Mullaney. The Chinese Computer——A Global History of the Information Age. The MIT Press. 2024.

△ 1941 年夏培肃（前排右二）和大学同学在一起

一次期末考试，她拿了 90 多分。

事实上，在夏培肃成长的年代，一位女性要实现工业报国的理想，无论在国内还是国外都充满挑战。夏培肃前往英国留学时，英国人中也没有多少女性学工科——她是爱丁堡大学工学院唯一的女生。她一去，新闻记者都来了。

即便是在现在，一位女性要兼顾事业和家庭，都是一个不易解决的难题。结合自己的经历，夏培肃曾经对后辈的女性科技工作者提出过"四要四不要"的勉励：要有理想、要勤奋执着、要诚信、要有自知之明，不要自卑、不要自负、不要刻意追求名利、不要错过结婚和生育的年龄。

夏培肃女性导师的角色，对学生的培养有着独特的魅力。在她的学生、中国科学院计算技术研究所研究员唐志敏的记忆中，恩师"恬淡自如、生活优雅"，对他的人生产生了很大影响。在一篇回忆文章中，唐志敏写道："夏老师的生活很俭朴，但不失优雅。她家里虽然没有什么装饰，却是一尘不染，清新整洁。我去她家里看她，她常留我吃饭。她家的饮食很清淡，夏老师和她的先生都不饮酒，家里的一瓶茅台酒，大半都是被我喝掉的。"唐志敏说，在跟着夏老师学习的那些年里，她并没有什么轰轰烈烈的举动，也没有慷慨激昂的言辞，但是她的一言一行、一举一动，却如春雨润物一般，虽然细无声，但却沁人心脾。"跟着夏老师，我学会了如何治学、如何为人。"

2014 年，中国计算机学会（CCF）设立"CCF 杰出女计算机工作者奖"。而就在这一年的 8 月 27 日，夏培肃先生因病情恶化在北京逝世，享年 91 岁。2015 年，"CCF 杰出女计算机工作者奖"更名为"CCF 夏培肃奖"。

夏培肃为人低调谦恭、淡泊名利，性情恬淡和顺，即便取得重大成果也极力避免宣传自己。她为何如此坚韧而出色，这恐怕是个谜。但夏培肃曾于 2003 年的一次出镜节目中，表露过自己的心迹。

"在您的心里面有特别崇拜的人吗？"

"我有。"

"是谁呢？"

"我觉得对我启发最大的就是江姐（指革命烈士江竹筠）。"

"给您什么样的启发？"

"我想到她就会激动。看到她，你就不能不去想一些比较深刻的问题，比如一个人到底为什么活着。我觉得我应该向她学习。"

"您为中国的计算机事业整整奋斗了一生，那么，您对自己的工作满意吗？"

"不满意。我觉得自己做的太少了，我应该还做得多一些，我可以做得更好一些，做得很不够，觉得很不够，跟有些人比起来。"

"跟谁比？"

"比如说邓稼先，我跟他还比较熟吧，我觉得他很了不起。我们在一起工作过，在近代物理研究所，他可能比我小一岁，我们还是中学校友，不过以前不知道。"

蒋新松

（1931 年 8 月 3 日—1997 年 3 月 30 日）

蒋新松：一位战略科学家的四十年

胡珉琦

人们知道钱学森，知道李四光，却未必听过蒋新松的名字。

1998 年 4 月 12 日，中共中央组织部、中共中央宣传部、科学技术部、中国科学院和中国工程院联合作出《关于号召全国科技工作者向蒋新松同志学习的决定》，《人民日报》评论员文章和新华社长篇通讯更是指出，"蒋新松是新中国培养的像钱学森、李四光一样的战略型科学家"。

中国工程院院士蒋新松一生最喜欢谈论的，就是国家的事情；最喜欢想的做的，也是国家的事情。他是中国机器人事业的奠基人，他闯出了一条适合中国国情的自动化发展道路，他用不长的一生为中国的工业强国梦攻城拔寨，"活着干，死了算"……

蒋新松生前最后一位采访者、作家李鸣生在他的报告文学《国家大事：战略科学家蒋新松生死警示录》①中写道：

从他的身上，我们既看到了一个科学家用科技这个杠杆撬动历史巨轮时所付出的血的代价，也看到了新一代科学家在这个大时代中的奋斗身影、科学精神和独具光芒的智者品格与人格魅力，同时

---

① 李鸣生.国家大事：战略科学家蒋新松生死警示录.北京：作家出版社，1999：286.

还看到了一个民族由传统向现代迈进的沉重与艰难……

一、机遇

1977 年，全国自然科学学科规划大会在北京举行。沉默了 21 年的蒋新松，终于可以酣畅淋漓地说话了。那一年，蒋新松 46 岁。略略收缩的脖，微微弯曲的背，厚厚的镜片背后，目光若有所思。

1956 年，国家出台《1956—1967 年科学技术发展远景规划》，全国很快掀起了向现代科学进军的热潮。从上海交通大学自动化专业毕业的蒋新松意气风发、雄心勃勃，他来到北京，加入了中国科学院自动化研究所。殊不知，跌宕的命运也由此开始。

1965 年，他被调往中国科学院沈阳自动化研究所（以下简称沈阳自动化所）工作。在此后长长的一段特殊历史时期，一心只渴望工作的蒋新松扎进新中国第一个钢铁工业基地——鞍钢，默默啃下了 1200 可逆冷轧机数字式准确停车装置、复合张力调节系统、自适应厚度调节装置三块"硬骨头"，1978 年还因此获得了中国科学院重大科技成果奖和全国科学大会重大成果奖。

"只干不说"成了他在逆境中的选择。多年以后，有人说蒋新松清高、孤傲。可谁能知晓，那段饱受磨难时光让他彻底习惯了用沉默来应对一切。但只要面对国家事，蒋新松永远是那个输出最多的人。

1977 年，在沈阳自动化所所长叶强和科技处曹慧珍的支持下，蒋新松作为沈阳自动化所的代表之一，被派往北京起草有关自动化学科的发展规划。

"机器人将是 21 世纪具有代表性的高技术，如果我们失去了这个领域的科学技术优势，就可能失去一个时代。"全国自然科学规划大会的会议室里，曾经那个才思敏捷、侃侃而谈的蒋新松又回来了。

因为过往的每一个黑夜里，蒋新松都没有放下过思考，更因为这席话已经憋在他心里很久了。

1958 年，世界上第一台工业机器人 unimate 在美国诞生。它的出现彻底改变了现代工业和汽车制造的流程。可到了中国，工业机器人要想拿到"通行证"举步维艰。

早在 20 世纪 70 年代初，蒋新松就和沈阳自动化所另外两位科学家吴继显和谈大龙手捧《关于人工智能与机器人》的汇报材料，四处奔走，争取支持。他们是时代的瞭望者，他们担心中国再不出手就晚了。可彼时，却遇到了很多阻力。

"机器人是什么？"

"机器人变成人了，那还了得！"

"机器人还没搞明白，就要造出来，痴人说梦！"

各种质疑，不免让三位科学家有些沮丧。

如今，蒋新松终于等来了重启这个计划的大好时机。幸运的是，这个想法得到了屠善澄、杨嘉墀、王大珩和宋健等几位自动化领域顶级科学家的大力支持。研制机器人项目被正式列入"1978 年—1985 年的自动化科学发展规划"。

1979 年 8 月，蒋新松带领专家组前往日本参加首届国际人工智能研讨会，他们希望利用这次机会对日本的机器人发展应用做一番深度考察。

当时的日本，已经依托汽车工业建立起"机器人王国"。这也成为日本经济崛起的一个重要因素。可就在蒋新松提出想要购买一台机器人时，一位日本知名企业的技术部长却傲慢地拒绝了他："15 年内我们不准备与中国进行任何有关机器人方面的合作。原因很简单，即使我们把机器人卖给你们，你们也不会用！"

回国后不久，蒋新松被任命为沈阳自动化所所长，他立志要为中国的民族工业找回尊严，迅速展开了工业机器人的研究与试制。

"一个研究所，研究方向是最重要的。但是，我反对在理论上讨论方向。方向是干出来的，不是讨论出来的。关键是要干，不干，就什么都没有。"

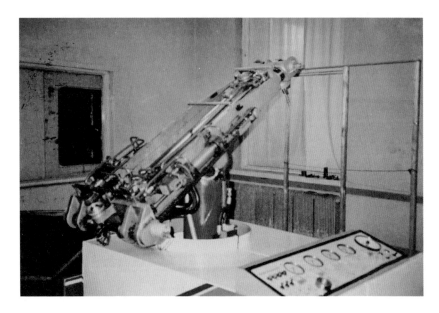

△ 1982 年 6 月 19 日，我国第一台应用计算机实现点位控制和速度轨迹控制的示教再现型工业机器人研制成功

1982 年，蒋新松与宋克威、周国斌等专家一起，成功研制出了中国第一台工业机器人——SZJ-1 型示教再现机械手样机，并通过了专家组的鉴定，具有国内先进水平，与国外的 Unimate-200 型示教再现机器人指标接近。

在鲜有人知晓工业机器人到底长什么样的时候，它彻底打开了中国人的眼界！

二、突破

自从世界上第一台工业机器人诞生以来，人与机器人的关系始终存在矛盾。彼时的中国，人们担忧：机器人是否会跟人抢"饭碗"？

要给中国机器人发展的僵局撕开一道口子，只能另辟蹊径。蒋新松提出，要结合中国国情开发特殊极端环境下工作的机器人，让机器人进行人类无法开展的作业。

"蒋所长经常说，制定战略时，要根据需要和条件，在多种可能中，进行比较，审时度势，确定目标。"与蒋新松共事多年，曾经担任科技处处长的纪慎之这样说道。

这既是一种大胆的创见，也是一种迂回的策略。而有此想法，与蒋新松重视科技情报和信息密不可分。

20世纪七八十年代，各国的机器人研究铺天盖地，而国际上对于极限工作条件下的特种机器人研发不断有新的进展，比如核电站用机器人、救火救灾机器人、水下机器人等等。特别是在日本考察期间，蒋新松偶然看到了一则消息：英国在北海油田开发中利用水下机器人进行海底勘探、井口监视、采油管辐射、电位测定作业等操作，效果不错。他立马想到，中国南海已经发现了大量油气储藏，有开发前景。

"如果我们也能研发出水下机器人，那么中国开发海洋的步伐势必会大大加快。它的重要性不亚于上天的火箭和卫星。"蒋新松认定，先搞水下机器人！可有人却说他哗众取宠，甚至当面调侃他："老蒋，看来旱鸭子也要下水了！"面对这些嘲笑，蒋新松并未放在心上。

1981年，蒋新松叩开了中国科学院技术科学部主任、学部委员李薰办公室的门，向他报告研究水下机器人的打算。李薰不仅是一位德高望重的科学家，也是蒋新松的伯乐，他非常了解眼前这个中年科学家的智慧和魄力。可即便如此，当他听到这个想法时，仍为之一震。"可先组织全国的机器人专家，在沈阳召开一次课题评审论证会。"慎重起见，李薰要求蒋新松尽快做好准备。

1983年，水下机器人被列入中国科学院"六五"重点研究项目。三年后，由沈阳自动化所牵头研制的"海人一号"水下机器人在南海试验获得成功，这是我国第一台水下机器人样机，也是蒋新松在机器人研究中闯过的第一道巨大的险隘。

为了这一天，蒋新松拿命在拼。

1984年，他率团队到美国、加拿大对水下机器人的生产与应

△ 蒋新松院士在"海人一号"鉴定会上

用情况进行考察、调研。三周时间里，他们去了十几个城市，28家单位。特种兵式的考察，白天调研，晚上写报告。回国后，蒋新松多次晕倒。患有甲亢的他，为了不耽误重要的谈判工作，服用了过量的药物，引起中毒反应，一度陷入病危，靠着手术才捡回了一条命。

三、开拓

20世纪80年代初，想法总是超前的蒋新松除了考虑机器人研发的立题，还有了一个更大的谋划。他希望打造一个面向全国，同时面向全世界的开放型的机器人研发基地和工程试验基地。

潜心科研、讷口少言，通常被视为科学家的天性和良能。可是，通览科学史上的重大工程，几乎都离不开成功的"游说"，因为一切科学决策归根结底是由人作出的。蒋新松就是一名极为出色的"游说家"。他勇于自我宣传，自我广告，大胆推销自己，他还常常鼓励科研人员要主动争取："如果你连主动参与竞争的胆量都没有，怎么可能把工作干好。"

为了争取机器人示范工程落地沈阳，蒋新松和同事们历经周折。

沈阳自动化所是全国较早开展人工智能和机器人研究的单位，不仅凝聚了一批国内较优秀的机器人专家，还产出了一批填补国内空白的研究成果。底气十足的蒋新松带着周国斌，主动出击。从1983年4月起，整整一年，他们上到国家10多个部委，下到全国20多个省市，开始了大规模的可行性调研和宣传工作，积极寻求支持。

"那段时间里，由于调研部门多，工作量大，难度高，蒋新松每天起早贪黑，走街串巷。尽管有时身上背着几十斤重的资料，由于兜里没钱，每次也只能去挤公共汽车，从不'打的'，也没钱'打的'。他患有甲亢，一次由于太累，竟在北京地铁口蹲了一个多小时，等稍稍好一点后，又站起来背着资料继续赶路。"后来，国家机器人示范工程总设计师周国斌在回忆这段往事时万分感佩。

凡是能进的门，蒋新松都进了。蒋新松一旦看准了谁，就死死地"盯住谁"，跑一次不行，就跑第二次，跑第二次不行，就再跑第三次、第四次。只要对方能给他机会，他就耐着性子、认认真真地向人家讲情况，作汇报。很多知识分子把面子、尊严看得比什么都重要，可在蒋新松这里，却不算什么。他经历了那一代知识分子最严酷的风暴，内心早已淬炼成钢。当年，在面对周遭的一片冷漠时，蒋新松淡淡地说了句：只要让我为国家做事，别无他求。如今，亦是如此。

关于如何说服别人，蒋新松有一套自己的"策略"。特别是面对一些非业务的领导，他除了会把工程的价值、作用、意义讲清楚外，还会非常细致地解释技术方面的问题，直到对方听懂为止。"人家一旦了解了，明白了，就有可能支持你。"

纪慎之还曾得到过蒋新松的"亲传"：一是要尽可能多地了解国内外前沿信息；二是要把实际需求写得真实，栩栩如生；三是写可行性，更要写难度，要站在国家的角度，主动联合可能的对手，让主管部门看出我们的能力、潜质、大局观；四是一定要浓缩出几句或几处让人眼睛一亮具有新意的观点或表述，这样可以格外引起注意。

蒋新松还是个不折不扣的细节控。纪慎之说，为了达到向对方报告时的视听效果，他甚至会根据报告厅大小、与听众距离，确定PPT的行数、字的号数、颜色……后来，纪慎之把这些经验总结起来刊登在了所报上，同事们如获至宝，更惊叹于那份极致的追求。

1986年7月9日，国家机器人示范工程正式破土动工，这将是当时亚洲规模最大的机器人示范中心。总投资高达 5000 万元，其中仅购置科研设备的投资就达到 590 万美元的外汇额度。这在当时堪称天文数字，犹如今天的大科学工程。

就在机器人示范工程开工不久，身为该项目负责人的蒋新松又一次躺在了医院的病床上。有同事劝他，别这么拼命，他却回答："我的时间和生命曾经被耽误了 20 年，现在留给我的已经不多了，我除了拼命，还有别的办法吗？所以，'活着干，死了算'，不得不成为我的基本准则。"

四、胆识

1990 年 8 月，机器人示范工程竣工，中国机器人的"城堡"已初具规模，它也即将迎来一场重头戏。这一年，在蒋新松的规划与指导下，封锡盛作为项目负责人，启动了中国第一台潜深 1000 米的无缆自治水下机器人"探索者号"的研制工作，它是"863"计划重点项目。

此时，蒋新松得到了一个让他既兴奋又焦虑的消息：继美国之后，苏联也搞出了水下 6000 米机器人！ 6000 米与 1000 米之间，多出了整整 5 倍。中国跟，还是不跟？跃跃欲试的蒋新松当即给封锡盛出了道难题。

论影响，当然是搞 6000 米影响最大，但国外从 1000 米水下机器人到 6000 米水下机器人经历了 10 多年，我们现有的能力能否做到？

"事在人为嘛！"在蒋新松心里，这从来不是个疑问句。蒋新松的老同事都说，"老蒋胆大"。外语还一知半解的时候，他就敢直接与老外对话，到后来竟能对答如流；有些问题还没完全搞清楚，他就搭起线路做实验，最后都弄得一清二楚。纪慎之说："蒋所长总是告诉我们，有些事情要事先都想清楚是不可能的，必须要'摸着石头过河'。"

雷厉风行的蒋新松，很快便把苏联科学院远东分院海洋技术问题研究所所长阿格耶夫等专家请到了沈阳。阿格耶夫是苏联科学院通讯院士、著名的无缆水下机器人学者与带头人。此时的苏联，经济正处于崩溃边缘，急需资金，阿格耶夫的合作意愿非常明显。这正是蒋新松想要的。

1991 年 7 月，蒋新松率领由徐凤安、封锡盛、王棣棠组成的中国科学院沈阳自动化研究所代表团，来到了即将解体的苏联。

当亲眼看到苏联深潜 6000 米无缆水下机器人，并得知它们已先后参加过著名的打捞被苏联击落的韩国民航波音 747 客机、贝加尔湖污染自净化生态考察、大西洋百慕大附近海域苏联失事潜艇的搜索考察等重大海上任务时，蒋新松暗下决心：与苏联合作研发水下机器人，势在必行！

别人眼中的冒险，其实是蒋新松深思熟虑、权衡利弊的结果。在深潜技术、声呐换能器以及电池、定位等方面，苏联确实比中国技高一筹，但他们的控制技术和电子技术还明显不如中国，在产品的市场开放上也大大落后于中国。蒋新松打了个比方，一个"瞎子"，一个"瘸子"，若是各走各的路，各做各的事，肯定不行。但如果两人合二为一，取长补短，便可做出甚至超过正常人能力的事情，从而达到共同的目的。

当他连夜把这个"瞎子背瘸子"的理论讲给代表团的几位专家听时，仿佛为他们打开了一扇新世界的门。一夜之间，考察团变成了"谈判团"。最终，蒋新松在还没有得到上级同意的情况下，与苏方草签了合作意向书，共同设计、研制中国的 6000 米水下机器人，并邀请阿格耶夫 10 月份回访中国。

然而，此时还有一座大山横亘在他的面前——100 多万美元的研发预算从哪儿来？

回国后仅一个星期，蒋新松便将《访苏报告》连同打算与苏联合作水下 6000 米机器人的正式报告，一并送交给了中国科学院和国家科委。尽管当时的蒋新松已是"863"计划自动化领域的首席科学家，但要想增加一大笔额外的专项资金，谈何容易。于是，他又赴京奔走寻求支持。

直到1991年10月，苏联访华代表团再次来到沈阳，资金问题仍未得解。合作协议签，还是不签？蒋新松顶着重压拍板：签！他何尝不知，这是一着险棋。研究所不少人都替他捏着一把汗，也有人直言，他自作主张，先斩后奏，太急于求成了。

真正给这个计划带来重创的，是1991年12月25日，政治世界变了天地，苏联这个显赫一时的超级大国从此退出了历史舞台。就在所有人都以为合作必将"流产"时，蒋新松不但没有放弃，反而更坚定了自己的选择。

在他看来，现在正是合作的良机，否则等他们恢复过来，和西方关系缓和以后，由于他们的工业基础、基础研究及人民的教育素质比我们好，前进的速度将会大大快于我们。不应等到无求于我们时，这样会失去良机。

不达目的不罢休的蒋新松决定再次进京，向国家科委和中国科学院领导陈情。

一份军令状，拳拳赤子心。短短几个月，蒋新松仿佛老了十几岁。而他的执着与远见卓识终于打动了国家科委主任宋健、副主任朱丽兰，深潜6000米水下机器人项目被正式列入国家"863"计划，拨付经费1200万元。

1995年9月，中国深潜6000米无缆水下机器人在夏威夷东海域成功通过了深海实验。1997年1月，水下机器人在完成改进之后，面临

△ 1996年6月21日，蒋新松在学术研讨会上

着是否要赴太平洋再次海试的选择。当时已经卸任所长的蒋新松，再次向国家科委立下军令状，水下机器人必须接受实践检验，他和所长王天然愿意为此承担一切责任！3 月 26 日，当他站在水下机器人课题组同志们的面前，铿锵有力地喊出"活着干，死了算"，谁也没有料到，这竟是蒋新松留给课题组最后的话。

五、遗憾

蒋新松有句口头禅：科学工作是没有 8 小时工作制的。如果一个人对社会什么贡献也没有，就是长寿有什么用？

"回顾蒋新松生命中最后的七天，会发现，这里凝聚和彰显了主导他一生的幸福观、价值观、人生观！"纪慎之意味深长地说道。

1997 年 3 月 25 日晚 10 时左右：蒋新松从北京回到沈阳家中，连夜改写 3 月 16 日交到国家科委的报告《我国制造业面临的内外形势及对策研究》。

3 月 26 日：参加关于 6000 米水下机器人再度深潜试验会议。

3 月 27 日至 28 日：在东北大学参加"超级 863 计划"座谈会并作报告。

3 月 28 日晚：赶写中国工程院约稿"院士之路"文章。

3 月 29 日 7 点 30 分：准备乘车去鞍山参加鞍钢"九五"计划关于技改的讨论会，因急性大面积心肌梗死住院抢救。

3 月 30 日上午：病情稍加好转，与研究所领导谈下一步"863"计划的几项工作，下午 2 点，病情突然恶化，抢救无效离世，享年 66 岁。

就在入院治疗前几天，他每天都从早晨四五点工作到凌晨一两点。

这些年，蒋新松一次次从死亡的威胁下逃脱出来，可那具修修补补的身躯确已不堪重负。"若是老天能再给我留点时间，给大中型企业再做点事情就好了！"3 月 29 日，躺在病床上的蒋新松默默祈祷着。

蒋新松放不下的，是他人生的另一件大事——工业自动化和国有大中型企业的转型发展。

1987 年，蒋新松成为"863"计划自动化领域的首席科学家后，就把计算机集成制造系统（CIMS）确定为该领域的两个主题之一，另一个就是机器人。他要让"863"计划能为国有大中型企业摆脱困境、提质增效，甚至要把 CIMS 的发展与促进我国经济增长方式转变结合起来。后来他又提出并行工程、敏捷制造、拟实制造等一系列以知识为基础的知识经济时代的先进制造和管理的概念、理论与方法。

1996 年，他在一封致友人的信中写道："我设定的目标是如何在下一世纪 20 年代，使我国 40 万个企业（大中型）和世界接轨，跻身于世界市场竞争舞台。"

忧国之情，振兴之志，跃然纸上。

但凡和蒋新松打过交道的人都知道，他为人霸道、严厉。严得有时不近人情，霸得有时说一不二。

"人无完人。更可贵的是，他为人清正廉洁，办事脚踏实地，从不弄虚作假，他一切为了国家，心底无私天地宽……"纪慎之说，所以他才受到了职工们的拥戴，才会有那么多人自觉自愿地跟着他"活着干，死了算"，才得到了多位科技界领导人的信赖和尊重。

"这是智慧的力量，行动的力量，人格的力量！"

附录一
啃下多少硬骨头
才能成为"奋斗者"

陈欢欢

"杨锐他们啊，啃的都是硬骨头。"这是研究所同事对杨锐团队的评价。

"上九天揽月，下五洋捉鳖"可以概括中国科学院金属研究所（以下简称金属所）研究员杨锐啃过的硬骨头。航空发动机、"长征五号"运载火箭、"奋斗者"号万米深潜器……他们都提供过关键材料。

从"天空"转向"海底"是在 9 年前。当时，中国要向海底深渊进军，金属所开始参与关键部件载人舱的研制。

2020 年 11 月，采用国产原创技术和材料建造的钛合金载人球舱交出满意答卷，"奋斗者"号在马里亚纳海沟创造了 10 909 米的中国载人深潜新纪录，使我国成为世界上第二个实现万米载人深潜的国家。

回忆这 9 年的探索过程，杨锐说："跌宕起伏，有惊无险。"

一、立军令状

得知要建造搭载 3 人的万米深海潜水器，杨锐心里有点打鼓。

287

下潜万米，载人舱需要耐受 110 兆帕的水压，相当于 2000 头非洲象踩在一个成年人的背上。此前获得成功的万米载人舱搭载两人已是极限，要超越极限，杨锐清楚，只能依靠核心技术的重大突破。而且，金属所钛合金研究部的工作多集中在航空航天领域，很少涉及海洋，这项工作又"前无古人"，没有多少国际经验可供借鉴。

为了给万米深潜作准备，中国科学院先行上马了"海斗深渊前沿科技问题研究与攻关"先导专项。专项首席科学家丁抗曾说，载人舱是万米载人深潜最大的"拦路虎"，如果能突破的话，必能把我国的载人深潜事业推向一个新的高度。这话令杨锐印象深刻。

2013 年的一次论证会上，主持会议的领导说："载人舱是成败的关键。杨锐你说说，能不能做出来？"这一问，杨锐没有立刻回答。当时，他和金属所钛合金研究部副主任雷家峰、青年骨干马英杰一起搞过几次头脑风暴，做了一些准备工作，但要"在起点上拍胸脯实在缺乏底气"。三五秒内，种种情形在杨锐脑中闪过。最终，他抬头回答："只要立项，保证能干出来。"

2016 年，国家重点研发计划"深海关键技术与装备"重点专项立项，核心任务是研制"奋斗者"号全海深载人潜水器。完成时间却从"十四五"提前到"十三五"。杨锐等人依据交付时间倒排进度，发现没有任何回旋余地。"当务之急是尽快确定优化的合金成分，为后续工程化研究争取时间。"杨锐当机立断，做出判断——没有时间一轮又一轮反复试错，必须尽快找到一个指导原则。

二、拿下 Ti62A

强度和韧性是金属的一对矛盾属性，也就是说，坚硬的金属往往较"脆"、可塑性差，韧性高则皮实、安全。近 30 年来，世界上几乎所有深潜器的载人舱都采用钛合金 Ti64 制造，正是看中了 Ti64 能在中等强度下保持高韧性的优点。

但要建造承受万米深度海水压力的 3 人球舱，无论怎么计算，都超出了Ti64的极限。摆在团队面前的只有一条路：放弃数据齐全、制造经验丰富的Ti64，研制新型钛合金。"这是制造载人舱的最大技术挑战。"杨锐说。

团队很快将目光锁定与Ti64韧性相当的Ti62222。这种钛合金的设计初衷是取代Ti64，美国20世纪80年代提出后曾风靡一时，但由于存在技术缺陷，后来不了了之。金属所钛合金研究部早在"十一五"期间就研究分析过Ti62222的不足，有不错的研究基础。

2014年春节假期，杨锐"闲来无事"，读遍了能找到的所有合金相关文献。突然，一篇论文引起他的注意。20世纪90年代，美国学者研究发现，引起合金韧性的欧米伽相结构并不完美。杨锐琢磨发现，这个相越不完美，造成的危害越小。

这让他醍醐灌顶：也许可以找到一种"神药"，通过合金设计改造欧米伽相，从而使这个"恶性肿瘤"变成良性。

他联想到另外两项工作，分别是同日本国立材料研究所和英国罗罗公司合作研究的钛－铌－钯和钛－铌－钼合金，都是在常见铌元素之外添加了"说不清道不明"的其他元素，却意外提高了韧性。而钯和钼在元素周期表中的位置都在钛的右方。

杨锐立刻找到同事胡青苗研究员说明这一想法，后者放弃休假回到实验室，通过理论计算证实，钼和此前分析过的钯一样，都能降低欧米伽相的稳定性，从而提高合金的韧性。

由此，新型合金设计的主要思路逐渐清晰：回避元素周期表中处于钛下方的难熔金属元素，酌量增加其右方元素，实现强度和韧性的最佳配比。但是，说起来容易，要做到"恰到好处"却极其困难。"金属材料的强度和韧性通常呈倒置关系，要同时提高，难于上青天。"杨锐说。

金属所的雄厚基础和经验优势此时再次发挥作用，雷家峰在此方向已开展了15年以上的研究，对合金中10余种元素的习性了如指掌。杨锐笑称："闭着眼睛他都知道在不同温度下它们会往哪边跑。"他们将精力集中于少数尚不熟悉的元素，打歼灭战，在短时间内掌握规律并确定定量关系。

最终，经过实验验证，中国原创的新型钛合金 Ti62A 诞生了！它的韧性和可焊性与 Ti64 相当，强度提高了 20%。"以前我们讲国产化，还是在追赶别人，现在已经不仅是国产，而是国创了。"杨锐自信地说。

三、制胜法宝

要耗费 3 个多小时下潜万米，并在水下开展 6 个小时的科考作业，载人舱还面临着钛金属保载疲劳的问题。好在这一问题金属所也有过深入的研究。

飞机起飞爬坡时发动机声音较大，平飞时较为安静，是因为爬坡需要更大动力。但是，飞机反复起飞导致的载荷周期性变化，对钢等金属不会产生较大影响，却会引发钛合金保载疲劳现象，大大降低其寿命。1972 年，罗罗公司在分析一起飞行事故时首次发现了这一现象，至今仍未彻底揭开谜底。

2009 年 6 月，杨锐和罗罗公司钛合金首席专家阮格在一次学术会议上一见如故，决定合作开展钛合金保载疲劳研究。由于需要大规格材料取样，且极为费时，这项工作前后花费超百万元。金属所邱建科由此成为杨锐"最贵"的一名博士生，但也成为了国内对钛合金保载疲劳研究最为透彻的人。在载人舱研制过程中，邱建科承担了 Ti62A 保载疲劳研究任务，保证其可以放心使用。前期的研究基础为项目按时完成节约了大量时间。

合金小样品性能好，并不代表大规格板材性能一定好，特别是对于大厚度板材，高强度和高韧性依然不能同时实现。此时轮到团队中的马英杰出场了，制备复合片层正是他的拿手好戏。通过设计独创的钛合金两级交错片层状显微结构，他们在国内最大厚度的宽幅钛合金板材中实现了复合片层组织的控制目标。同传统结构相比，球舱性能全面提升：强度提高 5%，塑性提高 15%，断裂韧性提高

10%，裂纹扩展速率下降 50%～80%。

"开发原创技术、破解'卡脖子'问题，还是要站在前人的肩膀上。没有基础研究的积累，拍脑袋做不出来。"杨锐说。金属所有着几十年的高温钛合金研究积累和国际交流经验，这也许是他们惊险过关的制胜法宝。

四、惊险瞬间

2019 年 6 月 17 日，离载人舱建造完成仅一步之遥。

晚上 10 时许，杨锐等人在中国船舶集团第七二五研究所（简称七二五所）的一间会议室里静静等待。隔着一幢楼就是电子束焊接车间，载人舱的两个半球正在那里焊接。采用焊接工艺，是项目组的创举，也是风险点之一。同年下潜万米的美国"极限因子"号潜水器 2 人舱采用螺栓连接两个半球，3 人球舱承力更大，材料的强度更高，焊接难度可想而知。

由于经费有限，这个球舱只能成功不能失败，容不得半点闪失。安排的时间已过，现场却迟迟没有消息。众人坐在会议室内，感到那天的空气有点潮湿、有点闷。"又等了 45 分钟，终于来人说焊完了，我们赶紧过去，从焊缝外观初步判断是成功的！"杨锐回忆。原来，开工前设备发生了点故障。事后回想，大家都有点后怕：如果故障发生在焊接过程中，后果不堪设想。

建造万米潜水器的载人球舱，必须克服材料、成形、焊接等一系列难题。在国家重点研发计划"深海关键技术与装备"重点专项支持下，金属所牵头，同宝鸡钛业股份有限公司、七二五所等单位联合攻关。"大家都拿出了看家本领，突破自我、精诚合作，最终按时保质完成任务。"杨锐说。

经此一役，我国不仅在钛合金科学领域进入国际前列，制造工艺也得到了极大提升——钛合金铸锭重量、板材幅宽与厚度等技术指标均打破国内纪录，电子束焊接技术国际领先。

杨锐说："这就是需求驱动的力量。"

在整个项目进程中，金属所在短时间内突破了材料难关，与各部门协作，还经历过项目周期缩短和经费缩减等困难。作为带头人，杨锐却乐呵呵地说："你看我像害怕压力的人吗？我还经常给别人当'心灵按摩师'。"

马英杰说："杨老师是乐观的人，一直倡导不要把技术压力变成精神压力。他也是很有规划的人，高风险的技术会安排备选路线，并行发展；每个时间节点必须完成的事，也会督促大家完成。"

2020年11月28日，完成万米下潜突破的"奋斗者"号返航，杨锐来到三亚迎接"战友"凯旋。那一天的南山港码头人声鼎沸，在鲜花和掌声中，杨锐感慨："以前我是做航空航天材料的，这下'海阔天空'占全了。但光荣和热闹总会过去，科技工作者们会回到冷板凳上去，进入下一轮奋斗。"

《中国科学报》（2021-01-14 第1版）

附录二
地下 700 米的孤勇者

倪思洁

讲普通话的人又来了，一群小年轻。老板笑盈盈地把几碗云吞放到他们面前。

小年轻们叽叽喳喳地聊着天。他们说的话，老板听不明白。在这个少有外来人的地方，当地人心照不宣，讲普通话的基本都是"从中微子来的"，他们在打石山底下挖了个几百米的深洞，说是要研究一种叫"中微子"的东西。

打石山位于广东江门开平市金鸡镇、赤水镇一带，高200多米，为花岗岩体。在外乡人来之前，那里是个废弃的采石场。老板尝试问过年轻人："你们到底要研究什么。"一些奇奇怪怪的名词，让聊天陷入了僵局。久而久之，老板不再多问，年轻人也不再多说，他卖他的云吞，他们吃他们的云吞，笑笑就好。

一、山底的洞

那是硕士生李晞闻唯一一次下山吃饭。她来了一个多月，除了那次聚餐，其他时间都待在工程现场，交通不方便，工作也太忙。李晞闻是个东北姑娘，在中国科学院高能物理研究所（以下简称高能所）读研究生，学的是机械设计专业，云吞、烧鹅、肠粉、煲仔饭，都是她之前不太熟悉的美食。她来到这里，是为了和她的老师、同学一起，推动一个雄心勃勃的计划——在地下 700 米安装巨型有机玻璃球。

每天，她坐着轰隆隆的矿车穿过 1267 米的斜井，再步行穿过一段闷热阴湿的斜坡。快则二十分钟，慢则半个小时。一趟下来，身上的汗黏糊糊的。到地势平缓的时候，她会遇到一位看场地的当地阿姨。起初，阿姨会招呼她穿好鞋套，换好洁净服，戴好发罩，并目送她去风淋室吹掉身上的灰尘。几次之后，她们见面也就只点个头，然后阿姨继续低头刷手机。

从风淋室出来，就进入了石洞，里面有空调和通风系统，比外面干爽得多。这是目前国内跨度最大的地下人工石洞，里面有个巨大的圆柱形水池，内壁用黑色材料覆盖，像个被涂黑的"大桶"。桶宽 43.5 米，深 44 米，看不到混凝土结构。

"大桶"里已经有一个巨大的不锈钢球，那是整个装置的"骨架"，直径 35.4 米的有机玻璃球将被支撑在里面。玻璃球不久前才刚开始安装。由于隧道截面有限，玻璃球不能装好后再运进洞里，所以他们把大玻璃球分成 23 层、265 块，第一层 3 块，第二层 4 块，最多的一层有 15 块，从上往下装。

"大桶"中心有一座云台，相当于工作台，在 38 米的高度，可以升降和延展。深吸一口气，李晞闻手脚并用地攀着近乎垂直的梯架向上爬。台上，有机玻璃球的头两层已经拼好，球面和钢架之间靠金属杆连接。云台是李晞闻的"战场"，对手是看不见也摸不着的"力"。通过金属杆上的传感器，李晞闻能了解金属杆拉扯玻璃球的力度。她要调节金属杆的长短，让球面受力均匀，只有这样，玻璃球才能端正、安稳地坐到钢球的正中央。

"战"了一个多月，进度缓慢，各种意想不到的问题时常出现。在名叫"马总和她的小弟们"的微信群里，李晞闻经常要向马总汇报工作进度和问题。

"马总"名叫马骁妍，是高能所高级工程师、江门中微子实验的总工程师，个子不高，整天戴着一顶白色安全帽，栗色的中长卷发被压得只看得见发梢。工作时，马总利落又严格，就连吃饭也常常在安排工作："吃完饭你先下去一趟，看一下安装方的数据，看数据是在什么状态下测的，我一会儿就到……"闲暇时，马总却很"宠溺"她的"小弟们"。最近，有人不经意间说了句"好想吃沙滩烧烤啊"，她当天晚上就在实验站的草坪上支起了烧烤架，摆好肉串、饮料和各种小零食。

有机玻璃安装进度慢，大家虽有点着急但不慌张，因为马骁妍事先就跟中国科学院院士、江门中微子实验首席科学家王贻芳约法三章："装头两层玻璃的时候，你千万别催我进度，我们先把头两层装好，后面的进度我给你追回来。"王贻芳很信任她，真就一次都没催过。

大概再过 9 个月，有机玻璃球就能成型，之后通过玻璃球顶端留下的"烟囱"，科学家会给玻璃球灌满 20 000 吨可以让中微子"闪烁"的液体，并在玻璃球外的"大桶"里灌满 35 000 吨超纯净水，用来屏蔽宇宙线引起的假中微子信号。

马骁妍说，中微子穿过球体时，会有一定的概率和液体里密布的氢核发生反应。每一次反应产生一个正电子和一个中子，正电子随即湮灭释放出一个快信号，中子则在反复碰撞后被其他氢核吸收并释放出一个慢信号，一前一后两次闪烁，就暴露了中微子的行踪。

头两层玻璃安装得很谨慎，一丁点的误差都要调。李晞闻常常忙到饭堂快关门时才下云台。下云台的姿势是资历的象征。她的同学王德润比她来得早，已经可以像下楼梯一样正着下。李晞闻还不行，她得抓紧扶手，手脚配合好，尽可能快地倒退着下，然后赶在饭堂关门前打上饭。

饭堂是个简易房，一下雨整座房子噼里啪啦地响，大家都扯着嗓子喊话。饭堂每顿提供三菜一汤，一荤两素，来吃的大多是"搞科研的"。工人们更愿意自己开伙，他们嫌"饭堂油水太少，科学家口味太淡"。也有一些当地的工人在这里吃饭，但无论是李晞闻还是马骁妍都很少和工人们闲聊。有一次，一位 20 多岁的货车司机突然问马骁妍"中微子到底是啥东西"，马骁妍歪着头想了半天，最后耸着肩说"我也不知道"。

马骁妍的脑子里其实闪过了很多答案，比方说，中微子是一种暗物质粒子，有质量，也是自然界最基本的粒子之一，或者说中微子是 12 种构成物质世界的基本粒子中的 3 种，又或者说宇宙中微子大部分是宇宙大爆炸的残留，大约每立方厘米有 300 个。但思来想去，这些回答似乎只会让小伙子更加困惑。

于是，她给高能所研究员、江门中微子实验国际合作组副发言人曹俊发微信求助。做了 18 年中微子实验的曹俊也琢磨了半天，最后截下自己和马骁妍的聊天对话图发在加了"V"的个人微博里，请大家帮忙出主意。

二、较劲的人

虽然不常和工人们聊天，但大部分在实验现场工作的科学家都说，和工人沟通是确保工程顺利推进的必要前提。不过，由于工程有很多指标很苛刻，沟通常会擦出火药味。

在"大桶"里，科学家怕灰，因为灰会干扰实验观测结果。王贻芳说，按计划，有机玻璃球要装满 20 000 吨化学液体，液体里的灰尘量不能超过 0.008 克。

这意味着从安装环节开始就不能有灰。穿洁净服、罩鞋套、戴发罩、吹风……繁琐的进洞流程一开始让很多工人觉得新鲜，但马骁妍发现，工人们"慢慢就烦了"。

身处尘世间，灰尘总是难免的。为了让"大桶"尽可能干净，马骁妍常要请工人给"桶"顶除灰。"要一点点把灰吸走。"马骁妍在"吸"字上加重了语气。几个大男人听完点点头，转身就去爬钢架。等马骁妍忙完手头别的事情抬头一看，大汉正举着抹布卖力地掸棚顶上的灰。"不行啊，得'吸'才行，你这样擦，灰还在桶里。"马骁妍说。"干净了不就行了吗？"工人没办法理解，觉得科学家"很烦"。"你理解的干净跟我们要求的干净不是一个概念。"马骁妍很无奈。反复几次后，马骁妍口干舌燥，大汉也被磨得没了耐心，但最后还是重新爬上去吸灰。

科学家也跟材料设备生产厂商较劲。生产了几十年有机玻璃的厂商被"折磨"得没了脾气。但每次带访客参观时，王贻芳都要强调"这是世界上最纯净的有机玻璃""不戴手套不能碰"。如果厂商正好在现场，他还要把工厂负责人介绍给访客们认识。

科学家也处处跟自己较劲。装置中有一种 20 英寸的光电倍增管，相当于实验的"眼睛"，共有 20 000 支，要装在钢球架上，直冲玻璃球，"盯紧"里面发出的光信号。为了让"眼睛"尽可能无死区，他们要求光电倍增管防护罩之间只能有 3 毫米的间距。光电倍增管组负责人秦中华和他的妻子徐美杭都在光电倍增管测试与防护组工作。2015 年、2016 年是光电倍增管防水封装研发最紧张的两年，夫妻俩不知道因为工作的事吵过多少次架，气急时徐美杭放狠话说"不跟你干了"，但过不了多久她又会回到实验室继续工作。"那两年挺崩溃的，天天被上着弦，一有空就讨论工作。"徐美杭说。

挖隧道的时候，高能所研究员李小男带着工人，照着设备尺寸可丁可卯地挖。李小男之前在大亚湾核反应堆中微子实验里做过电子学研究，严谨是最基本的专业素养。2012 年 9 月，他跟王贻芳一起去踏勘选址。从 2013 年起，他就作为基建负责人住进了开平。10 年间，他们在废弃的采石场上挖出隧道石洞，盖起宿舍食堂，迎接一批又一批设备和安装人员进场。李小男大方豪爽，黝黑的胳膊上留着被蚊虫叮咬溃烂后结的痂，但内心里还藏着科学家细腻的小浪漫。马骁妍张罗沙滩烧烤的那次，李小男也去了，一听说是"沙滩烧烤"，他立马回宿舍换了条沙滩裤。他说，只要心中有沙滩，随处都能"沙滩烧烤"。

科学家的苛刻和较劲，旁人难以理解。当他们死磕玻璃球的受力问题时，有人说："玻璃球做厚点不行吗？"当他们死磕光电倍增管相关技术问题时，有人说："买国外的不行吗？"当他们死磕隧道尺寸时，又有人说："挖大一点不行吗？"

"钱呢？"马骁妍和王贻芳都会这样反问。目前，美国、日本等国家都在建中微子实验，江门中微子实验的花费只有美国的七分之一、日本的一半不到。

"先进"和"省钱"都是他们必须考虑的问题。这个装置有两个目标：一个是测中微子的质量顺序。目前科学家已经知道了三种中微子的相对质量，谁能测出一种中微子的质量，谁就将成为最先揭开中微子奥秘的人；另一个就是要推进我国尖端技术发展，使光电倍增管、有机玻璃、传感器等技术和工业制造领域冲到国际先进水平。

"你要追求科学的卓越和技术指标的领先，就要承担一定的风险。"王贻芳说。实验的设计寿命是 30 年。等到 2024 年 2 月装置建成后，"大桶"将被彻底封顶，一粒光子都进不去。下一次开启，要等到 30 年后甚至更久。这 30 年里，装置没有给维修留下任何可能。

作为项目的提出者，王贻芳也会有一些担心："有机玻璃球现在开始装了，往后裂了咋办？那么多管道连接的地方，万一有地方没密封好，漏了咋办？"正是因为预见到了各种风险，所以他们对自己、对别人，都更加苛刻。"如果不想承担风险，那在家睡觉最好。"王贻芳说。

三、地下的"星空"

工人、参观者、当地居民中，很少有人能看到"国际科技前沿"这一层，也就无法理解科学家的苛刻与较劲。但是，他们能直观地感觉到这件事很重要。

从石洞挖好时起，就有人陆续前来参观，除了当地一些单位的职工和中小学的学生之外，还有领导来视察，有时还会有"老外"。"这是国家支持的事。"一位负责看管地下水排水设备的工人说，他能感觉到，一直以碉楼为名片的开平市，又有了新名片。

马骁妍记得，在钢架装好后，工人们拍照片发给家人："一说中微子实验，家里人都知道。"他们"觉得能在这里工作很值得骄傲"。

骄傲，是把工人和科学家连在一起的情感。马骁妍也常常会把新的进展发给她的家人，她还会不定期更新朋友圈，发一些探测器安装新进度的照片，或是媒体对江门中微子实验的报道。

马骁妍本人和朋友圈里的她，不像是同一个人。在工程现场，她常常热得一鼻子汗，忙着这件事时，时不时会有人找她问另一件事。但在朋友圈里，马骁妍更像一名接地气的女艺术家，她喜欢摄影、音乐，每到年末，她还会从"马总"变成"马导"。

"马导"每年年末都要给中微子研究团队做年度视频，做了12年。前两年，江门中微子实验还没开始，她就在做大亚湾核反应堆中微子实验的视频。

大亚湾核反应堆中微子实验是中国第一代大型中微子实验，实验现场位于深圳市区以东约 50 公里的山洞里，紧挨着大亚湾核电站与岭澳核电站。2007 年破土动工，2011 年正式运行。2012 年 3 月，大亚湾中微子实验宣布发现新的中微子振荡模式，被国际学术期刊《科学》（Science）评选为"2012 年度十大科学突破"之一。

从 2009 年起，王贻芳和同事们就已经看到了中微子质量测序的重要性，开始酝酿并提出江门中微子实验的设想。研究中微子最经济的办法就是利用核电站产生的中微子来做实验，避免建造昂贵的加速器。而研究中微子的质量顺序，最佳的站址是距反应堆 50～55 公里，而且要与所有反应堆距离相等。

王贻芳就趴在地图上找。2012 年，他找到了阳江核电站和台山核电站，把两个点连起来，画出一条中轴线，然后在中轴线上、离两个核电站 50～60 公里、200 米宽的区域内找山。王贻芳觉得幸运，因为地质学家替他找到了打石山。在设计单位的带领下，王贻芳围着山跑了一天，从 12 个可能的隧道入口中选定了现在的金鸡镇。到 2013 年，江门中微子实验正式立项。

2012 年以后，马导的年度视频里，江门中微子实验的内容开始慢慢增加。2020 年，大亚湾核反应堆中微子实验宣布结束。从那之后，江门中微子实验就成了年度视频里的大主角。

12 年来，为了做年度视频，马导把同事们的艺术底子挖了个遍。2021 年，她把会作曲又会弹吉他的学生王德润、会写诗填词的同事杨晓宇、会弹古筝的学生李晞闻等"有才华的年轻人"聚到一起，原创了一首中英文双语版的歌，让系列年度视频迎来了"史上最高光时刻"。中文版歌里这样唱着："我看过江门的黄昏、露水的清晨，地下七百米深处里，有我不变的热忱。"

2019 年，国产动画《哪吒》和经典台词"我命由我不由天"红遍大江南北。马导很有感触，带着擅长图片编辑的学生把王贻芳 PS 成了"王哪吒"。视频里，王贻芳的脸被印在哪吒的脸上，江门中微子实验红蓝色的徽标在他的脑门上闪耀。平日里，作为高能所所长和首席科学家的王贻芳不苟言笑，也没人敢和他开玩笑。有机会拿王贻芳开开心，大家都觉得过瘾，直呼"马导威武"。王贻芳也不生气，一次，同事去找他，正巧撞见他在看年度视频，一个人坐在电脑前乐呵呵的。

2018 年底，马导想给视频来点亮点，就去找王贻芳讨书法。王贻芳起初推辞说："好久没写了。"没过几天，马导亲自带着会摄影摄像的同事，抱着笔墨纸砚，直接来到王贻芳的办公室。看着被上等宣纸迅速覆盖的办公桌，王贻芳一笑，提起大毛笔，拢了拢笔尖，但左思右想还是没舍得直接在宣纸上落笔，而是转身找了几张报纸，写一遍，觉得不好，又写一遍，还差点意思，再写一遍……熟练了之后才在宣纸上写下"春风十里"。那一年，年度视频的主题曲改自《春风十里》，歌里唱着："只愿把信念化成歌，无畏勇敢。"

王贻芳在北京的办公室里挂着一幅画，名叫《砸个正》，画的是苹果树下被砸的牛顿。大亚湾核反应堆中微子实验取得重大发现后，他的朋友、画家黄永玉先生把这幅画送给了他。黄先生曾在一次演讲中说："牛顿头顶上掉下的苹果和任何一个苹果都是一样的，不一样的是牛顿那个头颅。"

初次去王贻芳办公室的人，几乎都会盯着画看了又看。这幅画里，有王贻芳的骄傲。"一个值得科学家骄傲的地方是'我就是做得最好，你不可能比我做得好'。"王贻芳说。最

△ 画家黄永玉先生送给王贻芳的画《砸个正》

近，99 岁高龄的黄永玉又画了一幅名为《今夜》的画，深蓝色的星空占了半幅。他说："人应该拥有如今夜之权利，过宁馨如今夜之日子。"

在江门中微子实验现场，王贻芳等科学家在地下 700 米的地方，也找到了一片特殊的星空和独有的宁馨。那是一个清晨。马骁妍带着学生刚完成整晚的调试，石洞里突然停电，一片漆黑，大家打开手电筒照明，蓦然发现，用来标记位置的反光记号全都亮了，满目星光。

《中国科学报》（2022-08-25 第 4 版）

附录三
九旬院士"一站到底"令谁脸红

李思辉

　　不久前，91 岁高龄的中国工程院院士、哈尔滨工程大学教授杨士莪再次走上讲台，为本科生讲授"振动与声基础"第一课，全程站着讲。媒体报道，从教 70 年来，杨士莪总是站着给学生讲课，被誉为"一站到底的院士"。

　　九旬院士"一站到底"给本科生上课，不仅受到学生的热烈欢迎，也引起很大的社会反响。舆论盛赞老院士以"一站到底"的师者风范，为学生点燃科研报国的梦想，这种言传身教如同行走的"旗帜"，展现了一名教师的纯粹。

　　这很容易让人联想到武汉大学的测绘学"院士天团"。"测绘学概论"是武汉大学测绘学院本科新生的基础课，从 1997 年 9 月开始，宁津生、李德仁、陈俊勇、刘经南、张祖勋、龚健雅、李建成等 7 位院士先后加入教学团队，为本科生共上一堂课。2021 年 12 月 31 日，中国科学院院士、中国工程院院士李德仁迎来 82 岁生日。他说，这一年他最开心的事，不是获得各种奖励，而是教师节当天在讲台上度过——当天他正准备讲课，谁知台下 200 多名大一新生一起唱起了《感恩的心》，并向他献上鲜花。李德仁觉得有些不好意思："老师给学生上课，不是应该的吗？"

诚如斯言，老师给学生上课本就应该。大学里的院士也好，教授也罢，撇开各种头衔，老师终究还是老师，传道授业解惑是为人师者的本分。不论是学有大成还是身居高位，内心始终不忘作为老师的身份，尽最大可能为教书育人、为激励后学多做一些事情，正是为人师者的应尽之责。反观现实，一些人却在狭隘的名利追求中迷失了方向。

比如在某些大学，讲台上几乎都是年轻老师，一些学术上稍有造诣的老师整天忙于做项目、发论文，甚至出现"教授需要给本科生上课吗"之类的争论，很多人认为教授给本科生上课是"大材小用"。殊不知本科教育是大学教育的最基本环节，也是各学科人才培养的基础。有的大科学家、高龄院士尚且坚持给本科生上课，一些年富力强的教授、副教授怎么就"瞧不上"？

2018年1月，中共中央、国务院印发《关于全面深化新时代教师队伍建设改革的意见》，强调要深入推进高等学校教师考核评价制度改革，突出教育教学业绩和师德考核，将教授为本科生上课作为基本制度。2021年初，教育部也明确要求"把教授为本科生上课、论文指导等纳入本科教育评估"。经过多年努力，我国高校教授、副教授的上课比例总体上已有大幅提升，但依然存在不同学校落实情况不均衡的问题，有的老师课虽然上了，但备课没用心、质量没跟上，离人们的预期还有距离。

大学首先是一个学习场所，人才培养也是其第一职责。一方面，各高校应继续严格落实教授、副教授上课制度，在具体考核上，真正把教学成效摆在应有位置并使之占据应有的评价比重，同时尽可能压缩开会、报销、评估、考核等事务性工作，让教授、副教授有更多时间备课、上课。另一方面，年轻教师也应自觉向老一辈学习，恪守"教书育人"的本分，自觉地把更多时间和精力向教学一线倾斜。

回过头看，成为学生们的"团宠"后李德仁院士的"不好意思"，该令多少瞧不上"给本科生上课"的人不好意思！坚持"一站到底"

的杨士莪院士，不仅给年轻学子上了一堂精彩的专业入门课，也给很多为人师者上了一堂深刻的思想教育课——不论眼前多么浮躁，当老师的努力把学问做好、用心把书教好，就不会失了本分、忘了初心。

《中国科学报》（2022-09-27 第 3 版 大学观察）

后 记

　　《风范——他们用一生写就的科学家精神》终于付梓了。这本书里的文章，基本上都来自《中国科学报》的特稿专栏"风范"，从专栏的策划设定、到选题的逐个推进、再到稿件的逐篇打磨……此时此刻，我再次翻阅书稿，整个过程仍然历历在目。

　　当下是快阅读与碎片化阅读流行的年代，传统媒体也非常焦虑地每日与自媒体竞争"热点"和"流量"，篇幅稍微长点的稿件发出后总会担心读者没有耐心看完。面对这样的巨大压力，我们为什么还要付出大量的人力、时间和精力，用这么长的文字篇幅，来细细讲述一群已经离开聚光灯的老一辈学者的科学人生故事呢？

一

　　2022 年初，新冠疫情仍在蔓延肆虐。我在和中国科学报社社长 / 总编辑赵彦讨论年度重点工作时，他跟我说，希望打造一个人物专栏，每期都以足够丰富的素材、足够长度的文字，深度报道一位科学"大家"的精彩人生故事。他认为，对于以"爱国、创新、求实、奉献、协同、育人"为特质的新时代科学家精神，很多老一代科学家用他们一生的漫长时光，为人们做出了教科书般的示范。

如果《中国科学报》能够真实而生动地讲好他们的故事，并将之广泛传播开去，将有助于激励新时代科研工作者的创新精神，涵养新时代风清气正的创新氛围。

我对此深表赞同。在来中国科学报社工作之前，我曾在中国科学院学部工作局工作了十多年，有幸经常与老一辈院士打交道，得以近距离深刻感受他们的人格魅力。在我的脑海中，至今仍有许多不曾被媒体报道，但每当想起却仍深深打动我的点滴细节。因为这些难以忘怀的记忆，我非常愿意负责"风范"这个栏目的推进工作。

我们首先组建了由报社编委李占军和总编室主任肖洁等组成的专栏编辑组。很快，该栏目的名字便确定了下来——"风范"，这既凸显了报道对象必须是科学界的"大家"的要求，也强调了务必要充分展现科学"大家"的风采气度和榜样力量。

专栏编辑组通过向中国现当代科学技术史专家咨询请教，结合以往《中国科学报》刊登过的人物稿件，初步拟定了一批候选的报道对象。随后，报社所有的骨干记者开展大讨论，大家根据过往的采访经历和自己对科学家的了解，又补充了一些有分量的名字。

报社对这个人物专栏的期待，是产出一批有温度、有质地的稿件。首先，不能写成面面俱到的人物"小传"，而应生动细腻展现这些科学家人生中最具代表性的时光片段和鲜为人知的立体侧面；其次，成功的科学"大家"都会有众所周知的共性特点，但更要深入挖掘其丰富的个性，要尝试还原他们的成长背景和性格特点是如何帮助他们经受住了时代的淬炼和命运的考验；再者，不能只聚焦人物事业上的高光时刻，更要让读者体会到他们作为普通人的喜怒哀乐和悲欢离合。

二

基调定下来之后，记者们领题，开始了广泛的资料搜集和采访联系工作。其间，因为新冠疫情的影响，有些采访对象涉及的科学史实年代过于久远，有些采访对象难以联络等原因，这些都导致多次更换采访报道的人选，准备期用了好几个月。

2022年9月，年轻记者李晨阳采写的第一篇"风范"稿件终于见报。她从81岁院士开设一门"比春运火车票还难抢"的课入笔，在娓娓道出被年轻学子视为"明星"的陈润生院士的治学育人之道的同时，也讲述了从没见过父亲的陈先生在成长中疗愈彷徨孤独的心路历程，以及寻父七十余载终于在远征军墓碑上找到父亲名字的动人瞬间。

此后，一篇篇"风范"特稿陆续见报，在读者中获得的好评也越来越多。报社采编人员钻研业务的气氛越来越浓，记者们也越来越"卷"了。好多记者跟编辑交流说，如果感觉采访素材积累得不够，都不敢动笔写"风范"稿件；开始动笔了，又发现素材太多了，取舍是个难题。

当记者田瑞颖开始准备报道王文采院士的选题时，王先生已经病重住院，仅在生命最后时刻通过视频短暂与记者见了面，轻轻说了一句"我很好，没事"。读完所有资料后，记者采访了王先生的亲人、学生和同事等共计20余人，采访录音超过50个小时。采写过程中，记者几乎做梦都在体会王先生在跌宕起伏的命运中的隐忍和纯粹，多次潸然泪下。记者几易其稿后，编辑组又多遍打磨，2022年11月30日推出的这篇特稿，不仅在各个媒体平台阅读量都很高，也让很多读者在留言区不禁"泪目"。

记者刘如楠采写陆大道院士则是历时半年，先积累了数十万字的采访速记稿才开始动笔。最后几千字的成稿，展现了陆先生的曲折人生和鲜明个性，文中一些直击心灵的人物独白，让很多认识陆先生的人读罢都感慨："原来陆院士还有这样的故事。"

值得一提的是，"风范"的报道是著名数学家杨乐先生生前最后一次，也是少有的一次接受记者的深度专访。这位曾经的全民偶像内心笃定，在半个世纪的进与退中清醒而自由，他大方潇洒地说"我们这一页，已经翻过去了。"2023年10月杨先生仙逝，这篇独家稿件在公众号上很快获得了"10万＋"的阅读量和众多的点赞、留言和转发，这充分说明，有温度有品质的文章，即使篇幅很长，同样是会有"流量"的。

三

随着"风范"专栏刊发的稿件越来越多，集结出书便成了我开始着力推进的工作。报社的记者和编辑同仁们不计时间和精力的真诚付出和专业精神保证了"风范"专栏的品质，我要向他们表示深深的感谢，也希望他们的报道能够通过书籍的形式沉淀下来，让更多的读者感受到科学"大家"的赤子之心，特别是给那些始终坚守爱国情怀、坚持追求人生理想的后来者，注入奋力前行的不懈勇气，带来抵御挫折的精神力量。

这些想法得到科学出版社总编辑彭斌先生的大力支持。他认为，这是为弘扬科学家精神做实事，很快就亲自带着科学出版社的骨干编辑，前来报社洽谈出版事宜。科学出版社的编辑们工作非常敬业，效率非常高，回去以后马上就开始对稿件进行细致而专业的再编辑工作。我在这里对他们表示深深的敬意与感谢！

衷心感谢王志珍院士的信任和支持！在听我介绍了为何打算正式出版这本书的想法，并看了书稿全部作品之后，她充分肯定了我们为弘扬科学家精神所做的努力，欣然表示愿为《风范——他们用一生写就的科学家精神》一书撰写序言，并期待该书能够在全社会产生更为广泛的积极影响。

衷心感谢韩启德院士在百忙之中拨冗为本书题写书名，以示对我们开设"风范"专栏和正式出版该书的支持。

还要衷心感谢为本书提供图片的有关机构和个人，这些图片为本书增色不少。

中国科学报社在2022～2023年期间，连续两届、共有三篇优秀新闻作品获得中国新闻界的最高奖项——中国新闻奖，这三篇文章无论是人物报道，还是新闻评论，都是以弘扬科学家精神为主旨的，也一并收入书中作为附录。

四

持续提升全民科学素养，是科学媒体责无旁贷的历史使命，而做好科学传播与普及工作是提升全民科学素养的有效手段。要想使科学传播与普及工作取得更好的效果，就需要与时俱进，不断探索公众更加容易理解与接受的科学知识、科学精神、科学思想、科学方法的传播方式。

今天，随着互联网技术与融媒体技术的快速发展，人们获得科学知识的渠道越来越多，便捷性也在不断提高。在一定意义上讲，与科学知识相比，科学精神、科学思想、科学方法的理论性与概念性较强，常常会使公众感到比较抽象，它们的有效传播与普及，就需要科学媒体投入更多的精力。

我以为，科学精神的弘扬、科学思想的传播、科学方法的倡导，都离不开科学家从事具体科学探索实践活动的过程。通过生动讲述科学"大家"在科研工作中的感人故事，既可以有力弘扬科学家精神，也可以用润物细无声的方式，有效传播科学精神、科学思想、科学方法。

这本《风范——他们用一生写就的科学家精神》即将正式出版了，但《中国科学报》的"风范"人物专栏还将持续开设下去。我和我的同事们，将继续用诚挚的心去靠近每一位采访对象，继续讲好中国科学家的感人故事。

中国科学报社党委书记、研究员

刘峰松

2024 年 4 月